대통령과 정보통신부

대통령과 정보통신부
문민정부 정보통신 비화 1

초   판 1쇄 인쇄 2012년 9월 15일 | 1쇄 발행 2012년 9월 21일

지은이 | 이현덕   펴낸이 | 구원모   펴낸곳 | 북콘서트
출판등록 | 1979. 1. 17. 제13-56호   주소 | 서울시 영등포구 영등포동 2가 94-152
전화 | 02)2168-9265   팩스 | 02)2672-4944   홈페이지 | www.etbook.co.kr
이메일 | etbook@etnews.co.kr   책임총괄 | 이은용   편집기획 | 권용남
마케팅 | 류병규   꾸민곳 | design Vita   찍은곳 | 우성 C&D

ISBN 978-89-92885-63-8 03320
값15,000원

대통령과 정보통신부

이현덕 지음

전자신문

01 | 김영삼 대통령은 대선공약인 체신부를 정보통신부로 확대 개편했다. 정통부 출범의 산파역은 박관용 대통령비서실장. 1993년 2월 17일 김 대통령이 비서실장으로 내정된 박관용 의원과 악수하고 있다.

02 | 1993년 2월 26일 김영삼 대통령은 신임 각료들에게 임명장을 수여한 뒤 청와대 현관에서 기념 촬영을 하고 있다.

03 | 1993년 10월 29일 김영삼 대통령이 집무실에서 PC로 하이텔의 '청와대 큰마당'에 보내온 각계 국민들의 의견과 건의사항을 열람하고 있다.

04 | 1994년 1월 13일 김영삼 대통령이 체신부 주요 업무를 보고 받기 위해 이회창 국무총리(왼쪽)와 윤동윤 체신부 장관(오른쪽)과 함께 회의장에 들어서고 있다.

05 | 1994년 8월 17일 체신부는 국가경쟁력 강화를 위해 초고속정보통신망구축기획단을 출범했다. 박성득 기획단장, 김진현 정보화추진협의회 의장, 윤동윤 체신부 장관, 이용태 정보통신정책협의회 위원장(왼쪽부터) 등이 참석한 현판식 모습.

06

07

08

06 | 1994년 10월 24일 김영삼 대통령이
정부 조직개편 후 열린 첫 각료회의
에서 국민의례를 하고 있다. 오른쪽은
이홍구 국무총리.

07 | 1994년 12월 23일 오후 김영삼 대통령
이 개각 발표에 앞서 개정 정부조직법
에 서명하고 있다.

08 | 1994년 12월 24일 정보통신부 현판을
단 후 경상현 정보통신부 장관이 관계
자들과 기념촬영을 하고 있다.

| 10

11 |

09 | 1995년 6월 9일 코엑스에서 열린 95정보통신 전시회. 경상현 정보통신부 장관이 SK텔레코 부스에서 CDMA 이동전화 시험통화를 하고 있다.

10 | 1996년 4월 1일 한국전자통신연구소(현 한국전자통신연구원)의 CDMA 정보화시범지역 개통 행사에서 이수성 국무총리가 시험통화를 하고 있다. 그 옆은 이석채 정보통신부 장관(가운데)과 정근모 과기처 장관(오른쪽).

11 | 1996년 6월 10일 이석채 정보통신부 장관이 PCS사업자로 LG텔레콤 등 3개 업체를 선정하는 등 7개 신규 통신사업자를 발표하고 있다.

책을 펴내며

정보통신부. 지금은 역사의 뒤안길로 사라진 정부부처입니다. 그러나 정보통신부는 한국이 세계에 자랑하던 독창적 정부 조직이었습니다. 외국에서 정보통신부를 벤치마킹해 정보통신 분야 전담부처를 만든 나라가 29개에 달했다고 합니다. 이 또한 정보통신의 한류(韓流)라고 할 수 있습니다.

과거는 역사의 거울이란 점에서 과거를 성찰해 미래의 교훈으로 삼아야 합니다. 그래야 국가나 사회 발전이 있습니다.

전자신문은 매주 금요일마다 '정보통신부, 그 시작과 끝'이라는 특별기획물을 연재하고 있습니다. 2010년 5월 14일 첫 회를 시작으로, 2012년 9월까지 100회를 훌쩍 넘겼습니다. 이 책은 그 가운데 2011년 4월 8일까지 연재한 43회분을 묶어 문민정부 중반까지의 이야기를 담았습니다.

이 특별기획은 김영삼 정부가 1994년 12월 체신부를 정보통신부로 확대 개편한 이후부터 김대중 정부와 노무현 정부를 거쳐 2008년 1월 정보통신부 간판을 내리기까지의 역사를 담고자 합니다. 역대 대통령의 ICT 의지와 국정 과제, 정보통신부 장관 발탁 막후, 주요 정보통신 정책 등 모든 과정을 당사자들의 증언과 자료를 토대로 객관적으로 재조명하고자 노력했습니다.

정보통신부 출범은 꿈을 향한 도전이었습니다. 정보통신부는 미래를 내다보는 창문이었고, 그 창문을 통해 '산업화는 늦었지만 정보화는 앞서자'며 미래를 향해 내달렸습니다. 그 결과 'ICT강국', '인터넷강국'이란 신화를 창조했습니다. 그 중심에는 정보통신부가 있었습니다.

정보통신부는 집중과 선택으로 미지의 기술에 과감히 도전했습니다. 체신부의 TDX와 정보통신부의 CDMA 개발은 한편의 대하 드라마였습니다. TDX 국산화를 통해 통신혁명을 이룩했고 기술 자립시대를 열었습니다. CDMA 상용화로 한국은 이 분야 기술종주국으로 등장했고 통신강국의 발판을 마련했습니다. 휴대폰은 한국의 대표 수출 효자 품목으로 지금도 세계시장을 누비고 있습니다.

특별기획은 정보통신부가 주도한 각종 정책에 대한 공정한 평가를 통해 역사의 교훈을 얻고, 나아가 ICT강국으로 재도약하자는 데 목적이 있습니다. 그래서 가능한 한 객관적인 자세로 증언과 자료를 바탕으로 기술했습니다.

이명박 정부 출범 이후 정보통신부가 해체되면서 ICT 업무가 4개 부처로 분산되고, 이로 인해 신성장동력 육성이 지지부진하고 ICT 경쟁력이 떨어졌다는 지적이 많습니다. 오는 12월 18대 대선을 앞두고 정치권에서는 ICT 정책을 총괄하는 독임 부처 신설을 주장하는 목소리도 높습니다. ICT는 우리가 미래 성장동력으로 집중 육성해야 할 국가적 과제입니다.

특별기획을 연재하면서 과거 일들을 추적하는 일이 얼마나 어려운 지를 새삼 확인했습니다. 나름대로 사실에 근거해 정보통신사(史)를 기록하고자 노력했으나 부족한 점이 많음을 솔직히 고백합니다.

바쁜 시간을 쪼개 당시 일을 소상하게 증언하고 자료를 건네 주신 윤동윤 전 체신부 장관과 경상현, 이석채, 강봉균, 양승택 전 정보통신부 장관, 서정욱 전 과기부 장관, 신윤식 전 체신부 차관, 박성득, 정홍식, 김창곤 전 정보통신부 차관을 비롯한 정보통신부 전·현직 공직자들에게 고개 숙여 감사드립니다. 박관용 전 대통령 비서실장과 한이헌 전 경제수석에게도 이 자리를 빌어 고마움을 전합니다.

박성득, 박현태, 금기현, 구원모 전자신문 전·현직 대표의 격려와 조언은 제게 큰 힘이 됐습니다. 거친 원고를 받아 준 양승욱, 김상용, 신화수 전·현직 편집국장과 지면을 멋지게 꾸며주고 내용을 꼼꼼하게 챙겨준 조휘광 국장, 최지호 부국장, 김인기 부장, 조성묵 부장, 김정희 기자, 허정인 기자, 그리고 사진 자료를 찾아준 사진부 정동수 부국장과 사진부 기자 등 편집국 후배들, 이 책을 엮어준 홍승모 국장과 출판팀 후배들에게 감사의 마음을 전합니다.

미숙한 제 연재물을 읽고 분에 넘치게 격려와 성원을 보내 준 많은 분께도 거듭 머리 숙여 감사를 드립니다. 가을이 차츰 영글고 있습니다.

2012년 9월

이 현 덕

차례

사상 최대의
정부 조직개편안

❙ 'ICT'는 한국의 대표 브랜드다.

한국이 'ICT강국'을 향해 본격 시동을 건 것은 문민정부에 들어서서다. 체신부를 정보통신부로 확대 개편한 것이 시발점이다. 정보통신부라는 새로운 정부부처의 출범은 21세기 정보화 시대에 대비하기 위한 포석이었다. 이는 과거 기술과 미래 기술의 융합이었다. 그것은 시대의 필연이었다.

자본과 자원이 부족한 한국이 오늘날 'ICT강국', '인터넷강국'으로 급속히 부상할 수 있었던 것은 정보통신부가 선택과 집중을 통해 정보통신 정책을 적극 추진한 결과다. 김영삼 정부가 단행한 정부 조직 개편 중 정보통신부의 출범을 가장 큰 성공으로 꼽는 것도 이런 이유 때문이다.

정보통신부는 한국의 독창적 정부 조직이다. 한국의 정보통신부를 벤치마킹해 정보통신 전담부서를 둔 나라는 29개에 달한다. 또 정보

ICT ❙ 정보통신기술, Information and Communication Technology

통신부와 같은 독임제 조직 형태를 채택한 나라도 38개국이다.

어느 국가건 역사의 굽이가 있듯이 1994년 12월은 한국 정보통신 산업의 일대 전환기였다. 이 무렵에는 앨빈 토플러가 말한 '제3의 물결'과 '권력이동' 등 새로운 물결이 한국을 향해 해일처럼 밀려오고 있던 때다. 정보통신부의 출범은 기술후진국에 심은 한 송이 희망의 씨앗이었다.

역사의 시계바늘을 뒤로 돌려보자.

1994년 12월 3일.

하늘은 냉수처럼 맑았다. 며칠 째 계속되는 추위 탓에 오고가는 사람들은 목을 움츠린 채 종종걸음을 치고 있었다. 사람들이 숨을 내쉴 때마다 하얀 입김이 김처럼 사방으로 흩어졌다. 평온한 자연의 모습이었다. 하지만 이날 청와대에서는 사상 최대 폭의 정부 조직개편안이 요동치고 있었다.

오전 9시 반경.

검은색 고급 승용차들이 미끄러지듯 청와대 본관 앞으로 들어왔다. 김종필 민자당 대표 최고위원(국무총리 역임)이 차에서 내렸다. 박관용 청와대 비서실장(국회의장 역임)이 그를 맞이했다.

"어서 오십시오."

김종필 대표가 박 실장의 손을 잡더니 속삭이듯 물었다.

"대북(對北) 선언입니까?"

긴급 소집한 고위 당정회의 안건에 대한 물음이었다. 김 대표는 북한과 관련한 중대 발표인 것으로 짐작했던 것이다. 그렇지 않고서야 여당 최고위원인 자신에게조차 철통보안을 유지할 리 없다고 생각했던 것이다.

박 실장이 미안한 표정으로 나지막하게 말했다.

"사전에 알려드리지 못해 죄송합니다. 정부 조직개편안입니다."

"그래요?. 그걸 비밀로 해야 합니까?"

이영덕 국무총리 등 정부 고위층들도 속속 도착했다. 이들도 영문을 모른 채 곧장 본관 1층 회의실로 들어갔다.

오전 10시 정각.

김영삼 대통령은 회의장에 입장해 참석자들과 악수를 나누고 '세계화추진 고위 당정회의'를 주재했다. 이날 민자당에서는 김종필 대표 최고위원과 이세기 정책위의장, 이한동 원내총무, 박범진 대변인, 정부에서는 이영덕 국무총리와 홍재형 경제부총리, 박재윤 재무, 김철수 상공, 오명 교통, 오인환 공보, 김숙희 교육, 김우석 건설, 황영하 총무, 서청원 정무장관 등, 청와대에서는 박관용 비서실장과 이원종 정무, 한이헌 경제, 이의근 행정, 주돈식 공보수석 등이 고위 당정회의에 참석했다.

김 대통령은 이날 회의에서 철통 보안 속에 마련한 정부 조직개편안을 발표했다.

그것은 상상을 초월한 사상 최대 규모의 정부 조직개편안이었다. 이 개편안은 문민정부 들어 세 번째였다. 일부 언론은 '혁명적 개편'이란 표현을 사용하기도 했다. 이번에는 기존과 접근 방식이 전혀 달랐다. 과거처럼 일부 조직을 통폐합하는 것이 아니라 이른바 제로베이스에서 조직을 구성했다.

김 대통령은 카랑카랑한 목소리로 정부 조직개편의 당위에 대해 언급했다.

"이번 정부 조직은 세계화 추진과 지방화에 맞도록 전면 개편을 하는 것입니다. 작지만 강력한 정부를 구현하고 규제 위주에서 서비스 위주로, 그리고 국민의 복지와 창의력이 최대한 발휘할 수 있게 조직을 개편하고자 합니다. 총무처 장관이 내용을 설명할 것입니다."

순간 회의장은 활시위처럼 팽팽한 긴장감이 감돌았다.

황영하 총무처 장관은 준비해 간 유인물을 참석자들에게 나눠 주었다. 그리고 간략히 골격만 설명했다. 유인물을 배포했기에 길게 설명할 필요가 없었다.

"경제기획원과 재무부를 통합해 재정경제원을 만들고 건설부와 교통부를 통합해 건설교통부를 신설합니다. 상공자원부를 통상산업부

1994년 12월 3일 체신부의 정보통신부 확대개편 등 대규모 정부 조직개편 발표와 관련, 긴급 국무회의를 마친 이영덕 국무총리(왼쪽) 등 국무위원들이 회의실을 나오고 있다.

로 개편하고, 체신부를 정보통신부로 확대개편해 상공부와 과기처를 비롯한 다른 부처 업무 일부를 이관합니다. 또 환경처를 환경부로 승격하고 보건사회부를 보건복지부로 개편합니다. 공직자도 숫자를 대폭 줄입니다."

참석자들은 순간 충격을 받은 표정이 역력했다. 말이 개편이지 조각이나 다를 바 없었다. 일부는 '헉'하는 소리가 옆에 들릴 정도로 놀라는 모습이었다. 회의장은 충격의 바다로 변했다.

당시 회의장 분위기에 대한 황영하 전 총무처 장관의 상황 설명.

"이날 정부 조직개편안에 대해 참석자들은 전혀 내용을 몰랐습니다. 충격이 대단했어요. 당시 조직개편에 따라 장관 2명, 차관급 3명, 차관보급 4명, 국장급 23명 등이 줄었고 1,000여 명의 공무원들이 그만뒀습니다. 사상 최대의 조직개편안이었습니다."

K 전 장관의 회고.

"조직 축소나 확대에 관한 한 부처 간 생존경쟁은 치열할 수밖에 없어요. 아무리 실세고 유능한 장관도 자기 조직을 보호하지 못하면 그 장관의 리더십은 하루아침에 안개처럼 사라지고 맙니다. 조직을 못 지키는 장관을 어떤 공직자가 따릅니까. 장관들이야 물러나면 그만이지만 앞날이 구만리 같은 젊은 공직자들은 어떻게 하란 말입니까?"

조직개편안 내용은 이 작업을 총괄한 청와대 박관용 비서실장과 관계 수석비서관, 그리고 개편안을 성안한 총무처 황영하 장관 등 극소수만 알고 있었다. 그것은 '비밀은 가족에게도 지켜야 한다'는 김 대통령의 철저한 보안관 때문이었다.

조직개편안에 참여했던 황 전 장관의 계속되는 회고.

"개편안을 청와대에서 넘겨받아 성안작업을 했는데 당시 총무처 조직국장과 과장, 실무자 등 최소 인력으로 작업팀을 만들었어요. 극비작업을 했습니다."

박관용 실장의 철통 보안 지시에 따라 이 작업에 관여한 실무자를 제외하고는 그 누구도 이 개편안에 접근이 불가능했다. 심지어 총무처 차관조차 개편안 발표 전까지 내용을 몰랐다.

김 대통령은 이에 앞서 11월 17일 세계화 구상을 발표하면서 "창의를 가진 자가 성공하는 사회건설을 위해 정부부터 생산성을 높여야 한다."고 강조했다. '정부부터 먼저'라는 김 대통령의 솔선수범 인식을 보여 주는 것이었다.

김 대통령은 기회 있을 적마다 '위로부터의 개혁'을 강조했다. 김 대통령은 취임사에서도 "이제 곧 위로부터의 개혁이 시작될 것"이라고 예고한 바 있었다. 김 대통령이 '세계화'와 '개혁'을 추진하려면 정부 조직개편은 필수 요소였던 것이다.

이날 고위 당정회의에서는 잠시 서먹한 상황이 연출되기도 했다. 참석자 중 누군가가 "정부 조직개편안을 이처럼 극비로 할 필요가 있느냐"며 다소 불만스러운 듯한 태도를 보였다. 김 대통령의 표정이 굳어지면서 분위기가 갑자기 냉각됐다. 박관용 실장이 나서서 '비공개로 할 수밖에 없는 이유'를 설명해 분위기를 되돌려 놓았다.

김 대통령은 고위 당정회의를 끝내며 거듭 당부했다.

"공직사회의 동요로 인해 공무 수행에 차질이 없도록 하고 통폐합으로 자리가 없어지는 공무원들이 불이익을 받지 않게 해 주기 바랍니다. 최대한 빨리 국회에서 조직개편안이 통과되도록 노력해 주십시오."

청와대 회의가 끝나자 당정은 바쁘게 움직였다. 일분일초도 머뭇거릴 여유가 없었다. 정부와 민자당은 이날 오후 2시 각각 국무회의와 당무회의를 열어 개편안을 확정하기로 결정했다.

이영덕 국무총리는 총리실로 돌아오자 긴급 국무위원회의 소집을 지시했다. 비서실은 바쁘게 각 부처 장관실로 전화를 걸었다.

"2시에 긴급 국무회의가 열립니다."

오후 2시 광화문 정부종합청사 내 국무회의실.

청와대 고위 당정회의에 참석하지 못한 국무위원들은 갑작스런 회의 소집에 하나같이 굳고 긴장한 얼굴로 회의장에 속속 도착했다.

이 총리는 국무위원들이 정해진 자리에 앉자 회의장을 빙 둘러보며 무거운 표정으로 말문을 열었다.

"오늘 청와대 고위 당정회의에서 정부 조직을 대폭 개편하기로 하였습니다."

순간 일부 장관들의 얼굴이 석고처럼 하얗게 굳었다.

이 총리의 모두 발언이 끝나자 황영하 총무처 장관이 10여 분간 조직개편의 추진 경위와 내용을 국무위원들에게 설명했다. 황 장관은 참석자들에게 역시 유인물을 나눠 주었다.

유인물이 모자라 한 부를 가지고 두 사람이 나눠 보는 경우도 있었다. 추가 유인물을 준비하지 못할 정도로 총무처는 급박하게 움직였던 것이다.

참석자들의 눈과 귀는 황 장관의 입으로 쏠렸다.

"경제기획원과 재무부를 통합해 재정경제원을 신설하고 건설부와 교통부를 건설교통부로 통합합니다. 체신부를 정보통신부로 확대 개편합니다. 중앙행정기관은 39개에서 37개로 줄어듭니다."

청와대에서 밝힌 내용을 좀더 소상하게 설명했다.

"이렇게 대폭적일 수가 ⋯."

정부의 개편안에 해당 부처 장관들의 반응과 표정은 극명하게 엇갈렸다. 통합하는 부처는 망연자실한 표정이 역력했다. 당혹과 허탈, 안도와 기쁨, 그야말로 부처에 따라 희비가 교차하는 분위기였다.

황 장관의 설명이 끝나자 일부 국무위원은 "이런 엄청난 조직개편이라면 사전에 귀띔이라도 해야 하는 것 아니냐"며 항의성 발언도 했다. 특히 통폐합하는 부처 장관들은 "통합하는 부처 직원들의 신분은 어떻게 되느냐"고 물었다. 공직사회의 동요를 막고 줄어드는 인력에 대한 처리문제가 장관들에게는 발등의 불이었다.

당시 국무회의 분위기에 대한 황 장관의 기억.

"청와대 당정회의에 참석 안해 개편안의 내용을 모르는 장관들은 당혹감을 감출 수 없었지요. 조직을 축소하고 인력도 감축해야 했으니까요. 그게 어디 보통일입니까."

일부 장관들이 망연자실한 것도 무리가 아니었다. 한동안 대폭적인 조직개편설이 나돌았다. 그로 인해 공직사회가 동요하기도 했다

김 대통령은 두 달 전쯤인 10월 6일에 경향신문과 가진 인터뷰에서 "정부 조직개편은 부분적으로 하겠다."고 밝혔었다. 당시 황인성 국무총리도 이를 받아 예산 국회에서 "기구개편은 통폐합이 아니라 기능적, 부분적 개편에 한정하겠다."고 답변했다. 이에 따라 통합설에

신경을 곤두세우던 경제부처들은 내심 "이제 조직개편은 물 건너 간 것"이라며 한숨 돌린 상태였다. 그런데 두 달여 만에 그런 설이 현실이 된 것이다.

이날 긴급 국무회의는 30분 만에 끝났다. 이 시간에 맞춰 청와대는 기자실에서 정부 조직개편안을 공식 발표했다. 주돈식 청와대 대변인은 조직개편의 배경에 대해 "현재의 정부 조직은 효율적이지 못해 김 대통령이 구상하는 세계화에 맞게 전면 개편을 한 것"이라고 설명했다.

조직개편안이 공식 발표되자 각 부처는 벌집을 쑤셔 놓은 듯 발칵 뒤집혔다. 다만 정보통신부로 확대 개편한 체신부는 예외였다. 오랜 기간 벼르던 숙원이 이루어졌으니 그 기쁨은 말로 표현할 수 없이 컸다. 그동안 정보통신 분야를 놓고 상공부와 과기처, 공보처 등과 서로 다투던 체신부는 "드디어 꿈을 이뤘다."는 환호가 터져 나왔고 직원들은 서로 악수를 하며 자축했다.

윤동윤 체신부 장관(현 한국IT리더스포럼 회장)과 경상현 차관(정보통신부 장관 역임, 현 KAIST 겸직교수), 이계철 기획관리실장(정보통신부 차관, 한국통신 사장 역임, 현 방송통신위원장), 박성득 정보통신정책 실장(정보통신부 차관 역임, 현 한국해킹보안협회장) 등 정보통신부 발족을 위해 청와대와 국회 등을 뛰어다닌 간부들은 말할 것도 없고, 모든 공무원이 기쁨을 감추지 못했다.

정보통신부 출범은 어느 날 갑자기 이루어진 일이 아니었다. 1980년대 중반부터 미래를 내다보며 노력한 결과가 문민정부에 들어 결실을 보게 된 것이다. 정부의 조직개편으로 정보통신부는 상공부와 과기처 등에서 정보통신산업 기능을 흡수하고 공보처에서 방송업무를 넘겨받기로 했다. 조직의 신설과 확대 등으로 부처 위상도 14위에서 9위로 올라갔다.

정보통신부 출범의 산파역인 윤동윤 전 체신부 장관의 회고.

"당시 체신부가 정보통신부로 바뀐다는 사실은 알고 있었습니다. 김영삼 대통령이 대선 후보시절 제시한 공약이 '정보통신부 출범'이었습니다. 조직개편안을 만든 행정쇄신위원회나 청와대에서도 정보통신부 출범에 대해서는 이견이 없었어요. 그것은 시대의 요구였습니다."

체신부로서는 멀고 험한 고달픈 여정에 종지부를 찍는 날이었다. 체신부는 정보통신 강국을 향한 부푼 기대로 온종일 축제 분위기에 휩싸여 있었다.

부처 간의
총성 없는 전쟁

▎ 1994년 12월 6일.

"반갑습니다. 어서 오십시오."

김 대통령은 접견실에서 환한 웃음을 띠며 빌 게이츠 회장과 반갑게 악수를 했다.

달랑 한 장 남은 달력 속으로 아쉽고 그리운 사연들이 하나 둘 몸을 숨기는 연말이다. 김영삼 대통령은 이날 오후 청와대에서 내한한 빌 게이츠 미국 마이크로소프트사 회장을 접견했다. 정보통신부 확대 개편을 비롯한 조각 수준의 대폭 정부 조직개편안을 발표한 후여서 김 대통령의 표정은 홀가분하고 밝았다.

두 사람은 한국의 세계화 정책과 정보통신산업의 미래에 관해 의견을 나누었다.

김 대통령은 "청와대도 세계적인 컴퓨터 통신망인 '인터넷'을 사용하고 있다."며 "최근 체신부를 정보통신부로 개편키로 했다."고 말했다. 이어 "세계가 급변하는 상황에서 조금만 경쟁에 뒤지면 영원히

낙오할 수밖에 없다고 판단해 컴퓨터와 정보통신, 그리고 변화와 개혁에 정부는 적극 나서고 있다."고 설명했다.

빌 게이츠 회장은 김 대통령의 말에 공감을 표시했다. 그는 "한국이 정보통신산업에 큰 관심을 가지고 있는 것은 시의적절하고 세계적인 추세에 부합하는 것"이라며 "신속한 정보의 배분과 협력, 경쟁의 세계질서 속에서 한국이 엄청난 변화를 주도할 것으로 확신한다."고 답했다.

이날 빌 게이츠 회장의 청와대 예방에 이상희 국가과학기술자문위원회 위원장(전 국회의원·과기처 장관, 국립과천과학관장 역임)과 이용태 한국정보산업연합회 회장(전 삼보컴퓨터 회장, 퇴계학연구원 이사장·숙명학원 이사장), 이찬진 한글과컴퓨터 대표(드림위즈 대표), 유승삼 한국마이크로소프트 사장 등이 배석했다.

김 대통령의 이날 발언과 정보산업에 대한 관심 표명은 정보통신부로 확대 개편하는 체신부에게 큰 힘이 됐다. 예나 지금이나 대통령의 말 한 마디가 해당 부처의 사기를 높이기도 하고, 떨어뜨리기도 하는 법이다.

김 대통령은 퇴임 후 2001년 펴낸 '김영삼 대통령 회고록'에서 정보통신부 개편에 관해 다음과 같이 의미를 부여했다.

"체신부의 정보통신부로의 확대 개편은 세계화 구상을 실천하기 위한 매우 중요한 기초 작업이었다. 한국 경제의 새로운 활로는 세계적 조류인 정보화 혁명에 얼마나 부응할 수 있느냐에 달려 있었다. 나는 초고속 정보통신망 구축을 국책사업으로 서두르려 했고, 이를 위해 구식 미디어에 급급해 온 체신부가 정보화사회로의 진입을 위한 선도 부처로 탈바꿈하는 것이 시급했다."

전격 단행한 정부 조직개편안에 대해 국민은 세계화에 맞춰 행정의 틀을 재정비했다며 환영을 나타냈다. 미디어리서치와 조선일보가 5일 실시한 여론조사 결과 75%가 정부 조직개편을 '잘한 것'으로 평가했다. 조직개편 시기에 대해서도 74.3%가 '적절했다'고 답했다. 김 대통령으로서는 만족한 개편안이었다.

체신부는 정보통신부로 확대 개편하면서 정보화 선도 부처답게 변화의 폭이 가장 컸다. 정보통신부는 정보통신 정책과 우편사업, 전파 방송관리, 체신금융, 정보통신 지원 및 협력에 관한 업무 등을 관장하는 것을 업무로 규정했다.

정부 조직개편으로 상공자원부에서 정보통신기기와 방송기기 관련 산업, 멀티미디어, 컴퓨터 및 주변기기 산업에 관한 육성 기능을,

1994년 12월 30일 김영삼 대통령이 청와대에서 정부 조직개편 이후 처음으로 확대경제장관회의를 주재하고 있다.

과학기술처로부터 시스템과 정보통신 기술개발 업무와 컴퓨터 프로그램 기술개발 업무, 공보처에서 유선방송과 관련한 업무와 종합유선방송 허가 업무를 이관받기로 했다.

정보통신부 조직에도 변화가 있었다. 정보통신협력관과 전파관리국을 정보통신협력국과 전파방송관리국으로 각각 확대 개편하고, 정보통신진흥국은 정보통신지원국으로 개칭했다. 이에 따라 과(課)도 늘어났다.

부처 간 주도권 다툼과 관련해 "전쟁을 해서 빼앗아 오는 것보다 더 어려운 것이 다른 부처의 업무 이관"이라는 말이 있다. 그만큼 다른 부처의 업무를 가져오기가 어렵다는 말이다.

청와대에서 박관용 비서실장 주재로 해당 부처 장관들이 회의를 열어 원칙에 합의하고 세부 사항은 각 부처 실·국장 회의에 넘겨 하나씩 이관 업무를 정리해 나갔다. 정부가 큰 틀의 조직개편안을 확정했지만 시행령과 업무분장을 놓고 부처 간 치열한 줄다리가 벌어졌다. 부처마다 무슨 핑계나 논리를 만들어 기존 업무와 인력을 다른 부처로 넘겨 주지 않으려 무진 애를 썼다. 자고 나면 업무 이관이 뒤집히는 날들의 연속이었다.

박관용 청와대 비서실장의 회고.

"부처 간 영역다툼은 상상을 초월합니다. 부처 간 쟁점이 발생하면 그것을 조정할 곳은 청와대밖에 없어요. 장관들이 서로 다투는 데 누가 그 문제를 조정하겠어요. 궁극적으로 대통령을 대신해 비서실장이 나서서 조정해야 뒷말이 없습니다. 쟁점 사항에 대해 해당 수석들의 의견을 들어 최대한 합리적으로 처리했습니다."

업무 이관과 관련해 청와대로 뛰어다녔던 당시 경상현 차관의 말.

"시행령을 놓고 마지막 순간까지 긴장을 늦출 수가 없었습니다. 업무와 관련해 윤동윤 장관 지시로 밤중에 박관용 비서실장을 찾아가서 체신부 입장을 설명했던 일도 있었지요. 박관용 실장이나 한이헌 경제수석(15대 국회의원, 기술신용보증기금 이사장 역임, 현 한국디지털미디어고 교장)도 국가정보화는 정보통신부에서 담당하는 것이 타당하다는 입장이었습니다."

세상일이 다 그렇듯이 의외의 일이 발생했다. 정보통신부가 넘겨받기로 한 업무가 막판 대통령 재가 과정에서 빠진 것이다. 공보처에서 넘겨받기로 한 지상파방송 업무가 그랬다. 이 부분에 대한 윤동윤 전 장관의 회고.

"공보처가 처음에는 지상파방송까지 정보통신부로 넘겨 주기로 했어요. 그런데 대통령 최종 재가 과정에서 그게 쑥 빠졌어요. 깜짝 놀랐지요."

윤 장관이 황급히 그 내막을 알아보니 당시 오인환 공보처 장관이 이원종 정무수석을 움직였고, 이 정무수석이 김 대통령에게 건의해 막판에 뒤집혀졌던 것이다. 윤 장관도 김 대통령이 이미 재가한 뒤여서 어떻게 손쓸 방안이 없었다.

오 장관은 김 대통령이 대선 후보시절 정무특보였다. 한국일보 편집국장과 주필을 거친 언론인 출신이다. 그는 문민정부 최장수 장관이자 헌정사상 대통령과 임기를 함께한 최초의 장관이란 기록을 남겼다. 김 대통령과 임기를 같이 한 유일한 장관이다.

그는 이 정무수석과 각별한 사이였다. 이 수석은 김영삼 정부 공보

비서를 거쳐 온 공보처 장관 아래서 차관으로 일했다. 정권을 탄생시킨 참모들이니 김 대통령과의 관계도 돈독했던 게 사실이었다. 이 수석은 직전 공보처 차관으로 일한 인연을 내세워 친정 쪽 편을 들었다. 이로 인해 막판 대통령 재가 과정에 개입해 일을 뒤집었던 것이다.

역사에 가정법을 말하는 것은 우스운 일이다. 하지만 1994년 12월 업무 이관 시 지상파방송 업무가 정보통신부로 넘어 왔다면 방송과 통신을 놓고 훗날 부처 간 주도권 다툼을 벌이는 일은 일어나지 않았을 것이다. 그렇게 되면 방송과 통신 간 영역 갈등도 내부에서 무난하게 해결했을 것이다. 우리가 외국에 비해 앞섰던 IPTV 상용화도 지금보다 앞당겨졌을 것이다. 2012년부터 시행된 디지털방송도 벌써 시작했을지도 모를 일이다. 다소 비약을 하자면 부처 간 이기주의가 통신과 방송의 융합을 더디게 하는 걸림돌이 됐다고 볼 수 있다. 이런 것이 바로 역사의 아이러니일지도 모른다.

윤동윤 전 장관은 "지금 생각해도 아쉽고 안타까운 일"이라고 회고했다.

다른 부처의 이관업무도 기대에 미치지 못했다. 체신부 박성득 정보통신정책실장의 당시 상황에 대한 기억.

"상공부와 과기처 등에서 넘겨받은 업무는 그동안 체신부가 해온 일들이었습니다. 반도체나 컴퓨터 개발 등의 업무는 다른 부처 소관이었지만 실제 일은 체신부에서 하고 있었습니다. 정부 조직개편은 그동안 남의 일을 하던 것을 정보통신부로 합법화한 것이라고 볼 수 있지요."

당시 다른 부처에서 정보통신부로 넘어 온 공무원은 소프트웨어산업 주무과인 과학기술처 정보산업기술과 이재홍 과장(전남체신청장 역임, 현 한국LPG산업협회 부회장)과 직원들이 유일했다.

이재홍 과장의 당시 회고.

"1995년 1월 저를 포함해 모두 12명이 정보통신부로 넘어 왔습니다. 당시 과기처에서 소프트웨어 업무와 관련한 서류 박스만 70개가 넘었어요. 주민등록번호도 과기처에서 만들었습니다. 이관서류를 분류하다 보니 주민등록번호기안 문서도 있었습니다. 정보통신부에서 대형 차량 2대를 보냈더군요."

이 과장은 정보통신진흥과장으로 발령을 받아 소프트웨어 산업 업무를 계속 맡았다.

"당시 정보통신진흥국장은 이성해 국장(현 큐앤에스 회장)이었고, 정보통신정책실장은 정홍식 실장(정보통신부 차관 역임)이었습니다. 부처 간 화합 차원에서 인력을 분산배치를 한다고 하길래 정 실장에게 강력히 건의를 했지요. 소프트웨어 산업 업무를 정착시키기 위해 1년간만 기존 인력을 같이 근무해 달라고 말씀드렸더니 정 실장이 이를 흔쾌히 받아 주셨습니다."

그는 1년 반 동안 과장으로 근무한 후 IBM왓슨연구소로 2년간 파견을 나갔다. 이어 초고속정보망과장, 주파수과장, 우정사업본부 지식정보센터장을 거쳐 전남체신청장으로 근무했다.

과기처로부터 프로그램심의조정위원회(전 컴퓨터프로그램보호위원회, 현 한국저작권위원회)도 넘겨받았다. 과기처는 이 위원회를 넘겨 주지 않으려 막판까지 버티었다. 하지만 소프트웨어 산업 업무를 정보통신부가 담당하면서 컴퓨터 프로그램 저작권과 심의, 분쟁을 조정하는 위원회는 당연히 이관받아야 한다는 당위론에 과기처는 두 손을 들고 말았다. 민간조직이지만 퇴직 고위직이 위원장으로 가는 자리였기에 부처 간 다툼이 치열했다.

이런 가운데 정부 조직개편에 대해 공무원들의 불만이 터져 나오고 조직도 동요하기 시작했다. 공직사회가 통폐합을 통해 일종의 구조조정을 해야 하니 조직 동요가 없을 수 없었다. 일부 행정업무가 마비되다시피 했다. 김 대통령은 이런 사태를 우려해 3일 고위 당정회의에서 이런 일이 발생하지 않도록 사전에 조직개편의 취지를 공직자들에게 설명을 잘 하라고 각별히 당부한 바 있다.

정부는 12월 6일 원진식 총무처 차관 주재로 조직개편에 포함된 18개 부처 기획관리실장회의를 열고 각 부처 직제령 개정방안에 대한 지침을 시달했다. 내부 혼란을 수습하는 것이 시급했다. 정부는 7일 직무 단속에 나서는 한편, 전 부처에 복무 지침을 다시 내려 보냈다. 직원들과 대화를 통해 조직개편의 불가피성을 설명하고 미결 업무와 물품 등 업무 인계인수를 철저히 하며, 민원인이 행정 불편을 겪지 않도록 하라는 내용이었다. 이영덕 국무총리도 경제기획원과 재무부, 건설부와 교통부 등 통합부처를 20여 분씩 차례로 방문해 진무작업을 벌였다.

황영하 전 장관의 회고.

"힘센 경제부처의 반발이 대단했습니다. 경제부처 차관보로 있던 임모씨가 제 방으로 찾아왔더군요. 조직을 이렇게 만들면 '일을 못한다'고 해요. 그래서 내가 '그런 일은 민간에게 넘겨 주고 공무원은 다른 일하라고 부처를 통합한 것'이라고 말해 주었지요. 그 후 그는 승승장구해 장관과 도지사를 거쳐서 부총리까지 지냈어요."

야당인 민주당은 먼 산 보듯 정부 조직개편안 처리에 대해 미온적인 태도를 보였다. 일분일초가 급한 정부나 여당과 달리 느긋한 행보였다. 민주당은 12월 8일 "심도있는 논의를 위해 이번 정기국회 내 통과는 불가능하다. 내년 1월 임시국회를 열어 처리하자."고 오히려 한 발 뒤로 빼는 모습을 보였다.

속이 탄 것은 정부와 여당이었다. 청와대와 정부는 하루라도 빨리 처리해 달라고 당에 거듭 요구했다. 정기국회가 폐회하자 민자당은 12월 19일 5일간의 임시국회를 다시 열었다. 황영하 총무처 장관이 개정안 통과를 위해 여야를 가리지 않고 국회로 밤낮없이 뛰어다녔다. 야간 국회에도 참석해 조직개편안의 당위성을 설명하고 협조를 요청했다.

황영하 전 장관의 말.

"국회에 불러가 꽤 시달렸습니다. 경제부처만 조직개편을 하고 비경제부처는 왜 손을 안대느냐고 따지는 바람에 애를 먹었습니다. 특히 야당인 민주당 채영석 의원(작고)이 깐깐하게 내용을 따지고 개편의 문제점을 지적했습니다. 이명박 대통령도 14대 국회에서 행정경제위원회 소속이었습니다."

국회에 정보통신부 입장을 설명하러 뛰어다녔던 경상현 전 차관의 회고.

"야당인 민주당도 체신부를 정보통신부로 확대개편하는 데는 별 이견이 없었습니다. 적극성을 보이지도 않았지만 그렇다고 대놓고 반대도 하지 않았습니다."

국회 일각에서 개편작업을 소수가 극비리에 추진해 광범위한 의견수렴이 부족하지 않겠느냐는 지적이 나왔다. 국회 행정경제위원회는 이런 지적에 따라 12월 20일 국회에서 조직법 공청회를 열어 각계의 의견을 수렴했다. 당시 위원장이 민주당 김덕규 의원이다. 그는 5선으로 17대 후반기 국회부의장을 지냈다. 여야가 재협상을 벌였으나 쉽게 타결점을 찾지 못했다.

협상이 제자리걸음을 하자 보다 못한 황낙주 국회의장(작고)이 팔을 걷어붙이고 직접 나섰다. 그는 21일과 22일 이틀 연속 의장실에서 여야 총무회담을 열고 합의를 종용했다. "국회가 뭐하는 겁니까, 나라가 잘 되도록 국회가 뒷받침을 해야 할 것 아닙니까."

이한동 민자당 총무(국무총리 역임)와 신기하 민주당 총무는 임시국회 마지막인 23일 오전 10시 본회의를 열어 정부조직법개정안을 표결처리하기로 합의했다.

12월 23일 오전 10시, 본회의장.

황낙주 국회의장은 본회의 개회를 선언한 후 정부가 제출한 정부조직법 개정안에 대한 찬반토론을 했다. 그리고 곧장 표결에 들어갔다. 개정안은 재석의원 259명 중 찬성 171표, 반대 79표, 기권 9표로 통과됐다. 국회는 서둘러 정부 조직개편안을 정부로 보냈다.

김 대통령은 이날 오후 청와대에서 이홍구 국무총리와 황영하 총무처 장관, 이한동 민자당 원내총무, 이세기 정책위의장, 청와대 박관용 비서실장, 이의근 행정수석(작고) 등 10명이 지켜보는 가운데 국회를 통과한 정부조직법개정안에 한글로 '김영삼'이라고 서명했다.

정부가 조직개편안을 발표한 지 20일 만이었다. 정보통신부는 이날부터 'ICT강국'을 향한 날갯짓을 시작했다.

최대 관심사는
장관 인사

┃ 1994년 12월 23일.

"누가 장관으로 온데…."

"뭐 새로운 소식 들은 것 없어."

이날 오후 김영삼 대통령이 정부 조직개편안에 서명하자 관가의 최대 관심사는 단연 개각이었다. 부처마다 누가 장관으로 올지를 놓고 점치기에 바빴다. 두 사람만 모여도 인사에 관해 귀동냥을 하려고 애를 썼다. 기자들도 마찬가지였다. 출입처마다 후임자에 대해 묻고 다니느라 발바닥에 불이 났다.

청와대에서 극비 인선이 진행되고 있는 가운데 언론마다 하마평이 무성했다. 김 대통령은 후보 시절부터 "인사는 만사"라고 말했다. 그것은 진리였다. 어떤 경우건 사람이 일을 하고 업적을 내기 때문이다. 일찍이 다산 정약용도 '목민심서'에서 용인(用人)을 강조했다. 다산은 "사람을 잘 쓴 것이 행정의 시작이자 끝"이라고 강조했다.

부처마다 청와대를 겨냥, 정보 안테나를 총동원해 후임 장관에 대한 탐색전을 벌였다. 믿을 수도 없고, 그렇다고 그냥 넘길 수도 없는 이른바 출처불명의 온갖 설이 눈발 날리듯 난무했다. 정보통신부라고 예외는 아니었다. 초대 정보통신부 장관으로 누가 올 것인가, 뚜껑을 열어봐야 알 수 있는 법이다. 그래서 인사는 귀신도 모른다는 말이 있다.

김 대통령은 인사에 관한 한 일반의 예측을 불허했다. 김 대통령은 23일 밤늦게 기습개각을 단행했다. 초대 정보통신부 장관에는 경상현 체신부 차관이 발탁됐다. 그는 미국 MIT 공학박사로 한국원자력연구소, 한국과학기술연구원, 한국전기통신공사 부사장, 한국전자통신연구소장, 한국전산원장 등을 역임한 과학자 출신이다. 내부는 환영 일색이었다. 외부에서 장관이 오는 것보다 내부 사정을 잘 아는 차관이 승진한 것이 업무 연속성을 위해서도 바람직한 일이었다.

경 장관의 발탁에 의외라는 반응도 없지 않았다. 개각 당일까지 경 차관은 후임 장관 하마평에 오르내리지 않았다. 경 장관 자신도 "입각은 생각하지도 않았고, 기대하지도 않았다. 전혀 예상밖에 일이었다."고 회고했다. 그는 정치권과 별 안면이 없고 김 대통령과도 개인적인 인연이 없었다.

경상현 전 장관의 회고를 통해 그날 밤 상황을 재구성해 보자.

12월 23일 저녁.

경 차관은 평소보다 늦게 집무실을 나섰다. 연말이 다가 오는데다 새 장관이 오는 것에 대비해 주변 정리를 할 게 많았다. 당시 경 차관은 분당에 살고 있었다. 차가 경부고속도로를 지나 판교 IC로 접어들 무렵 카폰이 울렸다. 전화기를 들었다.

"경 차관이십니까?"

"네, 그렇습니다만."

"여기는 청와대 비서실입니다. 유선전화가 가능한 곳에서 제가 말씀드리는 이 번호로 곧장 전화해 주십시오."

경 차관은 느닷없는 청와대 호출 전화를 받고 크게 긴장했다.

"무슨 일이 잘못됐나. 나보고 청와대에 전화하라고 할 일이 없는데…."

그렇다고 윤동윤 장관에게 전화를 해 '혹시, 무슨 일이 있느냐'고 물어 볼 수도 없었다. 일단 청와대로 전화를 한 후 문제가 있으면 윤 장관에게 보고하기로 마음먹었다. 유선전화를 하려면 공중전화를 이용해야 했는데 도로 주변에 공중전화가 보이지 않았다. 그는 곧장 집으로 달려갔다.

청와대에서 알려 준 번호로 다이얼을 돌렸다. "따르릉" 두어 번 신호가 울리자 비서실 여직원이 전화를 받았다.

"잠시만 기다려 주십시오. 대통령님 전화입니다."

잠시 후, 수화기 저편에서 경상도 사투리가 섞인 김영삼 대통령 특유의 카랑카랑한 목소리가 들렸다.

"나 대통령입니다. 경 차관이 새로 출범하는 정보통신부를 맡아 주세요."

"예?"

"공식 발표 전까지는 절대 보안을 유지하고 …."

김 대통령은 말을 마치자 전화를 "딸깍" 하며 끊었다.

경 차관은 예상치 못한 입각 통보에 수화기를 손에 든 채 한동안 멍하게 서 있었다. 아무 생각도 나지 않았다.

"무슨 일을 어떻게 해야 하나?"

당시 언론에는 초대 정보통신부 장관으로 윤동윤 장관과 오명 교통부 장관(전 체신부 장관), 김우석 건설부 장관 등이 물망에 올랐다.

오명 교통부 장관은 이날 통합한 건설교통부 장관으로 다시 입각했다. 그는 이번 개각에서 단연 화제가 됐다. 그는 육사(18기)와 서울대를 졸업하고 미국 뉴욕주립대학교에서 전자공학 박사학위를 받았다. 1980년, 마흔의 나이에 청와대 경제비서관을 지내고 체신부 차관으로 발탁됐다. 6년 2개월이란 최장수 차관으로 재직하면서 전전자교환기(TDX) 개발과 전화자동화 사업, 4메가 D램 개발 등 한국 정보통신 혁명의 기틀을 다졌다.

오 장관은 체신부 장관 등을 거치며 체신부에서만 8년여를 일했다. 그는 역대 정부마다 빠짐없이 러브콜을 받았다. 한국의 대표적인 장관 롤모델이란 평가를 받았다. 심지어 그는 '직업이 장관'이란 소리를 들었다. 공무원들이 가장 존경하는 장관, 성공한 장관으로 손꼽힌다. 그는 노무현 정부에서 과기부총리를 거쳐 건국대학교 총장으로 재직했다.

다시 이야기를 되돌려보자. 경 장관의 계속되는 증언.

"나는 차관을 그만두면 학교나 연구소로 갈 생각을 하고 있었어요. 체신부엔 윤 장관의 유임론이 지배적이었습니다. 정보통신부 출범의 산파역을 했고 정치력이나 리더십, 업무 추진력과 통합력 등 모든 면에서 가장 적임자였습니다."

이에 대한 윤동윤 전 장관의 회고.

"나는 물러날 것으로 생각하고 있었어요. 새 술은 새 부대에 담아야 합니다. 내부에서는 그런 기대를 했는지 모르나 당시 상공, 과기처 장관 등이 다 물러났어요. 2년여 장관으로 일했는데 뭘 더 ….".라고 말했다.

김영삼 대통령은 인사를 단행할 때 상대에게 "인사 기밀이 새면 취소하겠다."거나 "아내한테도 절대 말하지 말라."고 보안 유지를 각별히 당부했다.

김 대통령의 인사와 관련한 대표적인 일화.

대법원장으로 윤관(현 영산법률문화재단 이사장) 씨가 내정됐다. 김 대통령은 윤씨에게 내정을 통보하면서 "기밀이 새어 나가면 내정을 취소하겠다."고 말했다. 이때 언론사마다 사법부 수장 인선에 대해 열띤 취재경쟁이 벌어졌다.

당시 윤 내정자의 아들이 모 유력 언론사 기자였다. 해당 언론사는 윤 내정자 아들에게 부친인 윤씨에 대한 인사 취재를 맡겼다. 분가해 살던 아들은 낮에는 아내를 시댁으로 보내고, 저녁에는 자신이 부모 집으로 달려가 밀착취재를 했다. 기자로서 특종을 하기 위해서다. 그런데 아들이 전혀 낌새를 알아차리지 못한 가운데 윤관 씨의 인사가 발표됐다. 윤씨의 아들은 특종을 놓치고 말았다. 회사에서 "뭘 했느냐"는 부장의 엄한 질책을 받았다.

사정을 알아본즉 청와대에서 통보를 받자 윤씨는 며느리를 불러 놓고 "이 사실을 네 남편에게 알리면 나는 사법부의 수장이 되지 못한다. 그것은 가문의 명예를 잃게 되는 일이니 네가 깊이 생각해서 잘 처신하라."고 했다는 것이다. 고심하던 윤씨의 며느리가 남편에게 시치미를 떼는 바람에 아들은 특종을 하지 못했다고 한다. 나중에 윤씨의 며느리는 이런 자초지종을 신문사 사보에 기고했다고 한다.

황영하 총무처 장관도 자신의 입각을 방송을 듣고 안 경우다.

감사원 사무총장으로 재직하던 그는 1993년 12월 23일 오후 3시 기자회견을 앞두고 있었다. 1992년 평양에서 열린 남북고위급회담 당시 남측 대표였던 정원식 국무총리를 수행한 이동복 전 안기부장 특보가 이른바 훈령조작사건으로 감사원의 조사를 받았다. 이 사건이 국회에서 논란이 돼 감사원이 조사 내용을 이날 오후 3시 발표할 예정이었다.

그는 집무실에서 기자발표문을 검토하고 있었다. 그런데 느닷없이 2시 뉴스에 자신이 총무처 장관으로 발탁됐다는 소식을 들었다. 뜻밖의 입각에 놀라기도 했지만 한편으로 황당하기도 했다. 방송을 통해 입각사실을 알았으니 그럴 법도 했다.

김 대통령은 인사 내용이 사전에 언론에 흘러나가면 즉시 인사를 취소시켰다. 실제 정치권 모 인사는 내무부 장관 내정을 통보받고 이를 자랑삼아 친한 기자에게 말했다가 이튿날 '모 부처 장관에 모씨 유력'이란 기사가 나가는 바람에 '없던 일'이 되고 말았다. 이 일은 입소문을 타고 바람처럼 번졌다. 그래서 인사철이 되면 별별 백태가 다 벌어졌다. 집을 비우는 사람, 전화선을 뽑는 사람 등. 그런가 하면 목을 매고 청와대에서 전화 오기만을 기다리는 이들도 많았다.

경상현 장관은 입각 사실을 부인에게 알리지 못했다. 김 대통령의 당부에 따른 것이라기보다는 화가인 부인이 그날 밤 한 모임에 참석했다가 늦게 귀가했던 것이다.

이튿날 새벽에 배달돼 온 신문을 보니 개각 기사가 각 면을 장식했다.

경상현 장관의 말.

"저는 새벽 4시 반경이면 일어납니다. 아침 신문을 보니 개각 기사로 도배를 하다시피 했어요. 제 입각 기사에 둥그렇게 표시를 해 탁자에 올려놓고 출근했습니다."

경 장관은 사무실로 출근했다가 임명장을 받기 위해 곧장 청와대로 떠났다.

김 대통령은 24일 오전 청와대에서 신임 각료들에게 임명장을 주고 이홍구 국무총리 등 전 국무위원이 참석한 가운데 임시 첫 국무회의를 주재했다. 김 대통령은 국무회의에서 새 각오로 21세기를 준비하자고 강조했다.

"새 내각의 첫째 임무는 세계화 추진입니다. 제도나 의식, 관행 등의 개혁을 통해 모든 분야를 세계 수준으로 끌어올려야 합니다. 나라와 국민의 경쟁력을 높이며 21세기를 준비하는 데 차질이 없도록 해 주기 바랍니다."

김 대통령은 이어 "내각은 공직사회의 안정과 활력을 회복하고 부처이기주의라는 말이 완전히 사라지도록 최선을 다해야 합니다. 특히 정책의 일관성을 유지해 주기 바랍니다."고 당부했다.

김 대통령은 이어 본관 앞에서 국무의원들과 기념촬영을 했다.

경상현 장관의 회고.

"특별히 정보통신부에 대한 말씀은 없었습니다. 청와대에서 정보통신부로 돌아와 장관 이취임식을 했습니다."

윤동윤 장관의 이임식에 경 장관은 차관 자격으로 참석했다. 윤 장관은 체신부에서 공직생활을 시작해 유일하게 장관까지 올랐고 '정보통신업계의 대부', '성공한 장관'이란 평가를 받았다. 경 장관은 청사를 떠나는 윤 장관을 긴 인연의 아쉬움을 달래며 배웅했다.

그는 잠시 후 취임식을 갖고 초대 정보통신부 장관으로서 공식 업무를 시작했다. 첫 행사는 정보통신부 현판식이었다. 한글로 쓴 '정보통신부'란 현판을 단 후 이계철 기획관리실장, 박성득 정보통신정책실장 등과 기념촬영을 했다.

1994년 12월 24일 '정보통신부' 현판을 단 후 경상현 정보통신부 초대 장관이 이계철 기획관리실장, 박성득 정보통신정책실장 등과 기념 촬영을 하고 있다.

정보통신부는 이날 기념우표를 발행했다. 정보통신부는 경사가 잇따랐다. 경 차관의 장관 발탁에 이어 26일 단행한 차관 인사에서 이계철 기획관리실장이 내부 승진한 것이다. 이 차관은 행시 5회로 체신부 총무과장, 경북체신청장, 전파관리국장, 체신금융국장, 기획관리실장 등 부내 요직을 모두 역임했다.

경상현 장관의 말.

"차관 인사와 관련해 청와대에서 전화가 왔습니다. 이계철 차관에 대해 의견을 묻기에 '좋다'고 했습니다. 그는 체신부 요직을 다 거쳐 업무를 소상히 파악하고 있어 가장 적임자였습니다."

1994년 12월은 정보통신부에게 축제의 달이나 다름없었다.

박 실장 조직개편안의
신통력

단군 이래 최대 규모의 정부 조직개편을 단행하기 약 보름 전인 1994년 11월 19일.

김영삼 대통령은 이날 오후 9박 10일간의 아태 순방 및 아태경제협력기구(APEC) 정상회담 참석을 마치고 서울공항을 통해 귀국했다. 김 대통령은 귀국 전에 호주 시드니에서 앞으로 국정목표를 세계화에 두겠다는 이른바 '세계화 장기구상'을 전격 발표했다. 국내 언론은 이를 대서특필했다.

김 대통령은 귀국 즉시 박관용 비서실장으로부터 외국 방문 중에 일어난 국내 상황에 대한 '전방위 보고'를 받았다. 김 대통령은 박 실장에게 '세계화 구상' 이야기부터 시작했다.

그날 상황을 박 실장의 기억을 토대로 재구성해 보면 다음과 같다.

"이번에 해외에 나가서 많이 배워 왔어요. 클린턴 미국 대통령도 세계화를 말하더구먼."

"그런데 각하, 지금 정부 조직으로는 세계화를 추진하는 데 어려움이 있지 않겠습니까? 세계화 구상에 적합한 정부 조직을 새롭게 만들어야 하지 않겠습니까?"

그러자 김 대통령이 박 실장을 향해 '무슨 소리냐'는 표정을 지었다. 김 대통령은 당시 정부 조직개편을 더 이상 하지 않겠다는 입장이었다. 대통령의 의중을 누구보다 잘 아는 박 실장이 아닌가. 그런데 왜 다시 조직개편을 거론하느냐는 표정이 역력했다.

"박 실장은 자꾸 정부 조직을 개편하자고 하던데 뭘 어떻게 개편하자는 말이오? 무슨 복안이라도 있습니까?"

박 실장은 순간 대통령의 심경에 변화가 있음을 직감했다. 그는 자신있게 말했다.

"예, 제가 다 준비해 놓은 안이 있습니다."

"준비를 해놓다니? 무엇을 다 준비했다는 거요?"

"각하, 정부 조직을 획기적으로 개편하지 않으면 세계화 구상은 실천하기 어렵습니다. 그래서 제가 극비리에 준비한 것이 있습니다."

"그래요, 그러면 어디 그 안을 좀 봅시다."

박 실장은 김 대통령에게 철통보안 속에서 만든 정부 조직개편안의 골격을 간략히 보고했다.

김 대통령은 박 실장의 보고를 듣고 그가 극비밀리에 마련한 정부 조직개편안을 가지고 관저로 퇴근했다. 이런 일은 극히 이례적이었다. 김 대통령은 평소 작은 일까지 시시콜콜 챙기는 업무 스타일이아니었다. 대범한 성격의 김 대통령은 큰 원칙만 정해 주고 나머지는 실무자에게 일을 맡겼다. 이랬던 김 대통령이 평소 그답지 않게 정부 조직개편안을 가지고 관저로 퇴근한 것이었다.

박관용 실장의 회고.

"대통령이 틀림없이 누군가에게 개편안을 보여 주고 의견을 듣기 위해 서류를 가지고 퇴근했다고 생각합니다. 그런데 누구한테 보여 주고 의견을 들었는지는 아직도 모릅니다."

그로부터 1, 2일 후.

김 대통령이 박 실장을 불렀다. 박 실장이 넘겨 준 개편안을 돌려주며 지시했다.

"박 실장이 만든 안대로 정부 조직을 개편합시다."

"알겠습니다. 그 절차와 형식은 제가 별도로 준비하겠습니다."

"그렇게 하시오."

이날 상황에 대한 박관용 실장의 회고.

"얼마나 반갑고 기쁜지 뭐라 말할 수 없었습니다. 이 일이 청와대 비서실장 재임 시 가장 보람 있는 일이었습니다."

사상 최대의 정부 조직개편안은 이렇게 사실상 확정됐다. 문민정부 세 번째의 조직개편이었다. 이 안에 체신부를 정보통신부로 확대 개편하는 것이 들어갔다. 세 번째 정부 조직개편안은 박 실장의 작품이라고 해도 지나치지 않았다. 그렇다면 그는 정보통신부 출범의 숨은 산파역이라고 할 수 있다.

정부 조직개편은 우여곡절이 많았다. 최종 결정 전에 무산되기도 했다.

시간을 그 해 4월로 되돌려 보자.

4월 22일 오후.

황영하 총무처 장관은 이날 오후 김 대통령에게 정부 조직개편안에 대해 최종 재가를 받기로 했다. 청와대 비서실에 면담 신청을 해 놓고 기다리고 있었다.

황영하 장관의 회고.

"청와대에 갈 준비를 하고 있는데 느닷없이 일이 터진 것입니다. 4시가 조금 지나 이회창 국무총리가 사표를 낸 것입니다. 국무총리가 사표를 냈는데 정부 조직을 어떻게 개편합니까. 그 후에는 7월에 김일성 주석의 사망 등 현안이 발생한 데다 각 부처의 반발 등으로 모든 게 정지됐습니다."

김 대통령이나 이회창 총리는 둘 다 강한 성격의 소유자다. 이 총리는 대법관과 중앙선거관리위원장, 감사원장을 거쳐 1993년 12월 국무총리로 발탁됐다. 그는 감사원장 시절 이른바 성역으로 통하던 청와대 비서실과 국방사업 등에 대한 감사를 해 성역을 허물었다. 그로 인해 '대쪽'이란 별명이 붙었다.

그가 총리 권한을 놓고 김 대통령과 충돌한 것이다. 그는 '법적 권한도 행사하지 못하는 허수아비 총리는 안 한다'며 127일 만에 사표를 던졌다. 다른 소식통은 김 대통령이 이 총리를 경질했다고 한다. 그 날 두 사람은 고성을 주고받았고 대통령 집무실 밖까지 소리가 새어 나왔다고 한다. 아무튼 정국이 소용돌이치면서 정부 조직개편안은 사실상 방기되다시피 했다.

이 무렵 김 대통령도 정부 조직개편에 따른 심적 부담이 컸다. 김 대통령은 2001년 펴낸 자신의 '회고록'에서 이 대목을 다음과 같이 기술했다.

"정부 조직에 대해 나는 취임 초부터 대폭 수술을 생각해 왔다. 취임 직후인 1993년 4월 문화부와 체육청소년부를 통합해 문화체육부로, 상공부와 동력자원부를 통합해 상공자원부로 개편했다. 이때만해도 반발이 이만저만이 아니었다. 심지어 노태우 전 대통령까지 나서서 체육청소년부를 문화부와 통합하는 데 반대했다. 자신이 체육부 장관을 했었다는 이유로 공무원들의 기득권 옹호에 가담했다."

박관용 실장의 말.

"1, 2차 조직개편 때 고생을 무척 했습니다. 로비나 압력으로 인해 일이 제대로 진행되지 않았어요. 각 부처마다 생존 논리를 개발해 설파하는 데다 공직사회의 동요도 상당했어요."

이 무렵 박 실장은 김 대통령에게 대폭 개편을 건의했다.

"이제는 종합적이고 혁명적인 정부 조직개편을 단행해야 합니다."

김 대통령이 고개를 절래절래 저으며 말했다.

"아이고, 이제 정부 조직개편은 그만해야겠어요. 이것 때문에 다른 일을 하나도 못하겠어."

가장 속이 탄 것은 대통령자문기구로 발족한 행정쇄신자문위원회였다. 위원회는 이미 정부 조직개편안을 만들어 놨는데 김 대통령의 입장이 저러하니 행정쇄신위원회인들 속수무책이었다. 게다가 고위 공직자의 복지부동과 조직개편 반대 여론도 적지 않았다.

박 실장은 행정쇄신위원회로부터 개편안을 넘겨받았다. 그리고 어떻게든 대통령을 설득해야겠다고 다짐했다.

"60·70년대 개발시대의 정부 조직은 개방화와 세계화 시대에 맞지 않다고 생각했습니다."

박 실장은 자신이 주도해 개편안을 만들기로 마음먹고 극비리에 비서실장 직속으로 실무팀을 만들었다.

계속되는 그의 회고.

"당시 비서실장 보좌관(기획조정비서관)으로 김광림 국장(재경부 차관 역임, 현 새누리당 국회의원)을 데려 왔어요. 그는 행정력과 기획력이 뛰어났어요. 김 비서관한테 정부 조직개편안 작업에 필요한 최소한의 인력을 차출하라고 지시했어요"

김광림 비서관을 중심으로 김종민 청와대 행정비서관(문화체육부 차관, 한국관광공사 사장, 문화체육부 장관 역임)과 김정국 경제비서관(재경경제원 1차관보 역임, 보고경제연구원 회장), 김동연 비서관(청와대 경제금융비서관 역임, 현 기획재정부 차관) 등으로 팀이 짜여졌다. 이의근 행정수석(경북지사 3선, 새마을운동중앙본부 회장 역임, 작고)과 한이헌 경제수석(국회의원, 기술보증기금 이사장 역임, 현 한국디지털미디어고교 교장) 등도 이 작업에 관여했다.

박관용 실장은 이런 사실이 외부에 알려질 경우 정치적으로 엄청난 파장을 불러 올 것으로 판단했다. 박 실장의 설명.

"이들에게 철저한 보안을 강조했어요. 만약 외부로 이 사실이 새어나가면 사표를 받겠다고 했어요. 그리고 이들로부터 사표를 미리 받았어요."

작업은 보안 유지를 위해 주로 비서실장 공관에서 했다. 실장 공관 2층 작은 회의실에서 일에 따라 매일 또는 며칠에 한 번씩 모였다.

매미 소리가 시끄럽게 들리는 여름쯤 개편안을 완성했다.

박관용 실장의 회고.

"정보통신부 확대 개편은 시대의 흐름이라고 확신했어요. 내가 그 분야를 잘 모르지만 다가올 정보화 시대에 대비하려면 부처별로 나뉜 정보통신 관련 기능을 일원화해야 한다는 원칙은 분명했어요. 일부는 내가 윤동윤 장관과 친구라서 치우친 것 아니냐고 할지 모르나 전혀 그렇게 하지 않았어요. 나나 윤 장관이나 공적인 일에 관해서는 원칙주의자입니다."

개편 작업을 끝냈으나 김 대통령의 입장에 변화가 없었다. 박 실장은 대통령에게 말도 못하고 처지가 난감했다.

이런 가운데 김 대통령이 10월 12일 한국경제신문 창간 30주년 특별회견에서 "부처 간 통폐합은 현 시점에서 고려하지 않는다."고 밝혔다. 이 소식에 조직개편에 촉각을 곤두세우던 각 부처는 환호했다. 이제 '조직개편은 물 건너갔다'며 안도하는 분위기로 변했다. 정부 조직개편설은 더 수면 아래로 잠복했다. 당장 행정쇄신위원들의 반발이 심했다. 김광웅 위원(서울대행정대학원장, 중앙인사위원장 역임, 현 서울대 명예교수)은 이런 위원회라면 사퇴하겠다고 나섰다.

위기는 기회라고 했든가. 바로 반전의 기회가 찾아왔다. 김 대통령이 11월 아태 순방 중 깜짝 '세계화 구상'을 밝히고 박 실장이 과감한 정부 조직개편을 대통령에게 건의한 것이 신통력을 발휘한 셈이다. 그동안 반대 입장이었던 김 대통령이 이를 흔쾌히 수용했다.

박관용 실장은 박동서 위원장(작고)을 서울시청 앞 프라자 호텔로 조용히 불러냈다. 22층 스카이라운지 구석진 곳에 앉아 그간의 사정을 소상히 설명했다.

"너무 늦어서 미안합니다. 드디어 대통령의 승낙을 받았습니다."

박 위원장이 깜짝 놀라며 반색을 했다.

1993년 2월 17일 김영삼 대통령이 차기 정부 청와대 비서실장으로 내정된 박관용 의원(오른쪽)과 악수하고 있다.

"아이고, 이거 정말 고맙습니다."

"아닙니다. 그런데 제가 손질을 좀 했습니다. 그러나 이 일은 박 위원장이 행정쇄신위원회가 만든 안을 대통령에게 보고해 확정하는 형식으로 처리하는 게 좋지 않을까 합니다."

박 실장은 박 위원장이나 위원들이 서운하지 않게 이해를 구했다.

"대통령 보고 일자는 제가 정해 연락드리겠습니다."

11월 29일.

박동서 위원장은 김 대통령과 독대해 이 안을 확정지었다. 청와대는 대변인을 통해 박 위원장이 대통령에게 현안 업무를 보고했다고 짤막하게 발표했다. 언론은 별로 관심을 두지 않았다. 그 누구도 조직개편안이란 것을 짐작조차 못했다. 이날 청와대 발표는 1단 기사로 처리됐다.

박관용 실장은 황영하 총무처 장관을 청와대로 불렀다. 청와대가 정부 조직개편안을 넘겨 주면서 성안작업을 하라고 지시했다.

황영하 장관의 회고.

"조직개편 성안작업은 철저하게 비밀을 유지했습니다."

이 작업에 총무처 문동후 조직국장(2002월드컵 사무총장, 2011 대구세계육상선수권대회 조직위 사무총장 역임)과 김영호 조직기획과 과장(충북 부지사, 행정안전부 제1차관 역임, 현 법무법인 세종 고문) 등이 참여했다.

김영호 과장의 말.

"장관의 지시를 받아 실무작업을 했습니다. 보안 유지를 위해 퇴근 후 올림피아, 뉴서울, 스위스그랜드 호텔 등을 돌았습니다. 낮에는 사무실에서 일하고 밤에는 호텔에서 일하느라 집에는 새벽에 들어가 옷만 갈아입고 나왔습니다. 일주일에 한 번씩 박관용 비서실장 공관으로 가 박 실장 주재로 회의를 했습니다. 사무관 2명이 이 작업에 참여했습니다. 정말 죽을 지경이었습니다."

박관용 실장은 정부 조직개편안 발표일을 12월 3일로 잡았다. 국회에서 그 해 예산안 통과 시한이 2일이었던 것이다. 청와대는 발표할 정부 조직개편안 자료도 3일 새벽에 인쇄했다. 마치 군사작전을 방불케 할 정도로 보안을 유지했다.

1994년 12월 4일 단행한 정부 조직개편안은 박관용 실장이 적극 나서지 않았으면 없었을지도 모른다. 그래서 일부 사람들은 3차 조직개편은 박 실장의 '걸작'이고, 그 안이 '신통력'을 발휘한 것이라고 말했다.

정부 조직개편과 관련한 뒷이야기다.

이름 밝히기를 꺼린 문민정부 고위 인사의 증언.

"당초 개편안에 총무처와 내무부도 폐지 부서에 포함됐습니다. 그런데 총무처는 최창윤 장관(청와대 정무수석, 공보처 장관, 김 대통령 후보 비서실장 역임)이 막판에 개입해 뒤집었고, 내무부는 경찰청 때문에 그대로 놔주었습니다."

정부 조직개편의 막전막후는 이처럼 드라마틱한 반전의 연속이었다.

사상 유례없는
국민편익 기구 출범

┃ 정권이 바뀌어도 변하지 않는 몇 가지 전형(典型)이 있다. 그 중
하나가 정부 조직개편이다. 정부 조직을 개편하는 일은 결코 쉬운 일
이 아니다. 조직개편이란 크건 작건 조직의 생존이 걸린 문제다. 자기
증식 능력이 뛰어난 관료 조직과 그들만의 문화를 바꾸는 일은 심하
게 말해 내전(內戰)과 다를 바 없다.

부처마다 생사가 걸린 일이니 죽기 살기로 대응할 수밖에 없다. 로
비나 암투가 치열한 것은 말할 나위가 없다. 조직개편 과정에서 파열
음이 나오는 것은 그런 점에서 어찌 보면 자연스런 일인지도 모른다.

김영삼 대통령은 특유의 추진력과 돌파력으로 조직개편을 재임 중
4번이나 단행했다. 그런 그도 3차 조직개편을 앞두고는 더 이상 조직
개편은 하지 않겠다는 입장이었다. 하지만 세계화 구상을 발표하면
서 사상 최대폭의 정부 조직을 개편했다.

문민정부는 변화와 개혁을 통한 '신한국 창조'를 기치로 내걸고 출
범했다. '신한국 창조'라는 슬로건은 이명현 서울대 교수(교육부장관

역임)가 아이디어를 냈다고 한다. 문민정부의 국정목표는 세계화와 지방화, 정보화, 통일시대에 대비한 '작고 강력한 정부'를 구축한다는 것이었다.

김 대통령은 후보시절 선거공약으로 "간소하면서도 능률적인 정부를 구현하기 위해 학계와 재계 등 민간 전문가들로 행정쇄신위원회를 구성하겠다."고 제시했다. 김 대통령은 "국민의 불편을 과감하게 제거하는 행정을 운영하겠다."며 취임 후 대통령자문기구로 행정쇄신위원회를 구성해 초기부터 변화와 개혁 조치를 과감하게 밀고 나갔다.

일부는 행정쇄신위원회에 대해 사상 유례가 없는 국민편익을 위한 기구로 '특허감'이라고 극찬했다. 실제 유명무실한 위원회가 역대 정권마다 적지 않았던 게 사실이나 행정쇄신위원회는 의결기관의 역할을 하면서 각 분야의 행정쇄신을 주도했다.

1993년 4월 20일.

김영삼 대통령은 이날 오전 청와대에서 대통령자문기구인 행정쇄신위원회를 출범시켰다.

위원장을 서울대 행정대학원 박동서 명예교수가 맡았다. 서울대 법대를 졸업한 그는 미국 미네소타대학에서 박사학위를 받았다. 이후 서울대 행정대학원 교수와 원장, 한국정치학회와 행정학회장을 지낸 행정학의 대가였다. 그는 한국 행정학 분야를 개척한 1세대다. 행정학 분야의 첫 학술원 회원이었다. 그는 2006년 6월 타계했다.

행정쇄신위 1기 위원은 학계와 연구기관, 기업, 언론계, 종교계 등 각계 인사 15명으로 구성했다. 위원은 김안제 한국지방행정연수원장, 김광웅 서울대 행정대학원장, 김재철 동원산업 회장, 김영환 한양증권 상무, 노정현 연세대 교수, 박상규 중소기업협동조합 중앙회장, 배병휴 매일경제 논설주간, 박영철 금융연구원장, 박정희 서울YWCA 회장, 박종근 한국노총위원장, 인명진 목사(경실련 부정부패추방본부장), 최동규 전 건설부 장관, 황용주 중앙대 건설대학원 교수, 황인정 한국개발연구원장 등이다.

김 대통령은 청와대에서 박동서 위원장 등에게 차례로 임명장을 준 뒤 소신껏 정부 조직개편안을 만들어 줄 것을 당부했다.

"행정쇄신 없이 정부의 경쟁력이 생길 수 없고, 우리나라가 더 발전할 수 없습니다. 학자의 양심에 따라 소신껏 최적의 정부 조직개편 시안을 만들어 주십시오."

박 위원장도 취임 후 가진 기자회견에서 앞으로의 활동 방향과 포

1993년 4월 20일 김영삼 대통령이 청와대에서 행정쇄신위원 15명에게 위촉장을 수여한 후 악수하고 있다.

부를 밝혔다.

"일선 행정 서비스 향상에 초점을 맞추겠습니다. 조직개편에는 큰 비중을 두지 않겠습니다. 그렇다고 해서 이 일을 하지 않겠다는 것은 아닙니다."

이는 곧 행정쇄신과 더불어 조직개편안도 다루겠다는 의미였다. 실제 행쇄위는 조직개편보다는 행정쇄신에 역점을 둔 활동을 했다. 박 위원장은 업무처리와 관련해 "만장일치가 가장 좋겠지만 어려우면 다수결로 안건을 채택하겠다."고 말했다.

김 대통령은 위촉장을 위원들에게 준 후 위원들과 칼국수로 오찬을 함께 했다.

박 위원장은 이어 1차 전체 회의를 열고 정부 내의 각종 불합리한 법령과 제도 개선, 정부 조직개편 방안 연구 등 위원회 운영방침을 논의했다.

쇄신위는 이날 부조리와 부정소지를 차단하고 국민의 실질적 편익을 증진시킬 수 있는 과제를 선정해 이에 대한 쇄신방안을 마련해 대통령에게 건의키로 했다.

쇄신위는 기본 방향으로 '국민편의를 우선한 제도와 관행의 쇄신', '민주적이며 효율적인 행정 구현', '깨끗하면서 작고 강한 정부 구축' 등에 뒀다. 이런 기본 방향에 따라 '규제완화', '지방 분권화', '행정 관행과 행태 개선', '예산 조세 등 경제적 개선', '행정 조직개편' 등에 관한 과제를 수행하기로 했다.

위원 인선과 관련한 박관용 대통령 비서실장의 증언.

"행정쇄신위원회 인선에는 내가 적극 개입했어요. 처음 안에는 행정전문가들로 구성했어요. 그래서는 안 되겠다 싶어 민간인 3~4명을 포함시켰어요. 행정 수요자인 국민의 의견이 중요하잖아요. 그런 관계로 일부에 내가 행정쇄신위를 주도한 것처럼 알려지기도 했습니다."

김영삼 대통령은 2001년 펴낸 자신의 '회고록'에서 박 위원장 발탁에 대해 이렇게 밝혔다.

"나는 박 위원장에게 정부 조직개편 시안을 만들 것을 주문했다. 서울대 교수였던 그에게 위원장을 맡긴 것은 그가 행정에 대해서는 국내에서 가장 권위자였을 뿐 아니라 대단히 정의로운 사람이었기 때문이다."

김 대통령은 행정쇄신위원회 활동에 힘을 실어 주었다. 소신껏 일할 수 있게 제도적인 뒷받침을 했다. 먼저 위원회를 실질적으로 보좌하는 실무위원회(위원장 총리행정조정실장)를 구성하고 행정 행태와 관행 개선, 조직개편 등 분과위를 구성했다. 이런 조직은 행정쇄신위원회를 지원하기 위해서였다.

위원회가 3심제(三審制)로 쇄신안을 결정하면 곧장 대통령의 결재를 받아 각 부처별로 집행하게 했다. 자문기구로 출발했지만 실제는 의결기관이나 다름없었다. 위원회에 대한 김 대통령의 대단한 배려였다. 그만큼 쇄신위의 활동에 신뢰를 보냈다. 나중에 총리실에서 부처별로 개혁사례에 대한 추진 실태를 점검하기도 했다. 쇄신위는 정부의 어느 부처보다 막강한 영향력을 행사했다.

청와대는 김양배 행정수석실에 행정쇄신비서관을 두었다. 이 조치도 파격이었다. 김 행정수석은 내무관료 출신으로 광주시장과 전남

부지사를 지냈고, 후에 농림수산부 장관과 보건복지부 장관을 역임했다. 쇄신안은 해당 부처로 내려 보내 즉각 후속조치를 취하도록 했다. 초대 행정쇄신비서관은 김덕봉(현 고려대 교수) 씨였다. 그는 청와대 정책2비서관, 국무총리 공보수석 등을 지냈다.

쇄신위는 출범과 동시에 조직개편연구반을 구성해 정부 조직개편안을 마련했다. 위원회가 만든 안은 세 가지였다고 한다.

익명을 요구한 A위원의 회고.

"대폭안과 중폭안, 그리고 소폭안을 만들었습니다. 은밀히 안을 만들었지만 비밀유지가 한두 사람이라면 몰라도 각계 인사들이 모여 논의를 하다보니 안 새나갈 리가 없었습니다. 관료 조직은 정보력이 정말 대단했습니다. 내부에서 논의한 내용을 어떻게 그렇게 잘 아는지 정말 놀랐습니다."

물밑에서 검토한 조직개편안이 6월경부터 하나씩 슬금슬금 흘러나가자 공직사회가 차츰 술렁이기 시작했다. 당시 마련한 대폭안의 내용은 경제기획원과 재무부를 통합하고, 교통과 체신, 건설, 보사, 노동, 과기처 등 6개 부처를 통폐합해서 1~2개 부처를 신설한다는 구상이었다. 중폭안은 건설, 과기 등 2~3개 부처를 통폐합하는 안이었다. 마지막이 15개 부처 간 업무 기능을 조정하는 소폭안이었다.

또 다른 B위원의 회고.

"조직개편의 가장 큰 관심사는 경제기획원과 재무부를 통합하는 경제부처 개편 방향이었습니다. 경제기획원이 한국 경제 발전을 주도한 공로가 있지만 문민정부가 표방하는 개방화 시대에 정부 조직과 기능이 맞지 않는다는 지적이 많았지요."

다른 안은 산업 전반을 총괄하는 대부처 성격의 산업기술부나 산업부의 탄생이었다는 것이다.

상공자원부의 산업정책과 농림수산부의 기능, 과학기술처와 체신부의 정보통신과 과학 분야를 합친 대형 부처를 만들자는 의견도 나왔다. 이와 함께 과기처와 체신부의 정보통신 분야만 따로 떼어내 상공자원부와 별도의 독립된 부처를 만들자는 안과 건설부와 교통부, 환경처와 노동부를 합치자는 주장도 나왔다고 한다.

다른 C위원의 증언.

"정부 조직을 개편하는 일이 얼마나 힘든지 모릅니다. 내무부의 지방통제 기능도 축소했습니다. 갈등과 저항이 거세고 로비와 역공작이 난무했습니다. 지연, 학연, 혈연 등을 이용해 자기 조직 보호를 위해 접근해 오는데 그것을 피할 도리가 있습니까?"

문민정부는 그 해 8월 12일 금융실명제 등을 발표하면서 조직개편은 다소 늦추기로 했다. 김 대통령이 회고록에서 언급한 내용.

"1993년 6월경 정부 조직개편 구상이 흘러나오자 개편 대상으로 지목됐던 경제기획원과 내무부 등의 관료들이 치열하게 로비를 벌였다. 금융실명제 실시 이후에는 실명제 정착을 위해 또 다시 개편을 연기해야 했다. 취임 첫해 부정부패 척결과 사정(司正)이 높은 강도로 진행되면서 공직사회의 복지부동이 한창 문제가 되었고, 경제 사정도 좋지 않았기 때문에 나는 아쉽지만 일단 정부 조직개편을 연기하기로 했다."

5년간 위원으로 활동한 인명진 목사의 회고.

"로비가 치열했습니다. 하지만 박동서 위원장과 저한테는 그런 로

비가 없었어요. 저야 재야운동을 한 사람이니 학연이니 지연이니 혈연에 얽매이지 않았습니다. 그래서 소신껏 국민 편에서 문제를 제기했어요. 행정에 관해 저는 비전문가입니다. 하지만 감옥에 4번이나 갔다 오고 서민과 부딪치며 살다보니 국민의 가려운 곳을 제가 제일 잘 알고 있었습니다."

인 목사는 이후 각종 정부위원회에 참여했고, 한나라당 윤리위원장을 역임했다. 지금은 서울 갈릴리교회 목사로 목회를 한다. 그가 말하는 이기주의의 일단을 엿볼 수 있는 일화.

"그 당시 법무부 교정국장을 검사들이 차지했어요. 그래서 내가 교정국장은 교정공무원이 맡아야 한다고 강력히 주장했어요. 그랬더니 검사들이 난리를 쳤어요. 결국 교정국장에 교정공무원 또는 검사를 보임하도록 한다고 수정했지요. 그래놓고도 검사들이 교정국장직을 오랫동안 맡았어요."

행정쇄신위원회는 체신부를 정보통신부로 확대 개편하는 데에는 이견이 없었다. 정보통신부 확대 개편은 정보화사회 이행을 촉진하는 과정이라고 판단했다. 행정쇄신위는 우선 "국가경쟁력 강화와 관련해 정보화 의미는 다시 재정립할 필요가 있다."면서 "앞으로 정보화에 더욱 많은 관심을 갖고 기능 영역의 발굴, 정부와 민간 부문의 정보망 연계 체제 강화, 정보화사회 진입을 가로막는 규제와 제도상의 문제점을 분석해 대책을 제시하겠다."고 밝혔다.

박동서 위원장은 1999년 펴낸 '한국행정의 쇄신사례'에서 정보통신부 제안에 대해 이렇게 밝혔다.

"정보통신부 제안은 단순히 정보화 추세에 맞추기 위한 것이 아니었다. 정보화를 촉진하기 위해 보다 많은 관련 기능을 타 기관에서 넘기는 것으로 돼 있었으나, 마지막 직제개편 시 아쉽게도 넘기기로 한 기능을 다 찾아가지 못했다."

그는 훗날 정부 조직개편안이 확정된 후 당초 만든 안의 80% 정도가 반영됐다고 회고했다. 그는 당초 안보다 후퇴한 정보통신부 기능에 아쉬움을 갖고 있었다. 그는 대표적인 것으로 지상파방송이 정보통신부로 넘어오지 않았음을 지적했다.

행정쇄신위원회는 매주 회의를 열고 정부가 수십 년간 손도 안댄 각종 규제를 시원시원하게 풀어 주었다. 실제 국민고충처리위원회 도입과 규제 사전심의제, 소비자 권익보호 등 국민편익과 산업 안전, 복지 등에 지대한 공적을 남겼다. 체신 행정 중 우편 판매와 전화, 통신, 우편 취급, 아파트 등 공동주택 내 우편반송함 설치 등을 개선했다.

체신금융 업무 개선과 관련한 박승규 체신부 환예금과장(강원체신청장, 한국인터넷진흥원장 역임, 한국정보통신기능대학장)의 기억.

"은행과 우체국의 전산망이 연결되지 않아 이용자들의 자금 송금이나 인출 등에 불편함이 많았습니다. 이를 은행망과 연결시켜 달라고 수차 재무부에 요청했으나 안 들어 주는 겁니다. 그래서 행정쇄신위에 올렸더니 이를 연결시키도록 했습니다. 그러나 준비 등으로 인해 시행은 몇 년 후부터 했습니다."

청와대 행정쇄신비서관실에서 행쇄위 업무를 담당했던 심재민 행정관(광주광역시장 권한대행, 국민고충처리위원회 상임위원 역임)의 말.

"당시 주된 업무는 위원회가 처리할 안건 등을 검토하고, 대통령께 보고할 추진 실적을 비서관, 수석비서관에게 보고서로 작성해 제출하는 일이었습니다. 다른 위원회가 한두 번 회의하고 일하는 시늉만 하다가 유야무야 하는 것과 달리 행정쇄신위원회는 철저하게 유례를 찾아보기 어려울 정도로 국민 편에 서서 일했다고 확신합니다."

인명진 목사는 이렇게 말했다.

"쇄신이나 개혁은 전문성이나 지식이 없어서 못하는 게 아닙니다. 그것을 하고자 하는 의지의 문제입니다."

행정쇄신위원회는 문민정부 5년간 매주 회의를 열어 모두 2,500여 건의 쇄신과제를 처리했다. 그리고 1998년 2월 대단원의 막을 내렸다.

정보통신부 산파역,
윤동윤 장관

┃ 윤동윤 체신부 장관은 ICT 꿈을 향해 끝없이 항해한 정통관료다. 그는 서울대 법대를 졸업한 후 행정고시 3회에 합격, 1966년부터 행정사무관으로 체신부에서 첫 공직 생활을 시작했다. 이후 과장, 국장, 실장, 차관 등 마치 계단을 오르듯 승진을 거듭해 문민정부에서 장관으로 발탁됐다. 체신부 관료로 사무관부터 한 단계씩 승진해 장관까지 오른 사람은 그가 처음이자 마지막이다.

그는 선이 굵고 소탈한 성품이나 업무에 관해서는 치밀했다. 소통과 합리적인 리더십으로 조직을 이끌었다. 대인관계가 원만하고 폭이 넓은데다 보스 기질이 있어 체신공무원의 간판이자 후견인으로 불린다.

긴 외길 체신항로에서 그가 이룩한 공적은 많다. 우선 1994년 12월 3일 정부 조직개편에서 체신부를 정보통신부로 확대 개편하는 데 산파역을 했다. 정보통신에 관한 해박한 이론과 탄탄한 논리를 바탕으로 정보통신부 출범을 불도저처럼 밀어붙였다.

윤 장관의 증언.

"정보통신부 신설은 1980년대부터 거론됐어요. 오랜 체신부 숙원이었어요. 국가정보화와 정보시대를 선도할 전담부서로 변신은 불가피했습니다. 여론 확산과 논리 개발을 위해 수년 동안 각종 학회 등을 지원했습니다."

그는 장·차관 재임 시 서울대에 500여억 원을 지원했다. 서울대는 이 자금으로 연건평 5289.11m²에 지하 1층, 지상 4층의 건물 공사를 시작, 1993년 6월에 완공했다. 서울대는 이런 지원에 힘입어 1992년 11월 정보통신행정연구소를 설립한 데 이어 1995년 10월 정보통신방송정책과정을 개설, 운영 중이다.

체신부 기획과장이었던 서영길 과장(정보통신부 정책지원국장, TU미디어 사장 역임, 현 IGM세계경영연구원장)의 증언.

"윤 장관께선 정보사회에 대비해 관련 학계나 학자들의 아이디어를 정책에 반영하기 위해 각종 학회를 적극 지원했습니다. 통신학회와 전자공학회, 행정학회, 심리학회 등 이공계와 인문사회계의 제한을 두지 않았습니다."

이들 학회에 국가 발전과 정보통신의 역할, 일과 미래, 미래사회와 유망직업, 정보통신이 국가

1993년 2월 26일 김영삼 대통령이 신임 각료들에게 임명장을 수여한 뒤 기념 촬영을 하고 있다. 김 대통령의 바로 뒤가 윤동윤 장관.

사회에 미치는 영향 등의 과제를 맡기고 학술대회도 후원했다.

그의 재임 중 대표작이라면 단연 CDMA 개발이다. 당시 CDMA 개발에 대한 반대 여론은 큰 파도처럼 거셌다. 다른 부처의 반대에다 외국 업체의 로비가 치열했다. 국내 업체의 반대도 심했다. 이런 상황에서 그는 장관직을 걸고 CDMA 개발에 전력투구했다.

그는 틈만 나면 이인학 전파관리국장(데이콤 감사 역임)과 그 후임인 이성해 전파관리국장(정보통신부 정보화기획실장 역임, 현 큐앤에스 회장)이나 신용섭 과장(현 방송통신위원회 상임위원) 등과 함께 대전 전자통신연구소(현 한국전자통신연구원)를 찾아 CDMA 개발은 독려했다. 그는 연구원들에게 'CDMA 개발은 전쟁이다'라는 문구를 벽에 써 붙이라고 지시했다.

1994년 1월부터 개발 책임을 맡은 박항구 이동통신개발단장(현 소암시스템 회장)의 증언.

"당시 실험실(STP)이 지하에 있었는데 그 방 이름을 'CDMA WAR ROOM(CDMA작전실)'이라고 했어요. 사무실에 야전침대를 갖다 놓고 개발에 몰두 했습니다."

박성득 정보통신정책실장(정보통신부 차관 역임, 현 한국해킹보안협회장)의 말.

"그 때 다른 방식을 채택했다면 우리는 외국 기술 종속에서 벗어나지 못했을 겁니다. 한국이 'ICT강국' '휴대폰강국'이 되는 일대 전환점이 CDMA 개발 성공입니다."

1993년 가을 윤 장관은 국회 교통체신위원회에 나가 CDMA 개발과 관련해 국회의원들로부터 호되게 당했다. 여당 간사였던 A의원이 제일 먼저 윤 장관을 몰아 세웠다.

"왜 개발이 다 끝난 TDMA 기술을 놔두고 미래가 불투명한 CDMA를 개발하려고 하느냐? 도대체 이유가 뭐냐?"고 따졌다. 여당 B의원과 야당 C의원도 이에 가세했다.

윤 장관은 배후에 삼성전자가 있다고 판단했다. 삼성은 TDMA 기술 도입을 선호했다. 화가 머리 끝까지 난 윤 장관은 이튿날 아침 간부회의에서 삼성의 체신부 출입을 전면 금지시키라고 지시했다. 이날부터 삼성 직원의 체신부 출입은 전면 금지됐다. 전무후무한 일이다. 보름 정도 지나자 강진구 삼성전자 회장과 김광호 사장이 장관실로 사과하러 찾아왔다.

두 사람은 머리를 숙이며 사과했다.

"대단히 죄송합니다. 앞으로 CDMA 개발에 적극 참여하겠습니다."

일종의 성장통이었다. 이런 과정을 거쳐 한국은 세계 최초의 CDMA 기술개발국이란 쾌거를 이룩했다. 세상일은 변수의 연속이다. CDMA 개발에 그토록 반대했던 삼성이 지금은 이 기술개발의 최대 수혜자로 휴대폰의 절대 강자가 됐다.

1993년 12월 10일 체신부 기자실.

윤동윤 체신부 장관은 기자회견을 열어 이통사업자 선정은 전국경제인연합회(전경련)에 넘기기로 했다고 발표했다. 제2이동통신사업자 선정은 노태우 정부 시절 최대 쟁점이었다. 우여곡절 끝에 노 대통령의 사돈인 최종현 선경그룹 회장은 사업권을 반납했다. 김영삼 정부가 출범한 후 사업자 재선정 문제는 다시 화약고가 됐다.

12월 초, 청와대 대통령 집무실.

김영삼 대통령에게 윤동윤 장관은 이통사업자 선정방식에 대해 보고했다.

"각하, 사업자 선정은 전경련에 맡기는 게 좋겠습니다. 이 안이 최선은 아니나 차선은 됩니다."

윤 장관은 이 경우 예상되는 장점과 단점을 김 대통령에게 설명했다. 김 대통령은 잠시 생각에 잠겼다. 김 대통령이 침묵을 깨고 결단하듯 짧게 말했다.

"좋소, 윤 장관 소신대로 추진하시오."

윤 장관의 회고.

"이 문제를 놓고 밤잠을 자지 못했어요. 학계와 업계 인사들과 만나 해법찾기에 골몰했는데 누군가가 일본 경단련의 예를 소개하면서 전경련에 맡기는 아이디어를 냈어요. 묘수였어요."

윤 장관은 전경련 회장인 최종현 선경그룹 회장에게 전화를 걸었다. 최 회장은 그날 행사차 대전에 내려가 있었다.

"최 회장님, 이통사업자 선정을 전경련에 의뢰하기로 결정했습니다."

윤 장관은 그 배경을 설명하고 이해를 구했다. 처음 당혹해하던 그도 자초지종을 듣고 흔쾌히 대답했다.

"잘 알겠습니다, 그렇게 하겠습니다."

그는 1983년 7월부터 4년 이상 최장수 통신정책국장으로 일했다. 이 기간 중 ICT강국의 기틀을 만들었다. 그는 TDX 개발을 적극 추진, 1가구 1전화 시대를 열었고, 통신정책연구소(현 정보통신정책연구원)의 설립을 주도했다.

연구원 설립과 관련한 서영길 과장의 계속되는 증언.

"정보통신 분야의 싱크탱크 역할을 하자는 의미에서 통신정책연구소를 설립했지요. 여기서 정보통신의 확장정책과 서비스, 요금, 경쟁정책, KT 민영화, 신규 통신사업자 허가 등을 심도 있게 연구해 정책에 반영했습니다."

윤 장관의 말.

"경제부처와 회의를 하면 늘 한국개발원의 통계나 자료를 가지고 논리를 폅니다. 도저히 당할 재간이 없어요. 안을 만들어 올렸더니 오명 차관(과기부총리 역임, 현 건국대 총장)은 금세 결재를 했어요."

하지만 당시 김성진 체신부 장관(육사11기, 과기처 장관 역임, 작고)이 "군이 그럴 필요가 있겠느냐"며 퇴짜를 놓았다. 그는 포기하지 않았다. 다시 결재를 올리기를 3~4회나 되풀이했다. 김 장관은 나중에 "인력을 최소로 하라"며 결재를 했다.

윤 장관의 공직 시작은 우여곡절이 있었다. 진해우체국업무과장대리로 첫 발령을 받아 고향에 가서 부모에게 인사를 하자 실망해 돌아앉는 것을 보고 크게 분발해 오늘에 이르게 됐다는 것이다.

윤 장관이 전하는 당시 상황.

"부친이 '어디로 발령받았냐'고 묻길래 '체신부입니다'라고 말씀드렸더니 두 말도 하지 않고 획 돌아앉아 쳐다보지도 않았습니다. 앞이 캄캄했어요."

그 후 내무부로 자리를 옮길 뻔한 일이 있었다.

그의 이모와 A내무부 장관 부인과는 사이가 각별했다. 이모는 조카가 진해우체국에 근무하는 것이 안타까워 장관 부인에게 인사청탁을 했다. 그 덕분에 1967년부터 내무부 치안국 총경으로 옮기기로 결정이 났다. 하지만 그 일은 실현되지 못했다. 1966년 9월 22일 국회 대정부질문 중 김두한 의원(작고)이 한국비료 사카린 밀수사건과 관련, 미리 준비한 인분을 국무위원들에게 던지는 사건이 일어났다. 이 바람에 내각이 총사퇴한 것이다.

윤동윤 장관은 퇴임 후 '성공한 장관'으로 선정됐다. 동아일보사가 발간하는 신동아는 2001년 10월호에서 고위공무원(대부분 국장급 이상) 89명을 대상으로 노태우, 김영삼, 김대중 정부의 11개 부처 장관을 대상으로 업무를 성공적으로 수행한 장관에 대한 설문조사를 실시했다. 여기에 정통 체신관료 출신인 윤동윤 장관이 성공장관으로 뽑혔다.

신동아의 기사 내용을 인용해 보자.

"정보통신부를 발족시킬 만큼 통신사업 발전에 많은 기여를 했다. 조직내부 사정을 훤히 알고 있어 조직의 갈등요소를 원만히 해결하는 등 조직관리(인사 문제 포함) 능력이 출중했다. 무리수를 두지 않고 합리적으로 업무를 추진해 나갔다는 점 등이 그 근거로 제시됐다."

김호균 전남대 교수도 2004년 펴낸 '21세기 성공장관론'에서 윤 장관을 성공한 장관으로 평가했다.

1994년 12월 체신부 장관에서 물러난 그는 한국정보문화센터 이사장과 2기 행정쇄신위원으로 활동했다. 현재는 한국복지정보통신협의회 이사장과 정우회장, 전직 체신부와 정보통신부 장·차관과 IT원로들의 모임인 IT리더스포럼 회장으로 활동하고 있다.

YS는
정보화 대통령

┃ 1992년 11월 3일.

14대 대선 레이스가 치열해지고 있었다. 김영삼 민자당 대통령 후보는 이날 신한국창조를 위한 '김영삼의 실천약속'이란 제목으로 10대 과제 77개 대선공약을 국민 앞에 발표했다.

민자당 정책위원회(위원장 황인성, 국무총리 역임)가 공약개발위원회를 구성해 분야별 정책 세미나, 직능단체와 간담회, 현지 실태조사, 지방순회 정책토론회를 개최해 대선공약을 선정한 것이다. 김 후보는 이날 '도약하는 과학기술', '활기찬 경제'를 이룩하기 위해 체신부를 정보통신부로 확대 개편하며, '정보산업육성특별법'을 제정하고 청와대에 정보통신비서관을 설치하겠다고 밝혔다.

김 후보가 발표한 정보통신 분야의 6대 공약을 보자.

가. 정보산업을 효율적으로 육성하기 위해 '정보산업육성특별법'을 제정, 운용한다.

- 정보산업육성기금을 설치하고 첨단 정보기술 개발을 촉진한다.

- 소프트웨어 등 정보처리 관련 사업을 제조업 차원에서 지원한다.

나. 정보산업 관련 행정조직을 정비, 강화한다.

- 정부 내 '정보산업 발전기획단'을 운영하고 정보산업담당 대통
  령특별보좌관제를 신설한다.

- 체신부를 정보통신부로 개편한다.

다. 산업 활동의 정보화를 촉진하기 위한 금융세제지원을 강화한다.

- 무역정보화, 유통정보화를 추진한다.

- 중소기업 생산활동을 정보화한다.

라. 정보통신 요금의 감면과 할인 등 요금체계를 개편한다.

마. 정보통신 시설을 확장, 보급하고, 이를 고도화시킨다.

- 정보통신망(ISDN) 구축, 종합유선방송망(CATV), 통신망의 지능
  화 및 시외 · 국제전화 시설의 디지털화를 추진한다.

- 1995년 통신방송위성인 무궁화호를 발사, 난시청지역을 완전 해
  소한다.

- 1996년까지 1,228억 원을 투입, 연차적으로 30만 대의 교육용
  컴퓨터를 전국 초 · 중 · 고등학교에 보급한다.

- 1997년까지 전국 군 지역에 무료 컴퓨터 교육을 단계적으로 실
  시, 지방의 정보화를 확산한다.

- 1998년까지 1,000만 대의 컴퓨터 단말기를 보급, 1가구 1단말기
  시대를 실현, 가정의 정보화 시대를 촉진한다.

바. 행정 · 금융 · 교육연구 · 국방 · 공안 등 5대 국가기간전산망 사업
  을 계속 추진한다.

- 휴대용 무선전화의 이용을 보편화하여 1998년까지 전국 어디서나 통화가 가능하도록 한다.
- 전국 우체국을 전산화, 지역단위 정보센터화해 지역정보화를 촉진한다.

김영삼 후보의 경제 분야 공약은 한이헌 경제보좌역(청와대 경제수석, 15대 국회의원, 기술보증기금 이사장 역임, 현 한국디지털미디어고교 교장) 등이 주도해 만들었다. 교통체신 단체는 양정규 의원(국회 교체위원장 역임, 현 헌정회장)이 담당했다.

대선공약 중에서 가장 주목할 대목은 체신부를 정보통신부로 확대 개편한다는 것이었다. 특정부처를 대선 공약으로 제시한 것은 극히 이례적이었다.

민자당은 그 해 8월 11일 33명의 위원으로 대선정책공약개발특별위원회(위원장 황인성)를 발족했다. 특위는 4개 소위원회와 실무기획단으로 구성했다. 이들은 그 해 10월말까지 분야별 대선공약을 개발하는 데 총력을 기울였다. 경제 분야, 즉 체신부를 정보통신부로 확대 개편하는 업무는 제2소위원회 소관이었다.

제2소위원장은 나웅배 전 경제부총리가 맡았다. 위원으로는 금진호(상공부 장관 역임), 이명박(현 대통령), 서상목(보건복지부 장관 역임), 김만제(경제부총리 역임), 김식(농림수산부 장관 역임), 박재윤 후보특보, 한이헌 경제보좌역 등 7명 모두 내로라하는 쟁쟁한 멤버들이었다.

김영삼 후보의 '경제 가정교사' 역할을 했고 정보통신부 개편 공약을 주도했던 한이헌 경제보좌역의 증언.

"김 후보는 민주화 투사로 정치나 통합의 리더십은 자타가 인정했습니다. 그러나 경제나 정보통신 분야는 잘 몰랐습니다. 젊은 시절부터 정치만 했으니 모를 수밖에 없지요. 체신부는 우편배달이나 전화교환이란 인식이 강했어요. 정보화를 주도할 부처로 체신부는 적합하지 않았어요. 그래서 정보통신부 신설을 공약에 넣었습니다."

1992년 대선 당시 공약 기획에는 문민정부 출범 후 청와대 첫 정책수석으로 내정됐다가 장인의 전력이 문제가 돼 자진 사퇴한 전병민(현 한국정책연구원 고문) 씨의 역할도 컸다. 그는 김 후보의 사조직인 '임펙트코리아'를 이끌었다. 청와대 정무, 홍보수석과 문화체육부장관을 지낸 주돈식 씨는 "그 팀이 선거를 지원하고 선거공약도 정리했다."고 증언했다.

경제관료로 잘 나가던 한이헌 씨가 김영삼 후보의 경제 가정교사로 인연을 맺게 된 것은 뜻밖의 일이었다. 경남 김해 출신으로 행정고시 7회에 합격한 그는 경제기획원에서 줄곧 근무하면서 능력을 인정받아 승승장구했다. 1989년 조순 부총리(전 서울시장, 서울대 명예교수) 아래서 기획국장으로 일했다. 그는 금융실명제와 토지공개념 제도 도입 등을 실무 지휘한 개혁파 관료였다.

노태우 정부는 당초 1990년 1월부터 금융실명제를 실시한다는 방침이었다. 조 부총리는 이런 개혁정책을 힘차게 추진했다. 이런 정책에 민자당 이승윤 정책위의장과 경제계가 강력 반대했다. 그로 인해 1990년 3월 17일 경제 개혁을 주도하던 조순 부총리와 문희갑 청와대 경제수석 등이 경질됐다. 그리고 경제부총리에 이승윤 민자당 정책위의장이 발탁됐다.

개각 며칠 후, 퇴근 무렵이었다. 새로 부임한 이진설 차관(전 건설교통부 장관)이 한이헌 기획국장을 불렀다. 이 차관은 한 국장을 불러놓고 쉽게 말을 꺼내지 못하고 머뭇머뭇했다.

"무슨 일입니까?"

"한 국장, 기획국장을 그만뒀으면 좋겠어요. 이번 인사가 문책성인데, 실무국장인 한 국장에게 책임을 안 물을 수가 없게 됐어요. 위에서 지침을 받았소."

"무슨 말씀인지 알겠습니다. 전보시킨다면 그 결과에 따르겠습니다. 하지만 이건 말이 안됩니다. 금융실명제는 제가 사무관, 과장 시절 강경식(전 부총리) 씨나 차관님 등이 주장하지 않았습니까. 그래놓고 그걸 추진한 저를 문책한다는 게 말이 됩니까?"

그는 한국개발연구원(KDI)으로 파견나가라는 제안을 거절하고 민자당 경제 전문위원으로 보내달라고 요청했다. 그는 경제기획원을 떠나 1990년 4월부터 민자당 전문위원으로 나갔다. 2급에서 1급으로 직급은 올라갔으나 그한테는 좌천이었다.

이 무렵 대선을 앞두고 경제 분야가 취약한 김영삼 후보측은 경제 가정교사를 물색하다가 김 후보의 경남고 후배로 경제기획원 기획국장을 역임한 그를 적임자로 발탁했다. 그렇게 해서 그는 김 후보의 경제 가정교사 역할을 하게 됐다.

"시내 사무실에서 경제 현안을 보고하면서 토론을 했습니다. 대권 경쟁이 치열해진 1991년부터 정례화했어요. 그 때 김 후보에게 정보화에 대비해 하드웨어보다 소프트웨어 산업을 육성해야 하며, 그러자면 체신부의 기능을 정보통신산업 육성에 맞게 정보통신부로 개편해야 한다고 설명했습니다."

김 후보는 1991년 가을 한이헌을 당대표 경제특보로 임명했다. 1992년 대선 때는 경제보좌역으로 기용했다. 그는 이런 과정을 거치면서 실세로 경제 공약 개발의 핵심 역할을 담당하게 됐다.

김영삼 대통령은 1993년 2월 취임 후 1994년 12월 정보통신부가 출범할 때까지 나름대로 정보화를 앞장서서 추진했다.

1993년 6월 15일.

김 대통령은 6월 정보문화의 달을 맞아 관련 유공자를 청와대로 초청, 칼국수로 오찬을 함께 하면서 정보화에 대한 자신의 강한 의지를 밝혔다. 김 대통령의 육성 증언을 들어보자.

"이제는 기술전쟁 시대, 정보혁명의 시대에 돌입했습니다. 아무리 큰 기업도 정보화 없이는 살아남지 못합니다. 기술과 정보화가 곧 선진국의 척도입니다. 정보화를 촉진하려면 정보산업 육성이 중요합니다. 나는 정보화야말로 신한국 창조를 위한 가장 효율적인 전략의 하나로 봅니다."

체신부나 정보통신 유관단체, 기업들은 이보다 더 반가울 수 없는 대통령의 발언이었다.

1993년 10월 29일.

청와대 비서실은 이날 사무용 컴퓨터를 XT급에서 AT386급으로 교체하는 한편, 대통령 집무실에도 개인용 컴퓨터를 설치했다고 발표했다. 청와대는 그 해 6월 1일부터 하이텔에 '청와대 큰마당'이란 코너를 마련해 대통령의 국정운영과 정부정책에 대한 국민의 여론을 수렴했다. 청와대는 10월 17일 데이콤의 천리안에도 가입해 대통

령의 동정이나 사진 등을
서비스했다.

집무실에 컴퓨터를 설
치한 김 대통령은 "우리는
전산화와 정보통신 분야
가 외국에 비해 뒤졌다. 앞
으로 정보화를 위해 나도
서툴지만 컴퓨터를 공부

1993년 10월 29일 김영삼 대통령이 집무실에서 PC를 통해
정보통신 하이텔의 '청와대 큰마당'에 보내온 각계 국민들의
의견과 건의사항을 열람하고 있다.

하고 사용하겠다."고 강조했다.

김 대통령은 그 해 6월 14일 '1994 미국월드컵' 선수단에 이메일로
격려편지를 보냈다. 천리안에 개설한 '94월드컵의 필승을 위하여' 코
너의 '격려편지 보내기'를 이용해서였다. 이런 성원에 힘입어 그 해
10월 28일 한국 축구는 월드컵 본선 진출 티켓을 거머쥐었다. 한국
축구팀은 카타르 도하에서 열린 94월드컵 축구 아시아지역 최종 예
선에서 북한을 3대0으로 제압했다.

김 대통령은 정보화 대통령이 되고자 부단히 노력하면서 정보화에
대한 시선을 다른 곳으로 돌리지 않았다. 실제 김 대통령은 1993년 7
월 3일 발표한 신경제 5개년 계획에 정보화촉진과 정보산업 육성을
적극 반영하라고 지시했다. 이런 대통령의 관심과 정책적 지원이 한
국을 ICT강국, 인터넷강국으로 도약하게 만든 원동력이었다. 세상에
도전 없이 얻는 것은 아무것도 없다.

'정보통신' 용어와
전기통신기본법

요즘 '정보통신'이라는 말은 일상어(日常語)다. 하지만 지난 군사정권 시절 '정보'라는 용어는 일상어가 아니었다. 권력층, 특히 정보기관의 전용어로만 생각했다.

1980년대 초까지 한국에 정보통신이란 단어는 없었다. 대신 '데이터통신' 또는 '자료통신'이란 생경한 용어를 사용했다. 정보통신이란 말이 등장하지 않았다면 1994년 12월 정보통신부라는 문패를 단 부처도 탄생하지 못했을지 모를 일이다. '정보통신'이란 용어는 한국이 만든 말이다.

이 용어가 처음 등장한 것은 1983년 12월 30일, 전기통신기본법에 법률용어로 '정보통신'이란 용어를 사용한 것이 시초다.

역사의 커튼을 들쳐 1980년대 초로 돌아가 보자.

새해 대통령에 대한 업무보고는 예나 지금이나 각 부처에게는 최대 숙제다. 업무보고는 부처 장관들이 한 해 동안 역점을 두고 추진할 정책 청사진을 대통령에게 보고하는 자리다.

업무보고는 장관에 대한 평가 자리이자, 경질이냐 유임이냐를 결정하는 잣대가 되는 자리였다. 업무보고 시 대통령으로부터 격려나 칭찬을 받으면 그 부처는 앞이 뻥 뚫린 고속도로처럼 1년이 순탄하다. 그 반대로 질책이나 지적을 받으면 고달픈 한 해가 됐다. 그래서 업무보고를 앞둔 각 부처는 연말부터 비상이 걸린다.

1982년 2월 5일, 오전 청와대.

최광수 체신부 장관은 이날 전두환 대통령에게 새해 업무를 보고했다. 최 장관은 "무선방송과 유선방송의 관리 행정이 체신부와 문공부로 이원화한 것을 체신부로 일원화하고 전파자원을 효율적으로 관리하겠다."고 보고했다. 최 장관은 "현행 전기통신법을 종합정책 기능을 주로 하는 '전기통신기본법'과 서비스 이용에 관한 사항을 규정하는 '공중전기통신사업법'으로 분리해 법개정을 추진하겠다."고 보고했다.

이 보고가 정보통신이란 용어를 만드는 시발점이 될 줄은 아무도 몰랐다.

체신부는 그 해 1월 조직개편을 단행했다. 기존 전무국과 보전국, 계획국을 없애고 통신정책국을 신설했다. 통신정책국은 각종 통신정책 방향을 정하고 대형 개발과제를 진두지휘하는 핵심 부서였다.

초대 국장으로 이해욱(체신부 차관, 한국전기통신공사 사장 역임) 씨가 임명됐다. 정책국에는 4개 과(課)가 있었다. 이인학 통신기획과장(체신부 통신정책국장, 데이콤 감사 역임), 김노철 통신기술과장(한국통신 부사장 역임), 고용갑 통신업무과장(부산체신청장 역임), 박성득 특수통신과장(정보통신부 차관 역임, 현 한국해킹보안협회장) 등이 발령받았다.

지난 1961년 12월 제정한 전기통신법을 전기통신기본법과 공중전기통신사업법(1991년 전기통신사업법으로 개칭)으로 분리, 제정하는 작업은 통신정책국 소관 업무였다.

통신정책국에서 이 일을 담당했던 이인학 과장의 증언.

"한국전기통신공사 민영화 작업에 따른 공사법 제정과 전기통신기본법 개정 작업은 1981년부터 추진했습니다. 당시 전무국에서 이 작업을 했습니다. 하지만 이 두 개 법안 개정 작업을 하기가 너무 힘들어 기본법은 뒤로 미룬 상태였습니다."

정부는 1982년 1월 한국전기통신공사(현 KT)를 민영화했다. 이어 그 해 3월 한국데이터통신(데이콤 전신, 현 LG유플러스)을 설립했다.

이 과장은 전무국 수석과장으로 있다가 1982년 1월 통신정책국 통신기획과장으로 자리를 옮겼다. 기획과에는 총괄, 제도, 법령, 국제 등 4개 계(係)가 있었다. 송용팔 계장(현 충북대 교수)이 총괄을 맡았으나 얼마 후 승진해 나가는 바람에 국제 담당인 서영길 계장(전 TU미디어 사장, 현 IGM세계경영연구원장)이 이어받았다.

이인학 과장의 회고.

"나는 민영화하는 한국전기통신공사로 가기를 희망했습니다. 공사로 가면 월급이 많았어요. 그런데 최광수 장관과 오명 차관(체신부 장관, 건설교통부 장관, 과기부총리, 건국대 총장 역임, 현 웅진에너지·폴리실리콘 회장, KAIST 이사장)이 절대 안 된다고 했습니다."

이 과장은 법안 제정 작업을 법령 담당인 석호익 계장(정보통신부 정책홍보관리실장, 정보통신정책연구원장, KT 부회장 역임, 현 통일IT포럼 회장)에게 맡겼다.

"법안 작업에 따른 지침을 주고 법을 재정비하라고 지시했습니다."

석 계장은 법률 개정 전담팀을 꾸렸다. 현업에서 파견나온 사람과 대학 교수 등 5명이 전담팀에 배치됐다. 전담팀은 미국과 일본, 영국 등 외국의 법안을 번역해 개정 작업에 참고했다. 국내법도 기본법이란 용어가 들어간 법은 모조리 독파했다. 이런 개정 작업을 6개월 가량 해 초안을 만들었다.

석호익 계장의 증언.

"엄청나게 공부를 많이 했습니다. 이 일을 하면서 가장 큰 애로가 용어였습니다. 우리말로 표현할 적합한 용어가 없었습니다. 당시는 '데이터통신'이란 말만 있었어요. 이를 '자료통신'으로 번역해 사용하기도 했어요. 그런 말이 정보화사회에 대비한 적합한 용어는 아니었습니다."

그래서 적합한 용어 찾기에 나섰다. 하지만 쉽게 답을 구하지 못해 오래 고민을 했다. 그 결과 '정보'와 '통신'의 조합을 생각했다. '데이터통신' 대신 '정보통신'이라는 신조어를 찾은 것이다.

석 계장의 이 제안에 대해 이 과장은 즉석에서 "좋다."고 했다.

"거 좋은 용어구먼. 그렇게 합시다."

석 계장의 말.

1981년 3월 제31대 최광수 체신부장관(왼쪽)이 한국전자통신연구원 전신인 한국전자기술연구소를 방문해 당시 소장인 최순달 소장에게 업무현황을 보고 받은 후 환담하고 있다. 〈사진 : 한국전자통신연구원〉

"그러나 이 말은 난관에 부딪혔습니다. '정보'라는 말 때문이었습니다. 정보라는 용어를 사용하는 정부기관은 '남자를 여자로 바꾸는 일 빼고는 다한다'는 무소불위의 중앙정보부(현 국가정보원)뿐이었습니다."

일부에서 이견을 보였으나 그는 주장을 굽히지 않았다. 이 과장에게 논리적 타당성을 제공했다.

"정보통신에서 말하는 정보(Information)와 중앙정보부의 정보는 서로 다릅니다. 중앙정보부의 정보는 엄밀히 말해 첩보(Intelligence)인데, 첩보부라는 용어는 어감도 좋지 않고 정부부처로 사용하기에는 부적절합니다. 그래서 순화시켜 중앙정보부로 한 것입니다. 정보통신의 '정보'는 중앙정보부의 '정보'와는 분명히 다른 의미라고 설득했습니다.".

그의 이 논리를 바탕으로 이 과장은 이견을 보이던 이들을 차례로 설득했다.

이 과장의 말.

"석 계장은 맡은 업무를 당차게 추진했어요. 내가 내린 지침에다 플러스 알파를 했어요. 업무능력이 뛰어나 무슨 일이든지 잘했습니다."

석 계장이 맡았던 법안 업무는 법무담당관실에 있던 이성옥 계장(정보통신부 정보화기획실장, 정보통신연구진흥원장 역임, 현 한국플랜트산업협회 부회장)이 통신기획과로 오면서 넘겨받았다.

"제가 왔을 당시는 용어와 관련해 이견이 전혀 없었어요."

이 법안은 1983년 말 국회를 통과했다. 기본법은 7장 53개 조문과 부칙으로 만들었다. '정보통신'이란 용어를 이 때 처음 전기통신기본법에 집어넣었다.

이 법안에 대한 이 과장의 평가.

"1961년 제정한 전기통신법은 일본법을 베끼다시피 해서 만들었습니다. 그런데 전기통신기본법과 공중전기통신사업법은 정보화사회에 대비해 그야말로 심혈을 기울여 만들었습니다. 나중에 이 법안을 본 일본 우정성 관리들이 깜짝 놀랐습니다. 일본법을 베낀 한국이 자기들보다 더 좋은 법을 만들었던 겁니다. 법안 초안을 그들이 가지고 갔습니다."

석호익 현 통일IT포럼 회장의 최근 설명.

"지금 세계에서 보편적으로 사용하는 '정보통신'이란 용어가 IT(Information Technology)인데, 국제전기통신연합(ITU)의 공식 용어는 ICT(Information & Communication Technology)입니다. 이 용어가 바로 우리가 만든 '정보통신'을 번역한 것입니다."

1983년 7월 이해욱 통신정책국장이 체신부 기획관리실장으로 승진하고 그 후임으로 윤동윤 국장(체신부 장관 역임, 현 한국IT리더스포럼 회장)이 임명됐다. 윤 국장은 전기통신기본법과 공중전기통신법안을 그 해 12월 국회에서 통과시키는 데 산파역을 했다. 그의 회고.

"부처 협의 과정에서 관련 부처의 반대가 대단했습니다. 특히 상공부는 법안에 대해 가장 이견을 보였습니다."

그러나 윤 국장은 신국환 상공부 전자전기공업국장(산자부 장관 역임)과 이양순 경제기획원 공정거래실 심사분석국장(감사원 감사위원 역임), 전윤철 총괄과장(감사원장 역임) 등과 서울법대 선후배인 관계여서 이 문제를 원만하게 매듭지었다. 이 국장은 윤 국장의 선배이고

신 국장과 전 과장은 후배였다. 윤 국장의 특유의 뚝심과 설득력으로 이 문제를 매듭지었다.

"체신부가 만든 초안의 90%를 반영했습니다."

그는 4년 이상 최장수 국장으로 일하면서 각종 법령을 재정비해 ICT강국의 기반을 마련했다. 윤 국장은 말도 많고 고비도 많았던 통신 격변기를 소통과 설득의 리더십으로 조직을 이끌었다. 훗날 마지막 체신부 장관으로서 정보통신부의 출범도 매끄럽게 마무리했다.

윤동윤 장관의 회고.

"통신정책국 사무관들은 모두 유능했습니다. 과장 아래 서영길, 김창곤(정보통신부 차관 역임, 현 한국디지털케이블연구원장), 김동수(정보통신부 차관 역임, 현 광장 고문), 최명선(충북체신청장 역임, 현 KAIST 교수), 석호익, 이교용(정보통신부 정보통신정책실장, 우정사업본부장 역임, 현 우취연합회장), 이성옥, 구영보(우정사업본부장, 프로그램심의위원장 역임, 현 SKT 고문), 한춘구(정보통신부 정보통신지원국장 역임, 현 한국전파기지국 고문) 등이었는데 이들은 일밖에 몰랐어요. 어떤 정책이건 수시로 모여 토론을 했습니다. 모두 자기 주장이 강해 옳다고 생각하면 좀처럼 주장을 굽히지 않았어요. 휴일도 없이 일만 했던 시절입니다."

'데이터통신', '자료통신'이란 말 대신 '정보통신'이란 용어가 등장한 지 올해로 19년째다. 이 말은 ICT강국 한국의 또 다른 상징어다.

정보통신부 조직개편의
첫 신호탄

│ 5공화국 말기인 1987년 12월.

이듬해 2월 정권교체를 앞두고 정국은 어수선했다.

청와대 소속인 전산망위원회는 정보통신부 신설 방안을 포함한 국가전산화추진체계 방안을 마련했다. 정보통신부 조직개편의 첫 공개 신호탄이었다. 김영삼 정부가 1994년 12월 체신부를 정보통신부로 확대 개편하기 7년 전 일이다.

5공 정부는 일란성 쌍둥이처럼 뿌리가 같았던 6공에서 정보화와 정보산업 관련 정책이 일관성 있게 추진되기를 바랐다. 전산망위원회는 이런 염원을 담은 3개 안을 마련했다.

제1안은 부총리급의 중앙부처 신설이다.

가칭 국가전산기획원을 신설해 관련 부처의 국가전산화 및 정보산업 관련 정책 기능을 일부 흡수한다는 것이다. 국가전산화기본계획 수립과 전산망조정위원회 운영, 정보산업 운영시책, 정보산업 관련 기술개발 정책 등을 담당하며 신설부처 장관이 전산망조정위원장을 겸임한다는 안이다.

제2안은 기존 부처를 개편하는 내용이다.

바로 체신부를 정보통신부로 개편한다는 구상이었다. 다만 우편 및 금융 분야는 독립청 또는 공사화한다는 계획이었다. 관련 부처의 국가전산화 및 정보산업 정책과 집행 기능을 흡수하거나 통합한다는 방침이었다.

제3안은 대통령 특별보좌관제 신설이다.

대통령 비서실에 국가전산화 및 정보산업담당 특별보좌관 또는 수석을 신설한다는 구상이다. 이 경우 기존 부처 기능을 현행대로 유지하고 전산망조정위원회 사무국은 대통령 비서실 소속으로 존치한다는 것이다. 이것이 어렵다면 조정위원회는 체신부로 이관한다는 내용이다.

6공 정부는 3개 안 중 일부는 수용했지만 조직개편에 적극 반영하지 않았다. 전산망위원회 위원들인 각 부처 차관들은 당시 이런 안에 공개적으로 반발하지 않았다. 왜 그랬을까?

이 업무에 관여했던 A씨의 진단.

"이유는 간단했어요. 6공 정부 인수팀에서 이 안을 채택할 가능성이 거의 없었기 때문입니다. 당장 5공 비리 등으로 눈 돌릴 여유가 없었습니다."

5공은 1982년부터 기술 드라이브를 선언, 대통령 주재로 기술진흥확대회의를 열었다. 전두환 대통령은 기술진흥과 전자정보통신산업 발전에 깊은 관심을 표명했고, 그 분야에서 획기적인 성과가 있었다.

5공이 출범해 서슬이 퍼렇던 1983년 1월 28일.

전두환 대통령은 1983년도 제1회 기술진흥확대회의를 중앙청 중앙회의실에서 주재했다.

전 대통령은 이 자리에서 "경제난국을 타개하는 데 가장 시급한 것은 기술혁신"이라고 강조했다. 이정오 과학기술처 장관(KAIST 원장 역임, 작고)은 "1983년을 '정보산업의 해'로 정해 정보산업기본법을 제정하는 등 정보화 시책을 추진하겠다."고 보고했다.

이후 1984년 6월 정부는 국가기간전산망 사업만을 전담하는 국가기간전산망조정위원회를 설치했다. 위원장은 강경식(경제부총리 역임) 대통령 비서실장이 맡고, 위원은 과기·체신·상공·문교부 차관과 청와대 정무2수석과 경제수석, 교문수석장 등 10여 명으로 구성했다. 간사는 경제비서실 홍성원 과학기술비서관(KAIST 서울분원장, 현대전자 부사장, 시스코시스템즈코리아 회장 역임)이 맡았다.

정부는 1986년 5월 12일, '전산망 보급확장과 이용촉진에 관한 법률'을 제정, 공포했다.

이에 따라 명칭도 전산망위원회로 바뀌었다. 이 법안은 당초 체신부가 제안했으나 상공부와 총무처 등 다른 부처의 견제로 제대로 진행되지 않자 청와대가 의원입법 형식으로 만들었다. 이상희 의원(4선의원, 과학기술처 장관, 국립과천과학관장 역임)이 총대를 메고 법안을 발의했다. 아이러니한 점은 이 법안에서 '정보통신'이라는 용어를 사용하지 못했다는 것이다.

전두환 대통령은 1987년 2월 조정위원회 구성에 관한 재가를 했다. 전 대통령은 그동안 박영수 대통령 비서실장(서울시장 역임)이 맡았던 위원장에 민간인 신분이던 김성진 한국전산원장을 낙점했다(위원장은 1988년 8월 다시 대통령 비서실장으로 바뀌었다.).

간사를 맡았던 홍 비서관의 증언.

"위원장은 김성진 원장 외에 다른 사람은 전혀 거론되지 않았습니다. 그 분이 체신부와 과기처 장관을 역임했고, 그 해 1월 출범한 한국전산원(현 한국정보화진흥원) 원장직을 맡고 있었습니다. 전 대통령이 직접 낙점했습니다."

김성진 위원장은 전 대통령과 육사 11기 동기로 육군사관학교 수석입학과 수석졸업이란 기록을 세운 수재였다. 미 플로리다대학에서 공학박사 학위를 받은 학구파로 육사 교수와 주미대사관 무관을 거쳐 육군 준장으로 예편했다. 안기부 차장과 국방과학연구소장을 거쳐 1983년 10월 체신부 장관으로 발탁됐고, 이어 과학기술처 장관, 과학재단 이사장, 한국전산원장을 역임했다.

위원으로는 문희갑 경제기획원 차관(대통령 경제수석, 대구광역시장 역임), 이상희 내무부 차관(내무부 장관 역임), 김찬재 문교부 차관, 정영의 재무부 차관(재무부 장관 역임), 홍성좌 상공부 차관(현 도심공항터미날 고문), 장기오 총무처 차관(총무처 장관 역임), 황인수 국방부 차관, 오명 체신부 차관, 권원기 과기처 차관(한국기술교육대학교 총장 역임), 강우혁 청와대 정무2수석(14대 국회의원 역임), 김재윤 한국은행 부총재 등이 임명됐다.

1987년 9월, 국가전산망위원회는 사무국을 설치했다. 사무국장은 경제비서실 정홍식 비서관(정보통신부 차관 역임)이 겸임했다. 사무국 인력은 각 부처에서 파견을 받았다. 체신부에서는 석호익, 이성옥 씨 등이 파견 근무를 했다. 김원식(정보통신부 미래정보전략본부장 역임, 현 세종 고문) 씨는 상공부에서 파견나왔다가 정보통신부로 자리를 옮긴 경우다.

노태우 정부는 1989년 6월 1일 청와대 기구인 전산망위원회를 체신부로 이관했다. 이런 방침은 이미 확정한 상태였다. 그러나 돌발 사태가 발생해 대통령이 같은 사안에 대해 두 번 재가하는 희한한 일이 벌어졌다.

1989년 3월 6일.

문희갑 청와대 경제수석은 '위원회를 과학기술처 주관으로 운영토록 개편코자 한다'는 내용으로 노태우 대통령 재가를 받았다. 과기처 최영환 차관(과학문화재단 이사장 역임)은 문 경제수석의 출신교인 경복고 동문이었다. 기안자는 구본영 경제비서관(대통령 경제수석, 과기처 장관 역임, 작고)인 것으로 알려졌다.

과학기술비서관실은 발칵 뒤집어졌다. "어쩨 이런 일이 …." 담당 비서관도 모르는 일이 벌어졌으니 기가 찰 일이었다.

정홍식 비서관(사무국장 겸임)은 2007년 펴낸 자서전 '한국 IT정책 20년'에서 당시 상황을 이렇게 적었다.

"과학기술비서관도 모르게 노태우 대통령이 결재를 한 바 있다. 과학기술처의 요청에 따라 ICT정책을 잘 모르는 매크로 담당 비서관들이 건의했다고 나중에 알려졌다. 만일 그 결재대로 진행됐다면 우리나라의 정보화는 그들 부처가 주도했을 것이다."

이 시각 체신부 차관실.

신윤식 차관(데이콤 사장, 하나로통신 회장 역임, 현 정보환경연구원 이사장)도 위원회가 과기처로 넘어간다는 보고를 받았다. 신 차관의 당시 상황 설명.

"체신부로 오기로 했던 위원회가 느닷없이 과기처로 가다니 말이나 됩니까? 즉시 문 경제수석에게 면담을 신청했어요."

신 차관은 문 수석과 공군장교로 근무할 때부터 안면을 턴 사이였다. 행정고시는 문 수석이 신 차관 후배이나 군에는 먼저 입대해 신 차관이 공군 소위 시절 문 수석은 중위였다.

그런 인연을 토대로 신 차관이 우정국장 시절 경제기획원 예산실장이던 문 실장의 도움을 받은 적도 있었다. 우체작업 기계화 등에 대한 예산이 삭감되자 문 실장에게 1시간여 사업의 필요성을 브리핑해 예산을 3배나 늘린 것이다.

"알고 보니 문 수석 부친이 대구 지역에서 35년간 우체국에서 근무했답니다. 그는 우체국장 관사에서 살았는데 자신이 우체국 돈으로 공부를 했다는 말을 했어요."

청와대 경제수석실에서 만난 두 사람은 언쟁에 가까운 논쟁을 벌였다. 문 수석은 장관급인데다 노 대통령과 고교 동문으로 청와대 실세로 통했다.

"아니, 이미 체신부로 오기로 한 위원회를 이렇게 할 수가 있습니까? 그동안 체신부에서 일을 다한 것 아닙니까? 이게 말이나 됩니까?"

전산망위원회 이관을 둘러싼 부처 간 대립으로 노태우 대통령이 같은 사안에 대해 두 번 재가하는 일이 발생했다. 사진은 노 대통령이 체신부로 이관을 재가한 문서다. 〈자료 : 한국 IT정책 20년 (정홍식 제)〉

문 수석도 화를 벌컥 내며 언성을 높였다.

"아니, 청와대에는 바보만 있단 말입니까, 그럴 만한 이유가 있는 것 아닙니까? 서로 가까운 사이일수록 예의를 지켜야지 이게 뭡니까?"

이에 신 차관은 "미안하다."고 사과한 후 문 수석의 주장을 논리적으로 차근차근 설득했다.

왜 이런 일이 벌어졌을까? 당시 청와대 내부 소식에 정통했던 C씨의 해석.

"당시 청와대에 5공 비리와 관련한 행망 투서가 많이 들어왔어요. 체신부에 대한 일종의 불신이라고 봅니다."

이 후 4월 하순 총무처와 상공부, 과기처, 체신부 등 4개 부처 차관은 모임을 갖고 위원회를 체신부로 이관하기로 합의했다.

신 차관의 말.

"그것은 일종의 요식 행위였어요. 실제론 청와대가 다 결정했습니다."

노태우 대통령은 그 해 5월 앞서 재가한 이전 기관을 체신부로 바꾸는 내용의 '전산망조정위원회 운영이관 및 위원장 교체 지명 건의'라는 문서에 서명했다. 그 내용은 '정보화사회에 대비한 전담 행정기관이 설치될 때까지 잠정적으로 체신부로 이관하고 위원장도 현재의 홍성철 대통령 비서실장에서 최영철 체신부 장관(국회부의장, 부총리 역임, 현 서경대학교 총장)으로 교체한다는 내용이다.

이 문안 중 '정보화사회에 대비한 전담 행정기관이 설치될 때까지 잠정적으로 체신부로 이관하고'란 내용은 정홍식 비서관이 직접 넣었다고 한다.

이런 재가 번복 배경에 대한 정 비서관의 회고록 증언.

"가장 결정적인 이유는 한국전기통신공사(현 KT) 때문이었다고 본다. 위원회가 정보화와 정보산업 관련 정책을 추진하려면 그만한 인력과 자금이 있어야 했다. 그런 인력과 자금을 지원할 수 있는 조직이 바로 통신공사였다."

이 결정은 한국의 ICT정책, 즉 정보산업과 정보화 정책의 중심을 체신부로 옮기는 결정적 계기가 됐다. 정부가 정보화 전담 행정기관을 만든다면 그 주체는 체신부가 될 수밖에 없었다. 그런 점에서 전산망위원회가 체신부로 오지 않고 다른 부처로 갔더라면 정보통신부 신설은 어떻게 될지 모르는 일이었다.

체신부로 위원회 이관을 성사시킨 정홍식 비서관은 그 해 6월 5일 체신부로 전보발령이 났다. 국무총리실을 거쳐 청와대 근무 10년 3개월이란 극히 드문 장기 근무기록을 남기고 정들었던 청와대를 떠났다.

행정 조직의 지각변동은 미래를 향한 새 출발을 의미했다. 체신부는 이런 여세를 몰아 미래부서인 정보통신부 신설에 가속도를 냈다.

과학자에서 장관까지, 경상현 초대 장관

▌경상현 초대 정보통신부 장관.

그는 'ICT강국 한국' 건설에 헌신한 주역이다.

경상현 장관의 한국 ICT 인생은 아날로그 전자교환기 기술도입이 시발점이었다. 그는 9년여 미국 벨연구소 생활을 청산하고 귀국해 한국원자력연구소와 한국과학기술연구소, 한국전기통신연구소를 거쳐 한국전기통신공사 부사장, 한국전자통신연구소장, 한국전산원장 등을 역임했다. 이어 체신부 차관을 지낸 후 문민정부 초대 정보통신부 장관으로 발탁됐다.

그는 서울대 공대(화학과) 2년을 수료하고 미국 유학길에 올랐다. 미 로드아일랜드대학을 졸업하고 1966년 MIT공대에서 공학(원자력) 박사학위를 받았다. 미국 알곤국립연구소에서 1년여 근무하다가 벨연구소로 자리를 옮겨 통신망계획 연구를 맡았다. 1975년 정부 과학기술자 유치계획의 일환으로 귀국해 한국원자력연구소 에너지시스템연구실장으로 한국 생활을 시작했다.

가을이 무르익어 가던 1975년 10월 하순 어느 날.

과학기술처에서 경상현 박사에게 시스템발전방안회의에 참석하라는 연락이 왔다.

경상현 장관의 당시 회고.

"시스템 분야의 전문가들이 참석하는 회의였습니다. 회의는 과기처 정보산업국장인 김영욱 박사(한국생산기술연구원장 역임)가 주재했어요. 귀국 후 처음 참석하는 회의라 긴장하고 낯설었습니다."

회의 시작 전 참석자들이 돌아가면서 간략히 자기소개를 했다. 그 자리에서 경제기획원 김재익 부총리 비서실장(기획국장, 청와대 경제수석 역임. 순직)을 만났다. 김재익 실장은 이듬해 3월 15일 경제기획원 기획국장으로 발령이 났다.

그는 미 스탠포드대에서 경제학 박사학위를 받은 수재였다. 5공화국 들어 청와대 경제수석으로 발탁돼 전두환 대통령의 절대적인 신임 아래 경제성장을 주도했다. 전 대통령은 "경제는 당신이 대통령이야."라고 할 정도로 그를 신임했다. 그는 1983년 10월 8일 전 대통령을 수행해 미얀마를 방문 중 아웅산폭탄테러로 안타깝게 순직했다.

그날 회의는 퇴근시간을 넘겨 늦게 끝났다. 서둘러 회의장을 나서는데 김재익 실장이 뒤따라 나오면서 말을 걸었다.

경 장관의 기억을 토대로 당시 상황을 재구성해 보자.

김재익 실장이 물었다.

"벨연구소에서 어떤 일을 하셨습니까?"

"통신망계획 연구를 했습니다."

"연구 내용이 무엇이었습니까?"

"미국에서는 아날로그 전자교환기가 나오는데 구식인 기계식 교환기를 계속 설치하는 것이 좋은지, 운영비와 장비 구입비 등 수요측정에 대비해 경제성을 판단하는 내용입니다."

김 실장이 반색을 하며 "아, 그렇습니까. 시간 좀 내주십시오."라며 경 박사의 소맷자락을 잡았다. 두 사람은 경제기획원 김 실장 방으로 올라갔다. 그 날 남덕우 부총리(국무총리 역임)가 늦은 시간인데도 퇴근하지 않고 집무실에 있었다. 김 실장은 경 박사를 데리고 곧장 부총리실로 가서 인사를 시켰다.

남 부총리가 "반갑다."며 악수를 청하더니 갑자기 질문을 던졌다.

"우리도 외국에서 기술을 도입해 교환기를 바꾸려고 합니다. 그런데 의견이 첨예하게 엇갈리고 있습니다. 한 쪽은 아날로그 전자교환기를 도입해야 한다고 주장하고, 다른 한 쪽은 기계식 교환기를 그대로 사용해야 한다는 겁니다. 경 박사는 이 문제를 어떻게 생각합니까?"

경 박사는 미국의 예를 들어 대답했다.

"인구가 증가하는 지역은 기계식을 아날로그 전자교환기로 교체하는 것이 대세입니다."

남 부총리는 고개를 끄덕이더니 김 실장을 보며 말했다.

"김 박사, 앞으로 경 박사와 많은 대화를 나눠 보세요. 경 박사, 앞으로 이 분야에 대한 자문도 좀 해주세요."

두 사람은 경제기획원 근처 한식집으로 자리를 옮겨 저녁을 먹으며 교환기에 관해 깊이 있는 의견을 나누었다. 이 후 두 사람은 일주일에 1~2번씩 두 달여를 계속 만났다. 두 사람은 아날로그 전자교환기 도입이 전화 적체를 해소할 수 있고, 다가오는 정보화사회의 기반이 된다는 데 생각이 같았다.

경상현 장관의 당시 상황 회고.

"당시 아날로그 전자교환 기술을 곧바로 도입하느냐, 또는 디지털 전자교환 기술을 국내 기술진이 개발할 때까지 기계식 교환기만 계속 사용하느냐를 놓고 찬반 공방이 치열했습니다."

경 박사는 아날로그 전자교환 기술 도입의 타당성을 객관적으로 입증할 수 있는 방안을 만들어 김 실장에게 넘겨 주었다. 그게 1976년 초였다.

이 방안은 1976년 2월 27일 열린 경제장관회의에 안건으로 상정됐다. 정부는 경 박사의 안을 그대로 받아들였다. 그리고 전자교환기 도입 타당성 검토를 한국과학기술원(KIST)에 맡기고, 그 책임자는 경상현 박사로 한다는 단서를 달았다. 그가 만든 방안이 한국 전자교환기 도입과 기술개발 정책이 된 것이다.

경상현 박사는 이 일을 하기 위해 1976년 2월 KIST시스템연구실장으로 자리를 옮겼다.

전자교환기 도입 타당성 검토업무는 일사천리로 진행되었다. 교환기 도입에 따른 기술 분석은 안병성 박사(작고), 경제 분석은 유성재 박사가 각각 책임을 맡았다.

경상현 장관의 당시 상황 증언.

"그 해 3월부터 미국과 일본, 독일의 교환기 업체를 대상으로 입찰을 검토했습니다. 이어 타당성 검토를 위한 국제입찰이란 조건을 달아 4월 17일 안내서를 AT&T, ITT, GTE, NEC, 지멘스, 후지쯔의 6개 업체에 보냈습니다."

이 때 조건으로 응찰자는 제안한 내용에 책임을 지며 입찰보증금을 예치해야 한다는 점과 교환기 가격과 부품생산설비 원가, 기술료, 기술지원료, 교육훈련비 등을 구체적으로 제시하도록 했다.

그 해 6월 14일 마감 결과 AT&T를 제외한 5개 업체가 입찰에 참여했다. 경 박사는 이들 업체의 응찰 내용을 면밀히 검토해 이런 조건이라면 경제성이 충분하다고 판단했다. 반제품을 수입해 조립생산을 하다가 국산화를 단계적으로 추진하는 게 최선이라는 결론도 냈다.

경 박사는 7월초 이런 검토 결과를 정부에 보고했다. 정부는 9월 이경식 체신부 차관을 위원장으로 한 전자통신개발추진위원회(TDTF)를 구성하고 본격적인 사업을 추진했다. 경 박사팀은 소속을 TDTF로 옮겨 전자교환기 기술도입을 위한 부문별 실무작업을 담당했다.

그 해 12월 박원근 체신부 장관(예비역 중장, 한국반공연맹 이사장 역임)이 아날로그 전자교환기 국산화 및 통신망 전자화, 그리고 디지털 전자교환기술 국내개발 계획을 박정희 대통령에게 보고해 재가를 받았다. 경 박사는 박 장관을 수행해 이 자리에 배석했다.

박 대통령의 지시에 따라 정부는 1976년 12월 KIST 부설 한국전자통신연구소(현 한국전자통신연구원)를 설립했다. 초대 소장으로 KIST 부소장인 정만영 박사가 취임했다. 연구소에 3명의 부소장이 있었는데 김종련, 안병성, 경상박 박사이었다.

경상박 박사는 도입 기종 선정의 총괄책임을 맡았다. 기술반은 안병성 박사, 경제반은 유성재 박사, 생산반은 박헌서 박사(현 한국정보통신 회장)가 책임자였다. 김영무 김&장의 변호사가 계약전문가로 참여했다. 그 후 정도길 체신부 기술정책관(전기통신시험소장, 정보통신훈련센터 이사장 역임)이 운용 분야 책임자로 합류했고, 이강우 경제기획원 투자3과장(통계청장 역임)과 유영준 상공부 전자공업과장, 장석정 과학기술처 과학기술심의관이 해당 분야 정책을 지원했다.

경 박사는 우선협상 대상으로 ITT와 후지쯔의 2개 업체를 선정해 재협상을 진행했다.

1977년 8월 현지조사와 협상 내용을 토대로 최종 협상 결과를 정부에 보고했다. 정부는 경 박사팀의 보고를 토대로 그 해 9월 최종 도입기종으로 ITT의 M10CN를 선정했다.

이런 결정에 대한 경상현 장관의 회고.

"후지쯔 기종이 기술이나 성능, 가격 등에서 ITT를 앞섰습니다. 하지만 한국에 핵심기술을 이전할 수 없다는 입장이었습니다. 기술을 이전받아 교환기를 국산화해야 할 한국의 선택은 자명했습니다."

한국전자통신연구소는 1977년 12월 체신부 산하 한국통신기술연구소로 독립했다.

경 박사는 이곳에서 연구소 부소장과 체신부 장관 보좌관, 선임연구부장, 시분할개발사업단장 등으로 일하면서 아날로그 전자교환기 도입과 개발, TDX 국산화에 중추적인 역할을 했다. 1979년 5월 아날로그 전자교환기 제2기종 국제입찰과 기종 선정 책임을 맡았다. 정부는 그 해 12월 AT&T의 No.1A ESS를 2기종으로 선정했다.

1982년 한국전기통신공사(현 KT)가 출범하자 그는 기술담당 부사장으로 자리를 옮겼다. 그가 부사장으로 간 것은 전자교환기 도입과 KT의 통신망이 바뀌는 것에 따른 것이었다.

1991년 11월 8일 한국전자통신연구소에서 열린 주전산기 II 개발보고회에 참석한 정원식 국무총리(왼쪽 3
번째). 왼쪽부터 경상현 한국전자통신연구소장, 송언종 체신부 장관, 정 국무총리, 이대엽 국회 교통체신위
원장, 이해욱 한국전기통신공사 사장, 신윤식 데이콤 사장.

"김재익 청와대 경제수석이 추천했다는 말을 나중에 들었습니다."

3년여 부사장으로 일하던 그는 1984년 7월 친정인 한국전기통신
연구소장으로 돌아왔다. 그는 한국전기통신연구소와 한국전자기술
연구소를 통합키로 한 정부 방침에 따라 두 기관의 소장을 겸직하면
서 통합을 마무리했다. 1985년 3월 통합기관으로 한국전자통신연구
소가 출범하자 그는 소장으로 취임했다.

그는 8년여 소장으로 재임하면서 TDX, 4메가 D램과 중형 컴퓨터
타이컴I, II, CDMA 이동통신 시스템 개발 성공 등의 성과를 거두었다.
그는 한국전자통신연구원이 IT 분야에서 세계적인 연구기관으로 성
장하는 초석을 놓았다.

전두환 대통령과 4메가 D램의 개발과 관련한 일화.

1988년 2월 8일 저녁.

퇴임을 보름 앞둔 전두환 대통령은 4메가 D램 개발 유공자를 청와대로 초청해 만찬을 베풀었다. 전 대통령은 이날 무척 기분이 좋았다.

"퇴임 전에 4메가 D램이 나와서 내가 직접 만든 것보다 더 기쁩니다. 나중에 16메가 D램이 나오면 내 머리털을 팔아서라도 연구원들에게 한 턱 내겠습니다."

전 대통령의 구수한 입담에 만찬장은 한순간 박수갈채와 환호로 가득했다.

경 소장은 1992년 한국전산원장(현 한국정보사회진흥원)으로 자리를 옮겼다. 이듬해인 1993년 3월 체신부 차관으로 인사 발령이 났다. 그리고 1994년 12월 IT 중심으로 새롭게 재편하는 글로벌 경쟁체제 속에서 미래부서인 정보통신부 초대 장관으로 등장했다.

첫 업무보고,
통신시장 경쟁체제 강화

정보통신부 출범으로 ICT강국의 화려한 꽃은 차츰 피어나기 시작했다. "산업화는 늦었지만 정보화는 앞서가자."라는 구호처럼 정보화에 가속도를 낸 것도 이 무렵부터다.

조직의 변화는 새로운 출발을 의미했다.

1994년 12월 24일.

청와대에서 김영삼 대통령으로부터 임명장을 받고 청사로 돌아온 경상현 정보통신부 장관은 취임식을 가진 후 두 가지 업무를 처리하면서 공식 업무를 시작했다.

하나는 현판식이었다. 관련 기관장과 단체장 등 100여 명이 참석한 가운데 '정보통신부'란 현판식을 청사 1층 입구에서 가졌다. 이어 회의실에서 간부회의를 주재했다. 경 장관은 기존 정보통신부의 영문 명칭을 MOC에서 MIC(Ministry of Information and Communication)로 변경했다.

늘 그랬듯이 새 출발에는 인사가 뒤따르기 마련이다. 정부는 1994

년 12월 25일 정보통신부 차관에 이계철 기획관리실장(현 방송통신위원회 위원장)을 승진 발령했다. 27일에는 1급 인사를 단행했다. 경 장관 취임 후 첫 1급 인사였다. 정보통신부 기획관리실장에는 박성득 정보통신정책실장(정보통신부 차관, 현 한국해킹보안협회장)을 전보, 발령했다. 그리고 정보통신정책실장에는 정홍식 전산관리소장(정보통신부 차관 역임)을 승진, 발령했다.

박 실장은 체신부 통신정책국장과 전파관리국장, 정보통신정책실장 겸 초고속정보통신망구축기획단장 등 부내 요직을 두루 역임하면서 ICT강국 기반을 다지는 데 앞장섰다. 정 실장은 청와대 경제수석비서실에서 10년 넘게 근무하면서 정보통신산업 정책의 기획 실무를 담당했다. 전산망위원회 사무국장을 거쳐 체신부 통신정책국장과 전산관리 소장을 지냈다.

인사와 관련한 경상현 장관의 회고.

"정홍식 정책실장은 승진 인사에도 불구하고 별로 내키지 않은 모습이었습니다. 그는 우정국장으로 가길 원했습니다. 하지만 청와대에서 10년간 정보통신산업 정책을 폭넓게 다뤘고, 체신부 정보통신국장을 지낸 바 있어 '당신이 안하면 누가 하느냐'고 설득해서 발령을 냈습니다."

1995년 새해를 맞아 정보통신부는 ICT 신천지 개척의 열망으로 한껏 들떠 있었다. 첫 관문은 대통령에 대한 새해 업무보고였다.

그 해 1월 6일 오전 9시 청와대 춘추관.

김영삼 대통령은 다소 상기된 표정으로 신년 기자회견을 가졌다. 김 대통령은 이날 자신에 찬 모습으로 세계화를 국정목표로 제시한

1995년 1월 6일 김영삼 대통령이 청와대 춘추관 대회견장에서 청와대 수석비서관들이 배석한 가운데 연두기자회견을 갖고 있다.

후 "정보화 시대라는 새로운 조류가 지구를 하나로 만들면서 세상을 바꾸고 있다."면서 "이제 세계는 무한경쟁의 무대가 되었다."고 강조했다. 김 대통령은 "기술개발 없이 국가경쟁력을 높일 수 없다."며 "국가경쟁력 강화에 역점을 두겠다."고 밝혔다.

김 대통령은 1995년도 새해 업무보고 형식을 대폭 간소화했다. 그동안의 관행인 부처 개별보고를 받지 않고, 대신 부처를 기능별로 나누어 합동 업무보고를 받았다. 청와대측은 시간낭비를 줄이기 위해서라고 밝혔다. 각 부처는 핵심과제 3~4건만 보고했다.

김 대통령은 9일 오전 청와대에서 정보통신부와 과학기술처 등 관련부처 국장급 이상 간부 200여 명이 참석한 가운데 경제부처에 대한 새해 첫 업무보고회의를 주재했다.

경 장관은 이날 "시외전화 부문은 새 사업자를 선정해 경쟁체제를 도입하고 개인휴대통신(PCS) 신규사업자도 새로 허가하겠다."고 보고했다. 이어 "서울~대덕 간 초고속정보통신 선도시험망을 구축하고 한국통신 정부주식 14%를 추가 매각하겠다."면서 "모뎀 등 IT기기 10종을 선정해 세계 일류 상품화 육성을 지원하겠다."고 밝혔다.

김 대통령은 정보통신부 업무와 관련한 특별한 지시나 당부를 하지 않았다.

경 장관은 당시 일을 이렇게 회상했다.

"대통령께서 정보통신부 업무에 대해 특별히 지시한 사항은 없었습니다. 대신 경제부처 공통사항으로 세계화를 위해 일류 제품을 만들어야 한다는 말씀을 하셨습니다."

정보통신부는 1월 11일 1995년도 주요 업무계획을 발표했다. 정보통신부가 한 해 추진할 구체적인 정책구상을 국민에게 밝힌 것이다. 크게 초고속정보통신 기반구축과 정보통신산업 육성, 신규 정보매체 활성화, 통신산업 경쟁력 강화, 해외진출 지원, 통신이용 편익증진 등이었다.

하지만 IT업계의 눈길은 통신산업 경쟁력 강화에 집중했다. 그 핵심은 신규사업자 허가였다. 먼저 경쟁력 강화를 위해 제2 시외전화 사업자 및 PCS 사업자를 그 해 안에 신규 허가하고 한국항만전화와 주파수공용통신(TRS) 서비스를 전국으로 확대한다는 것이다. 이는 통신사업 경쟁체제를 더 확대하겠다는 정책변화의 신호탄이었다.

경상현 장관의 말.

"시장개방 요구 등으로 국내 통신시장에 경쟁체제를 더 갖춰야겠다고 생각했습니다. 이미 체신부 시절부터 그런 정책을 도입해 왔습니다. 통신시장에 복수사업자를 선정해 공정경쟁을 하고, 불필요한 규제를 풀어 경쟁력을 높여 나가는 것이 당시 통신정책의 과제였습니다."

잠시 1994년 체신부 시절 통신사업 경쟁정책을 살펴보자.

여름 무더위가 시작되는 1994년 6월 30일.

체신부는 통신업계나 대기업들이 군침을 꿀꺽 삼킬 만한 '통신사업 구조개편 방안'을 발표했다. 개편 방안의 골자는 통신사업자 분류 방식 개편, 기간통신사업자의 지분구조, 시외전화사업 경쟁 도입, 개인휴대통신 등 신규서비스 도입, 자가통신 설비를 이용한 통신서비스 제공허용, 통신사업에 대한 규제완화 등이다. 이른바 제2차 통신사업 구조조정안이었다. 기본 원칙은 '선(先) 국내경쟁, 후(後) 국제경쟁'이었다.

체신부는 이 개편안을 만들기 위해 4개월 전인 1994년 2월 통신사업구조개편추진협의회를 구성했다. 추진협의회는 통신사업자별 영역 재조정, 규제완화, 기본통신사업의 경쟁력 강화, 신규 통신서비스 사업의 정책 방향 등에 관한 사항을 심의 조정하는 일을 담당했다.

추진협의회 위원장은 김세원 서울대 교수(정보통신정책연구원장 , 경제 · 인문사회연구회 이사장 역임, 현 서울대 명예교수)가 맡았고, 각계 인사 14명이 위원으로 활동했다.

위원은 강광하 서울대 경제학과 교수, 박한규 연세대 전파공학과 교수, 엄영석 외국어대 경제학과 교수, 유재현 경실련 경제정의연구소장, 방석현 통신개발연구원장, 배병휴 매일경제 논설주간, 변도은 한국경제 논설실장, 김주용 한국전파진흥회장, 박성규 한국통신산업협회장, 김상국 한국통신 부사장, 곽치영 데이콤 부사장, 성태경 이동통신 전무, 김종길 무선호출사업자협의회장, 박성득 체신부 통신정책실장 등이었다.

체신부는 그 해 7월 전기통신기본법 및 전기통신사업법 등 관련 법률 개정안을 입법 예고했다. 체신부는 관계부처와 협의를 거쳐 9월 정기국회에 제출키로 했으나 부처 간 이견이 커 진통을 겪었다. 기본법 개정은 규제완화로 통신사업을 활성화하기 위함이었다. 전기통신사업법 개정안은 분류체계 개편과 소유구조 조정 및 진입조건 완화 등이 골자였다.

구체적으로 통신사업자(유선전화사업)와 특정통신사업(무선전화사업)의 구분을 없앴다. 우선 통신사업자들이 유무선에 모두 참여할 수 있게 벽을 허물었다. 또 전화와 이동통신 등 기간통신사업에 대해 최대 주주의 지분소유 구조를 조정했다. 통신사업자 지분참여 한도를 대주주의 경우 일반 10%, 특정 3분의 1인 것을 모두 3분의 1로 통일(유선사업자는 10%)했다. 교환기기 등 전기통신설비를 제조하는 업체에 대해서는 통신서비스 참여를 엄격히 제한했다. 설비업체는 일반 3%, 특정 10%에서 10%(유선전화는 3%)로 묶었다.

체신부의 이런 개정안에 대해 상공자원부와 재계는 반대하고 나섰다. 상공부의 입장은 '통신시장 개방에 대비해 통신사업의 경쟁력을 강화하려면 통신서비스업 참여에 대한 차별을 폐지해야 한다'는 것이었다. 하지만 체신부 입장은 강경했다. 체신부는 '기간통신사업은 공공성과 공익성이 우선돼야 하기 때문에 특정인이 과도한 지분을 소유할 경우 심각한 문제가 발생할 수 있다'며 물러서지 않았다.

체신부와 상공자원부가 갈등 양상을 빚자 그 해 9월 8일 저녁 서울시내 한 음식점에서 두 부처 차관과 간부 등이 참석한 가운데 만찬 회동을 가졌다. 해법을 찾기 위해서였다. 체신부에서 경상현 차관, 박성득 정보통신정책실장, 이인표 통신정책국장(SKT 감사 역임) 등이 나갔다. 상공자원부에서는 박운서 차관(데이콤 회장, 파워콤 회장 역임)과 정해주 차관보(산업자원부 장관 역임), 김세종 전자정보공업국장(한국원자력안전기술원장 역임) 등이 참석했다. 이 회동은 결론 없이 끝났다. 이미 예상한 일이었다.

이인표 통신정책국장의 회고.

"서로 입장 차이만 확인한 자리였어요. 그 자리에서 결론이 날 수 없었습니다."

두 부처가 양보 없이 팽팽한 줄다리기를 하던 개정안은 윤동윤 체신부 장관(현 한국IT리더스포럼 회장)이 뚝심으로 매듭을 지었다.

경제장관회의가 열린 9월 하순 어느 날.

회의가 끝난 후 정재석 부총리실에 윤동윤 장관과 김철수 상공부 장관 등이 따로 모였다. 부처 간 이견을 해소하기 위한 '최종 담판' 성격의 부총리 주재의 회의였다.

윤 장관의 기억.

"경제장관회의가 끝나고 정재석 경제부총리 주재로 이 문제와 관련해 별도 회의를 했습니다. 저와 김철수 상공부 장관 등이 참석했습니다. 정 부총리가 저 보고 '이 문제를 푸는 방법이 없겠느냐'고 물었습니다. 그래서 '방법이 있다'고 했더니 '그게 뭡니까'라고 했습니다."

윤 장관의 계속된 설명.

정 부총리가 상체를 바로 세우며 윤 장관을 주시했다.

"체신부 장관을 바꾸면 됩니다. 다른 장관이 와서 이 문제를 해결하면 됩니다."

정 부총리가 그 말을 듣더니 김 상공 장관을 쳐다보며 물었다.

"김 장관, 윤 장관을 바꿀 수 있겠습니까?"

말문이 막힌 김 상공 장관이 난감한 표정으로 허허 하며 웃었다. 다른 사람들도 덩달아 웃음을 터트렸다.

정 부총리가 최종 결론을 냈다.

"그럼 방법이 없네요. 이 문제는 없었던 것으로 합시다."

체신부 개정안은 국회에서 또 한 차례 논란이 됐다. 체신고 출신으로 당시 민자당 간사였던 조영장 의원(현 밀레니엄인천포럼 회장)조차 "통신시장 개방에 대비하려면 지분한도를 늘려야 한다."고 주장했다. 하지만 국회체신과학기술위원회(위원장 장경우)는 그 해 12월 13일 체신부안을 본회의에 넘겼다.

국회는 12월 17일 본회의를 열어 다른 법률과 같이 전기통신기본법과 전기통신사업법 개정안을 통과시켰다. 통신시장은 이런 과정을 거쳐 1995년부터 경쟁 확대라는 새로운 소용돌이 국면에 접어들기 시작했다.

통신시장 경쟁 시발점, '한국전기통신공사' 민영화

▮ '선(先) 국내경쟁, 후(後) 국제경쟁'

한국 통신시장 개방의 정책 기조다. 이 원칙은 어느 정권, 어느 장관을 불문하고 손댈 수 없는 고정불변이었다.

한국 통신시장 문을 여는 데는 3번의 빗장열기 단계를 거쳤다. 1990년 1차 통신사업 구조개편을 신호탄으로, 1994년 6월에 2차, 그리고 정보통신부 출범 후인 1995년 7월에 3차 구조개편이다. 이런 구조개편 조치에 따라 국내 통신시장은 경쟁체제로 바뀌었다. 시내전화를 비롯한 모든 통신부문에 경쟁 바람이 몰아닥쳤다.

정부는 미래를 내다보면서 시장개방 정책을 치밀하게 추진했다. 통신시장 개방은 기존 통신질서의 혁신을 의미했기 때문이다. 따라서 통신시장 개발시기와 방법, 폭을 놓고 정책당국은 고심에 고심을 거듭했다.

한국 통신시장은 언제, 어떤 과정을 거쳐 문을 열게 됐을까? 잠시 통신사업 구조개편 발자취를 따라가 보자. 이 과정을 알아야 1995년

7월 이른바 제3차 구조개편 이후 국내 통신시장에서 벌어지는 '재벌들의 통신대전(大戰)' 드라마를 제대로 감상할 수 있다.

1980년 12월 19일.

영하의 날씨답지 않게 겨울 햇살이 따사하던 날.

김기철 체신부 장관(작고)은 청와대에서 전두환 대통령에게 '통신사업 경영체제 개편'에 대한 재가를 받았다. 김 장관은 독실한 가톨릭 신자로 천주교평신도협의회장과 농림부 차관, 제헌의원, 3대, 5대 국회의원을 역임했다. 1965년 정계를 떠나 하이파이 사장, 한국수출진흥 고문 등을 지내다 5공화국 출범 후 재야에서 발탁된 사람이다.

이 방안이 통신사업 경쟁체제 도입의 시발점이다. 이는 한국통신사(史)에 일대 혁명적인 조치였다. 청와대 경제비서실에는 김재익 수석(작고)과 오명 과학기술비서관(체신부 장관, 건설교통부 장관, 과기부총리 역임, 현 웅진에너지 폴리실리콘 회장, KAIST 이사장), 홍성원 연구관(KAIST 서울분원장, 현대전자 부사장, 시스코시스템즈코리아 회장 역임), 정홍식 행정관(정보통신부 차관 역임)이 업무라인으로 호흡을 맞추고 있었다.

당초 한국전기통신공사(현 KT) 민영화 시점은 1983년 1월 1일이었다. 하지만 오명 비서관이 공사 발족은 이르면 이를수록 더 좋다며 시기를 1년 앞당겨 1982년 1월 1일 출범했다

전두환 대통령이 재가한 '통신사업경영체제 개선'은 국내 통신시장 경쟁 도입의 신호탄 이었다. 〈자료 : 한국 IT정책 20년(정홍식 제)〉

고 한다.

민영화 기본원칙은 정부가 직접 운영하던 전기통신사업을 1982년 1월 1일부터 공기업체인 한국전기통신공사에 넘긴다는 것이다. 정부는 공사의 효율적 경영을 위한 조건도 마련했다. 먼저 인사의 자율성과 예산 및 회계의 탄력성도 보장했다. 회사 경영의 자율성과 책임경영, 공사화에 따른 직원 신분 보장도 잇따랐다.

체신부는 직할기관 5개와 전신국, 전화국, 전신전화국, 전신전화건설국 등 현업기관 148개를 비롯해 153개 기관에 속한 직원 3만 5,222명을 한국전기통신공사 소속으로 이관키로 했다. 정부 수립 이래 최대 규모의 인사이동이었다. 정부는 그 해 3월 한국데이터통신(데이콤의 전신, 현 LG유플러스)도 설립했다.

1981년 3월 10일 전두환 대통령은 일부 개각을 단행, 김기철 체신부 장관을 경질하고 후임에 최광수 전 대통령비서실장(주 유엔대사, 외무부 장관 역임)을 임명했다.

최 장관은 5월 1일 청와대에서 전 대통령에게 체신부 주요 업무를 보고했다. 전 대통령은 이날 "체신부는 대민서비스를 향상하고 국민의 불편을 해소하는 데 역점을 두라"고 지시했다. 정부는 5월 28일 오명 청와대 과학기술비서관을 체신부 차관으로 승진, 발령했다.

최 장관과 오 차관은 6만 8,000여 명이던 체신부 직원의 공사 배치를 놓고 고심하다 인사원칙을 정했다. 그 누구도 예외를 인정하지 않기로 했다. 자칫 잘못했다가는 엄청난 인사 태풍에 휘말릴 수 있었다.

당시 오명 차관은 상황을 이렇게 기술했다.

"체신부는 인사이동이 예고된 때부터 온종일 청탁전화에 시달렸다. 제발 우리 아들만은, 우리 조카와 사위만은 체신부에 남게 해달라는 전화였다. 나한테도 업무에 방해가 될 정도로 전화가 끊이지 않았다. 얼굴도 모르는 친척과 친구의 누군가가 전화를 해서 우리 아들을 부탁한다며 애원했다. 얼마나 많은 전화가 걸려오는지 대한민국의 모든 사람이 몇 다리만 건너면 나와 아는 사람인 것 같았다."(자서전 「30년 이후의 코리아를 꿈꿔라」에서)

최 장관과 오 차관은 인사원칙을 정했다. 현재 근무부서를 기준으로 전화와 관련한 부서는 모두 공사로 가고, 우편과 관련한 부서는 체신부에 남게 했다. 다만 업무가 전화인지 우편인지 애매한 부서나 체신청에 근무하는 직원은 개인의 희망과 경력을 감안해 결정하기로 했다. 또 정년이 얼마 남지 않은 55세 이상의 간부는 체신부에 남도록 했다.

최 장관은 이런 인사원칙을 조회시간에 발표하고 쓸데없는 인사청탁을 하지 말 것을 엄중히 당부했다.

"이 인사원칙에는 단 한 사람도 예외가 있을 수 없습니다. 혹시 인사청탁을 하는 사람이 있으면 그 사람한테 불이익을 주겠습니다. 내 말을 명심하기 바랍니다."

오 차관의 계속된 술회.

"나도 딱 한 번 마음이 흔들린 적이 있다. 육사 동기생이 철모를 쓴 채 전방에서 지프차를 타고 나를 찾아왔다. 자신의 매부가 공사로 가게 됐는데 안가도록 해달라며 간곡하게 부탁을 했다. 흙먼지가 묻은 야전복 차림의 친구 모습에 마음이 약해져 '그렇게 해 보마'고 말해 버렸다. 머릿속이 복잡했다. 어느 날 장관실에 들어갔더니 책상 위에 인사청탁 메모가 가득 쌓여 있었다. 그런데도 장관은 한 번도 그 청탁에 대해 아랫사람한테 처리를 부탁하지 않았다. 결국 나는 전방에 있는 친구한테 전화를 걸어 '미안하다'고 말했다. 친구한테는 미안하지만 원칙대로 일을 처리해야 했다."(자서전 「30년 이후의 코리아를 꿈꿔라」에서)

그렇다면 통신공사 설립 아이디어는 어디서 얻었으며, 이를 정책으로 밀어붙인 사람은 누구인가? 청와대 경제비서실에서 10년 이상 근무했던 정홍식 비서관은 「한국 IT정책 20년」에서 이렇게 회고했다.

"통신공사를 설립한다는 아이디어의 근원은 미국 AT&T라고 말할 수 있다. 김재익 경제수석은 AT&T의 모범사례를 통해 통신공사 설립을 경제비서실의 정책 방향으로 채택한 것이다. 기계공업 중심이던 당시 한국 상황에서 전자산업을 육성하려면 탄력성이 적은 정부 예산으로는 어렵고, 통신공사의 수요와 자금을 기반으로 산업 육성을 추진하고 지원해야 한다고 판단한 것이다."

하지만 모두 기피하는 공사행을 자원한 사람도 있다. 이인학 전무국 수석과장(체신부 통신정책국장, 데이콤 감사 역임)이다. 그는 월급이 30% 가량 더 많은 공사로 가길 희망했으나 최 장관과 오 차관이 "당신은 갈 수 없다."며 허락하지 않아 가지 못했다고 증언했다.

초대 한국전기통신공사 사장은 전두환 대통령이 직접 낙점했다. 전 대통령은 이우재 민정당 전국구 국회의원을 임명했다. 그는 육사 13기로 전 대통령과는 육사 축구부 시절부터 각별한 사이였다고 한다. 1980년 국보위 교체분과위원장과 입법회의 내무분과의원을 거쳐 육군 준장으로 예편했다. 민정당 전국구 의원으로 11대 국회에 진출했다. 그는 국회교체위 간사였다. 그는 처음에 사장 자리를 고사했으나 전 대통령의 지시로 부임했다. 그는 한국전기통신공사에서 7년간 장기 재임한 후 1989년 7월 체신부 장관으로 임명됐다.

1990년 7월 13일.

체신부는 이날 통신사업 구조조정안을 확정, 발표했다. 이른바 1차 구조개편안이다. 그동안 한국전기통신공사가 독점해 온 국제전화사업에 데이콤의 참여를 허용한다는 것이 골자였다. 그러나 데이콤에 허용키로 했던 시외전화사업은 방침을 변경, 시장 상황을 봐 가며 경쟁체제 도입을 검토하기로 당초 계획에서 한발 물러섰다.

체신부는 이 방안을 마련하기 위해 1989년 3월 20일 정보통신발전협의회를 구성했다. 신태환 전 서울대 총장(작고)을 위원장으로 학계와 산업계, 언론계 등 각계 전문가 96명으로 위원회를 구성했다. 위원회는 산하에 정보통신발전 중장기계획과 경쟁정책, 서비스정책, 정보통신산업정책, 뉴미디어정책 등 5개 분야별 위원회와 조정위원회를 구성해 운영했다. 위원회는 그 해 7월말까지 모두 45회에 걸쳐 논의한 정보통신 발전방안을 종합 건의서로 정리해 그 해 11월 27일 체신부에 제출했다.

체신부는 이 건의서를 토대로 이듬해인 1990년 6월 15일 통신사업 구조조정안을 발표했다. 이 안에 따르면 시내전화는 현재와 같이 한국전기통신공사의 독점을 유지하되 국제 및 시외전화는 데이콤에도 경쟁을 허용, 요금인하와 서비스 경쟁을 유도키로 했다. 체신부는 또 한국이동통신주식회사가 독점하고 있는 이동통신 서비스에도 경쟁체재를 도입키로 했다.

정부의 이런 방안에 대해 18일 통신개발연구원에서 열린 공개토론회에서 찬반 양론이 팽팽히 맞섰다. 특히 기존 사업자인 한국전기통신공사와 데이콤 측의 입장이 대립했다.

조병일 한국전기통신공사 기획실장(한국이동통신 사장 역임)은 "이 정책은 공사의 이익을 데이콤에 나눠 주는 것이나 같다."면서 "수익이 나는 국제나 시외전화는 경쟁하고, 연간 적자가 7,000억 원에 달하는 시내전화는 그대로 하라는 것은 부당한 조치"라고 반발했다.

이에 대해 손익수 데이콤 상무(데이콤 사장 역임)는 미국과 일본의 예를 들면서 "경쟁체제를 도입해야 통신강국이 된다."며 "우리도 경쟁체제로 개편을 서둘러야 한다."고 주장했다.

체신부는 이런 양측의 의견을 수렴해 7월 13일 당초 안보다 후퇴한 최종안을 발표했다. 정부는 1990년 10월 부가통신사업의 경쟁을 앞당겨 정착시키기 위해 기존의 사업 승인제를 등록제로 변경했다.

데이콤은 1991년 12월 3일부터 미국과 일본, 홍콩 등 3개국을 대상으로 첫 국제전화 서비스를 시작했다. 이어 1993년에는 110개국 118개 지역으로 국제전화 서비스를 확대했다. 데이콤이 국제전화와 시외전화 사업자로 등장하자 당장 고객서비스가 달라졌다. 제3자 과금서비스와 요금 즉시통보 서비스, 001쿠폰, 002패밀리 등 할인서비스가 줄줄이 등장했다.

이동전화 시장에 민간사업자 참여 허용은 곧 재벌들의 통신대전을 예고했다. 통신서비스 사업은 재벌들에게 독점적 이윤을 보장해 주는 황금알을 낳는 거위나 다를 바 없었다. 그런 만큼 통신사업권 획득을 위한 재벌들의 사생결단식 경쟁은 치열할 수밖에 없었다.

통신시장 개방정책, 재벌 간 통신대전의 서막

▎"맴맴맴."

삼복(三伏) 더위가 맹위를 떨치기 시작하자 청와대 경내 녹음이 우거진 녹지원에서 매미가 자지러지듯 목청을 높였다. 한여름 폭염의 앙탈은 그 누구도 피해갈 수 없는 법이다.

초복(初伏)이 이틀 지난 1995년 7월 20일 오전 9시 청와대 본관 2층 집현실.

김영삼 대통령 주재로 경제확대장관회의가 열렸다. 홍재형 부총리 겸 경제기획원 장관(국회부의장 역임)과 경제부처 장관, 한이헌 청와대 경제수석(15대 국회의원, 기술보증기금 이사장 역임, 현 한국디지털미디어고교장) 등 15명이 참석했다.

이날 회의에서 홍 부총리는 '신경제 장기구상 작업계획'을 보고했다. 이어 경제부처 장관들은 차례대로 주요 업무를 요점만 보고했다.

경상현 정보통신부 장관은 이날 '통신사업 경쟁력 강화를 위한 기본방향'에 대해 보고했다. 이 보고는 통신시장의 전면 개방을 의미했다. 한 마디로 통신시장 개방의 완결판으로 국내 재계의 판도를 바꿔 놓을 수 있는 메가톤급 정책이었다. 통신시장 대변혁을 알리는 신호탄이기도 했다.

경상현 장관이 대통령에게 보고한 업무 내용을 기록과 증언을 토대로 현장중계해 보자.

"정보통신부 장관입니다. 먼저 통신사업의 경쟁력 강화를 위한 기본방향에 대해 말씀드리겠습니다."

경 장관은 잠시 호흡을 가다듬고 계속 말문을 이었다.

"첫째, '선 국내경쟁 후 국제경쟁'의 기조 아래 대외 경쟁에 앞서 국내 경쟁체제를 조기에 구축하겠습니다. 둘째, 기간통신망의 안정적 운영을 책임지는 주도적 사업자를 육성하겠습니다. 셋째, 통신사업자 간에 공정한 경쟁이 보장되도록 하겠습니다."

통신시장 개방정책의 골자였다.

"이런 기본방향에 따라 올 하반기에 국제전화와 개인휴대통신(PCS) 등 7개 분야의 사업자를 신규로 허가하겠습니다. 1996년에는 시내전화를 제외한 모든 통신사업의 허가신청을 개방해 전면적인 국내 경쟁체제를 구축해 나가겠습니다. 아울러 세계무역기구(WTO) 협상 결과에 따라 단계적으로 국제 경쟁을 확대해 나가겠습니다. 또 주도적 통신사업자로서 한국전기통신공사(현 KT)가 경쟁력을 제고할 수 있도록 무선사업 등 사업 영역 확대를 허용하는 동시에 통신공사의 경영혁신 방안을 조기에 강구해 시행토록 하겠습니다. 그리고 통신사업자 간 공정한 경쟁이 조성되도록 사업 간 회계분리, 내부 보조 금지, 공정한 상호접속 보장 등 공정경쟁을 위한 관련 규정과 절차를 개선하고 통신위원회 기능을 강화해 나가겠습니다. 이런 정책방향에 대해서는 공청회 등 충분한 여론 수렴 과정을 거쳐 세부 추진계획을 확정해 보고드리겠습니다."

부분적으로 풀었던 국내 통신시장의 모든 빗장을 몽땅 열겠다는 보고였다.

김 대통령은 이런 보고가 끝나자 고개를 끄덕이며 "알았다."고 할 뿐 특별한 지시를 하지 않았다. 이미 김 대통령은 1월 6일 연두 기자회견에서 세계화를 국정목표로 제시한 상태였다. 세계화를 한다면서 통신시장 문을 열지 않을 수 없었다. 경 장관도 1월 9일 대통령에 대한 새해 첫 업무보고에서 "경쟁력 확보를 위해 통신사업자는 늘리고 규제는 풀어 통신시장에 경쟁체제를 도입하겠다."고 보고했다. 이런 일련의 과정을 거쳐서인지 김 대통령은 이 문제에 관해 별다른 언급을 하지 않았다.

한이헌 경제수석의 말.

"김 대통령은 어떤 정책이건 큰 방향이나 원칙만 정해 주고 세부사항은 해당 부처 장관에게 맡기는 업무 스

경상현 정보통신부 장관이 1996년 7월 20일 당시 김영삼 대통령에게 보고한 '통신사업 경쟁력 강화를 위한 기본 정책방향'. 아래는 경상현 전 정보통신부 장관

타일입니다. 작은 일까지 시시콜콜 관여하지 않았습니다."

경 장관의 증언도 이와 일치했다.

"사전에 경제수석을 통해 기본방향에 관해 보고를 받아서 그런지 대통령께서는 '알았다'고만 하셨던 것으로 기억합니다. 별도의 지시는 없었어요."

이 같은 통신사업 경쟁력 강화를 위한 기본 정책방향은 체신부 시절부터 추진해 온 통신시장 개방정책의 완결편이라고 할 수 있다. 체신부 시절인 1990년 1차 통신사업 구조개편을 단행했고, 1994년 6월 2차 구조개편안을 발표했다. 따라서 1, 2차 통신사업 구조개편이 예령(豫令)에 해당했다면, 이번에 발표한 정책 기본방향은 동령(動令)이라고 할 수 있다.

하지만 이런 정책이 모두에게 반가운 것은 아니었다. 기존 사업자들로서는 달갑지 않은 점도 있었다. 시장에서 독점이야말로 땅 짚고 헤엄치는 격이 아닌가.

경 장관의 회고.

"이런 통신시장의 완전 개방 방침에 대해 일부 이견이 없었던 것은 아니나, 지나고 보니 잘했다고 생각합니다."

이 정책방향은 경 장관이 경제장관확대회의에 보고하기 보름 전에 정보통신부가 언론을 통해 발표한 내용이다.

정보통신부는 통신산업의 세계화와 국가기간통신망의 안정, 그리고 WTO 기본통신협상에 따른 시장 개방에 대비하기 위해 이 같은 정책을 마련했다.

이 작업과 관련해 경 장관의 증언.

"저는 통신시장 진출에 제한을 두는 것은 바람직하지 않다고 생각했어요. 새로운 아이디어가 있고 능력 있는 기업이면 누구나 통신사업에 진출할 수 있게 해야 한다고 판단했습니다. 그래서 사업허가 신청에서 정부가 사전에 공고하는 방식을 없애도록 했습니다. 새 아이디어를 가진 기업이 통신사업에 참여를 희망할 경우, 과거와 달리 정부의 사전공고 없이 사업허가를 신청할 수 있게 했습니다."

이 기본정책 입안의 핵심 역할은 정홍식 정보통신정책실장(정보통신부 차관 역임)이 맡았다.

정홍식 실장의 회고록 증언.

"2000년 이후 우리나라 통신사업의 완전한 국제 경쟁과 개방에 앞서 1998년까지 먼저 국내 경쟁체제를 도입하되, 한국통신을 우리나라의 주도적 사업자로 육성한다는 것이 핵심이었습니다. 또 2000년까지는 한국통신을 비롯한 3개 정도의 '종합통신사업자'를 육성할 수 있도록 사업자 간의 M&A 허용, 외국인 지분 확대 등도 검토해 추진키로 했습니다. 저는 정부가 행정 편의주의에서 벗어나 국민과 기업의 시각에서 모든 행정규제를 재검토해야 한다고 생각했습니다."

당시 이 정책 입안의 라인은 정 실장과 강상훈 정책심의관(청와대 정보통신비서관, 정보통신연구진흥원장 역임), 이성옥 정책총괄과장(정보통신연구진흥원장 역임, 현 한국플랜트산업협회 부회장), 김대희 사무관(현 방송통신위원회 기획조정실장 역임, 현 청와대 방송정보통신비서관) 등이었다. 여기에 통신개발연구원(현 정보통신정책연구원)의 연구진이 가세했다. 이 연구는 최선규 규제정책연구팀장(현 명지대 디지털미디어학과 교수)이 주도했다.

정책 실무를 담당했던 이성옥 정책총괄과장의 말.

"당시 경 장관은 '능력 있는 기업을 통신사업에 참여할 수 있게 해야 한다'는 의지를 갖고 있었습니다. 이런 장관의 의지를 정 실장이 정책에 반영한 것입니다. 가능한 한 빨리 모든 통신사업에 경쟁체제를 도입하는 방향으로 정책을 입안한 것입니다. 당시 정신을 못 차릴 정도로 일이 많았습니다."

이렇게 마련한 방안은 1995년 6월 29일 경 장관의 최종 결재를 받았다. 하지만 언론 발표는 공보관실의 준비 등으로 인해 그 해 7월 4일 오전에 했다.

그날 오전. 정보통신부 기자실.

단정한 모습으로 감색 양복 차림의 경상현 장관이 기자실로 들어섰다. 출입기자들과 인사를 나눈 경 장관은 사전 예고한 통신 경쟁력 강화를 위한 기본 정책방향을 발표했다.

담당 국장인 강 정책심의관이 정책 내용을 설명하고 이어 경장관이 기자들과 일문일답 시간을 가졌다. 이날 발표한 정책에 대한 기자들의 관심은 대단히 높았다. 기자들 못지않게 통신사업에 참여하려는 국내 굴지의 대기업들이 정책 내용에 관심이 많았다. 당시 통신정책을 다루는 정보통신부의 일거수일투족은 재계의 주목 대상이었다.

서영길 공보관(티유미디어 사장 역임, 현 세계경영연구원장)의 기억.

"당시 이 정책에 대한 언론의 관심은 대단했습니다. 정확한 내용은 기억하지 못하지만 취재 열기가 높았던 것은 분명했습니다."

경 장관은 기자들과 일문일답에서도 통신시장은 시장 기능에 맡겨야 한다는 소신을 거듭 밝혔다(기자들과의 일문일답 내용 중 일부).

기자 : 모든 통신사업에 경쟁체제를 도입하면 통신사업자가 너무 많은 것 아닌가?

경상현 장관 : 이제 통신사업도 시장 기능에 맡겨야 한다. 사업 수나 수익성 여부는 사업자에게 맡겨야 한다. 그들이 판단하고 책임질 문제다. 정부는 엄정한 경쟁 기반을 갖추도록 최선을 다할 방침이다.

기자 : 지난해 2차 통신사업 구조개편에 이어 3차 개편을 한 것은 무슨 이유인가?

경 장관 : 각국의 통신시장 변화가 매우 빠르게 진행되고 있다. 우리도 통신시장 상황에 대응할 수 있도록 정책방향을 수정해야 한다고 생각한다.

기자 : 통신요금에 대한 규제는 어떻게 완화할 것인가?

경 장관 : 통신요금에 대해서는 1차로 정부 규제를 완화하고, 궁극적으로는 시장 기능에 맡긴다는 것이 기본방침이다.

정보통신부가 발표한 기본 정책방향의 핵심은 앞서 언급한 대로 통신사업 경쟁체제의 조기 구축과 한국통신의 경쟁력 제고, 통신사업자 간 공정경쟁제도 확립의 세 가지였다.

정보통신부가 통신시장을 전면 개방키로 정책을 정함에 따라 재벌들의 통신사업권 쟁탈전은 삼복더위도 아랑곳없이 차츰 달아올랐다. 이른바 통신대전의 서막이 오른 것이다.

재계 최대 관심사는
통신사업자 허가방식

▌1995년 여름.

유난히 무덥고 길었다. 이 무렵, 재계 최대 관심사는 단연 통신사업자 허가방식이었다. 정부가 7월 4일 PCS 등 7개 분야 사업자를 선정하겠다고 밝힌 상태여서 다음 수준은 사업자 수와 허가방식에 눈이 갈 수밖에 없었다. '황금알을 낳는 거위'인 통신사업권을 누가 확보하느냐는 기업의 흥망성쇠가 달린 사안이었다. 재계는 모든 안테나를 총동원해 정보통신부가 발표할 허가신청 요령 시안에 촉각을 세웠다.

통신시장 개방의 완결판인 '통신사업 경쟁력 강화를 위한 기본 정책방향'을 발표한 정보통신부는 이후 긴박하게 돌아갔다. 당시 통신정책의 키워드는 공정한 사업자 선정이었다.

과거 제2이동통신사업자 선정 시 정치공세에 휘말린 쓰라린 경험이 있는 정보통신부는 만전을 기했다. 두드린 돌다리도 다시 두드려볼 정도로 신중했다.

정보통신부는 각 국별로 이미 발표한 기본 정책방향 관련 업무를 분담해 사업권 선정을 위한 준비작업에 착수했다. 통신사업자 추가 허가계획 공고와 선정 작업은 정보통신지원국(국장 이성해)이 맡기로 했다. 통신사업자용 주파수 배분 및 운용효율화 방안은 전파방송관리국(국장 박영일)이 담당키로 했다. 이밖에도 업무에 따라 각 국별로 후속조치를 취하기로 했다.

8월 10일 정보통신부 기자실.

이성해 국장(정보통신부 정보화기획실장 역임, 현 큐앤에스 회장)은 이날 통신사업자 허가신청 요령 1차 시안을 발표했다. 이는 통신사업권 진출의 스타트 라인에 서는 기업들이 준비해야 할 기준을 밝힌 것이다.

이 국장은 "PCS와 무선데이터통신 분야에서 전국사업자를 각각 3개씩 신규 허가할 계획"이라고 밝혔다. 재계는 개인휴대통신(PCS)사업에 가장 관심이 많았다.

국제전화 신규사업자는 1개, TRS(주파수공용통신)와 CT-2(발신전용 휴대전화)는 전국사업자 각 1개와 지역사업자 9개(TRS) 및 10개(CT-2)를 허가한다고 발표했다.

무선호출 신규사업자는 수도권과 부산·경남권 등 2개 지역에 한해 각 1개씩 2개를 허가하고, 전용회선사업은 희망지역별로 사업자 수에 관계없이 적격업체를 신규사업자로 선정키로 했다. 이는 한국통신을 국가기간전산망 운영을 위한 주도적 통신사업자로 육성한다는 방침에 따른 것이다.

허가신청법인은 다른 사업 분야와 사업 구역에 중복신청할 수 없되 5% 미만의 지분참여가 가능하며, 한국통신에 대해서는 예외적으로 중복신청을 허용했다. 또 지역사업에는 중소기업 및 중견기업의 참여를 우대하는 대신 대규모 기업집단의 참여를 제한토록 했다.

가장 중요한 사항은 심사기준이었다. 정보통신부는 1차 자격심사 후 2차 기술개발출연금으로 평가하기로 했다. 1차 심사기준은 전기통신서비스 제공계획의 타당성, 설비규모의 적정성, 재정과 기술능력, 기술개발 실적, 법인의 적정성, 기술개발 계획 등 6개항이다. 이들 심사항목에 대해 적격판정을 받아야 2차 경쟁을 할 수 있게 했다.

출연금으로 심사하는 2차 기준은 상한선 설정여부와 출연시기(일시 또는 연도별) 등에 따른 5개항이 제시됐으나 확정하지 않았다. 이는 같은 해 7월 26일 공청회에서 출연금이 쟁점이 된 까닭이다.

허가신청 시 필요한 서류는 허가신청서(기존 사업자의 경우 변경허가 신청서), 정보통신 발전을 위한 기술개발지원계획서(출연금), 사업계획서(법원의 기본사항, 영업계획서, 기술계획서, 기술협력, 연구개발, 인력양성계획서와 요약본)의 3가지였다.

사업계획서와 기술개발지원계획서는 동시 접수하며, 사업계획서 분량은 전국사업자는 250쪽 이내, 지역사업자는 150쪽 이내, 그리고 요약문은 20쪽 이내로 작성토록 했다.

정보통신부의 이날 허가신청 요령 1차 시안은 지방 중견기업들이 통신사업에 참여할 수 있는 기회를 활짝 열어 주었다. 대신 대규모 기업집단에 대해서는 지역 통신사업 참여를 제한했다. 이런 방침은 지역에 기반을 둔 중소기업 및 중견기업 참여를 장려하고 지역경제 활성화를 도모하기 위해서였다.

이 같은 허가신청 요령은 이 국장과 이규태 통신기획과장(서울·부산체신청장 역임, 현 한국IT비즈니스진흥협회 부회장), 최재유 사무관(현 방송통신위원회 기획조정실장) 등이 마련했다. 여기에 통신개발연구원 이명호 실장(현 정보통신정책연구원 연구책임자)과 최선규 팀장(현 명지대학교 디지털미디어학과 교수), 염용섭 박사(현 SK경영경제연구소 정보통신연구실장) 등이 전담팀으로 참여했다.

이런 1차 시안은 정홍식 실장과 이계철 차관을 거쳐 경상현 장관에게 까지 보고를 했다.

경상현 장관의 회고.

"그 당시 무척 바빴어요. 시안과 관련해 특별히 지시한 기억은 없어요."

이렇게 만든 시안에 대해 공청회를 개최하라는 지시가 내려왔다.

이규태 통신기획과장의 회고.

"지시를 받고 공청회 준비를 했습니다. 우선 장소를 구해야 했습니다. 당시 허가신청 요령에 대한 재계의 관심은 높았습니다. 사람을 많이 수용할 수 있는 장소를 구하는 게 급했습니다. 상공회의소와 중소기업회관 등에서 개최해야 하는데 한여름인데다 시일이 촉박해 장소를 구할 수가 없었습니다."

이 과장은 고민고민하다 무릎을 쳤다. 궁하면 통한다는 이른바 궁즉통(窮卽通)의 생각이 머리를 스쳤다. 그것은 PC통신 천리안을 통해 '전자공청회'를 하자는 아이디어였다. 정보화 시대를 선도하는 정보통신부가 PC통신으로 정책에 대한 의견을 수렴하는 것은 의미가 각별했다.

"공개 공청회는 시간과 장소의 제약이 있습니다. 그런데 전자공청회는 시간과 공간의 제약을 초월해 수많은 사람들의 의견을 수렴할 수 있다고 생각했습니다."

그는 이런 아이디어를 이 국장에게 보고했다. 잠시 생각에 잠기던 이 국장은 흔쾌히 "좋다."고 했다.

정보통신부는 1차 시안을 발표한 11일부터 PC통신 천리안에 사이트를 개설했다. 전자공청회에 참여하는 일반인들은 '정보통신부에 바란다(GO MIC)'에 5번(95 통신사업자 허가 관련 전자공청회)을 선택한 후 참가신청을 하고 선택메뉴에 따라 질문과 의견을 제시하는 방식이었다. 정보통신부는 사이트에 1차 시안을 전부 올리고 이들과 질의응답을 했다.

이 과장의 설명.

"크게 4단계 과정을 거쳐 각계의 의견을 수렴했습니다."

정보통신부는 11일 오후 2시 통신사업자 허가계획 1차 시안을 사이트에 전부 올린 지 2시간 후인 11일 오후 4시부터 6시까지 신청받은 사람들과 컴퓨터로 질의응답 시간을 가졌다. 이어 14일 오후 6시까지 의견을 접수받고, 16일 오후 4시 정보통신부가 종합답변을 하는 형식으로 진행했다.

당시는 데이터 용량이 작아서 100명 이내로 제한해 사전에 대화신청자를 접수받았다. 그 결과 87명이 참가를 신청했다. 이들과는 질의답변을 즉시했다. 그리고 의견개진 기간을 주고 각계에서 보내 준 의견이나 질문에 대해 이를 취합해 답변을 사이트에 올렸다.

이 전자공청회에는 삼성과 LG, 현대, 대우통신, 기아자동차, 한국전력, 코오롱, 모토로라 등 기업들도 대거 참여해 1차 시안에 대한 의견을 가감 없이 제시했다. 대화에는 이 국장을 비롯해 이 과장 등이 모두 참여해 직접 채팅을 나눴다. 당시 타이핑이 능숙하지 않아 다른 사람이 대신 그 역할을 하기도 했다.

이성해 국장의 기억.

"저는 독수리 타법 수준이었어요. 제 능력으로 즉시 글을 올릴 수가 없었어요. 그래서 제가 말을 하면 직원이 옆에서 대신 타이핑을 하는 식으로 대화를 했습니다. 직원들이 고생 많이 했어요."

이런 방식의 전자공청회에 대해 업계는 "시간과 장소의 제한을 받지 않고 PC통신을 통해 광범위하게 의견을 개진할 수 있었다."며 호의적인 반응을 보였다.

전자공청회는 11일부터 16일까지 6일간 운영했다. 7개 분야 통신사업자 허가 요령 1차 시안에 대해 기업과 일반인들의 질문과 의견이 수없이 쏟아졌고 이에 대해 정책입안자들은 성의껏 답변을 했다.

1995년 7월 26일 통신개발연구원(현 정보통신정책연구원) 주최로 열린 통신사업 경쟁력강화 기본정책방향에 관한 공청회 〈사진 : 정보통신정책연구원〉

정보통신부는 최종 답변을 16일 사이트에 올렸다. 이 중 관련자들이 궁금해한 두 가지를 알아보자.

문 : 신청사업자 수가 허가대상보다 적을 경우 어떻게 할 것인가?

답 : 그런 일이 발생해도 올해 안에 추가허가를 하지 않을 방침이다

문 : PCS에 대한 기술표준 방식은?

답 : CDMA와 TDMA 중 하나를 단일표준으로 할지, 아니면 복수표준으로 할지를 검토 중이다.

정보통신부는 전자공청회를 통해 의견을 수렴한 뒤 8월 중 허가계획을 확정, 공고하고 11월까지 허가신청을 접수, 심사한 후 12월 중 허가대상 업체를 선정할 방침이라고 덧붙였다. 하지만 이는 어디까지나 계획일 뿐이었다.

정보통신부는 이에 앞서 7월 26일 여의도 중소기업중앙회관 2층 국제회의장에서 기본정책 방향에 대한 공청회를 열어 각계의 의견을 들었다. 이날 공청회에는 본격적인 여름 휴가철인데도 200여 명이 회의장을 꽉 채웠다.

이런 과정을 거쳐 정부가 사업자 허가요령을 발표하자 통신사업 진출을 노리는 업체들은 본격적인 허가신청 채비를 서두르기 시작했다.

'황금알을 낳는 거위'
통신사업권 선정 연기

▌ "1년 중 더도 말고 덜도 말고 한가위만 같아라."라고 하는 추석(秋夕)이다. 추석은 우리 민족 최대 명절이다. 예나 지금이나 귀성객들의 긴 차량 행렬이 꼬리에 꼬리를 무는 모습은 변함이 없다.

1995년 9월 7일.

추석연휴를 하루 앞둔 정보통신부 기자실은 한산했다. 그런 기자실에 갑자기 경상현 장관이 내려왔다. 기자실은 순식간에 부산해졌다.

경상현 장관은 기자들에게 "통신사업자 선정시기를 내년으로 연기하겠다."고 밝혔다. 경 장관은 "그간 공청회 등 의견수렴 과정을 거치는 동안 출연금에 의한 2단계 심사방법, PCS 무선접속방식, CT-2와 무선호출사업자 수 및 사업구역 등 사업자 선정방안을 놓고 다양한 의견이 제시돼, 추가 의견수렴과 검토가 필요하다고 판단해 허가일정을 연기하기로 했다."고 말했다.

경 장관은 "당초 통신사업자 신청 요령은 8월말 공고해 올해 안에 사업자를 선정키로 했으나 이 계획을 변경해 허가신청 요령 공고는 올해 안에 하고, 사업자 선정은 내년 5~6월에 하기로 방침을 변경했다.”고 부연 설명했다.

한 달여 전인 8월 10일 정보통신부는 통신사업자 허가 요령 1차 시안을 발표하면서 12월 중 신규 통신사업자를 선정하겠다고 발표한 바 있다.

경 장관은 이 점을 의식한 듯 “앞으로 좀더 시간을 두고 각계의 광범위한 의견수렴을 거쳐 불필요한 논란과 업체의 불만 등을 해소한 후 합리적 선정방안을 마련할 것”이라고 말했다.

경 장관은 사업자 선정시기와 관련, “내년 4월 실시될 총선에 영향을 받지 않도록 5, 6월께 선정작업을 마칠 가능성이 많다.”면서 “논란이 돼온 출연금 방식의 2단계 심사방안이 대폭 수정될 가능성은 적다.”고 강조했다.

경 장관의 발표에 기자들의 질문이 쏟아졌다.

기자들은 “왜 당초 방침을 바꿔 내년 상반기 안에 사업자를 선정키로 한 이유가 무엇이냐?”고 물었다.

경 장관의 당시 답변 내용.

“그동안 기간통신사업자의 허가와 관련해 각계 의견을 들어본 결과 좀더 시간을 두고 의견을 수렴해야 할 것으로 판단했습니다. 허가 추진 일정은 당초보다 늦어지더라도 통신사업의 국제경쟁력 강화 계획은 예정대로 추진할 것입니다.”

기자들이 다시 물었다.

“내년 4월에 치러질 15대 총선을 앞두고 정치권에서 일정 연기를 요청하지 않았습니까?”

1995년 11월 15일, 장저민 중국 국가주석이 경기도 용인 삼성반도체 기흥공장을 방문, CDMA 교환기를 이용해 중국과 통화를 하고 있다.

경 장관은 "그렇지 않다."며 정치권 요청설에 대해 선을 그었다.

이와 관련한 경 장관의 회고.

"그 당시 정치권에서 사업자 선정 연기를 요청했거나 그런 일은 없었습니다. 정보통신부로서는 당초 발표한 대로 연내 사업자를 선정하는 것이 바람직했으나, 검토해야 할 사항이 많고 시일도 촉박해 부득이 선정시기를 연기하기로 한 것입니다. 내부 논의를 거쳤고, 이런 점은 청와대 경제수석실과 사전에 협의를 했습니다."

장삼이사(張三李四)들이야 통신사업자 선정시기 연기에 별관심이 없었지만, 재계는 이 발표를 가볍게 넘길 수 없는 중대사안이었다. 당장 재계는 통신사업권 획득 일정과 전략을 수정해야 했다. 그만큼 비용 부담이 늘어나게 된 것이다. 볼멘소리가 터져 나왔다.

당시 이 사업에 참여했던 모 그룹 A씨의 말.

"재계는 8월 10일 정보통신부가 사업자 허가신청 요령 1차 시안을 발표하자 발 빠르게 움직였습니다. 1차 시안대로라면 11월까지 정부가 확정한 요령에 따라 사업허가 신청서를 제출해야 하기 때문에 시일이 촉박했습니다. 그런데 사업자 선정을 연기한다니 재계 입장에서는 부담이 늘어나게 됐습니다. 업체에 따라 다소간 온도 차이는 있지만 불만의 소리가 나왔습니다."

그 무렵 통신사업자 선정과 관련한 그룹사들의 움직임을 살펴보자.

재계가 가장 눈독을 들인 사업은 개인휴대통신(PCS)사업자였다. 정보통신부가 1차 시안을 발표하자 재계는 사업자 신청 준비에 만전을 기했다. 정부가 선정키로 한 PCS사업자는 3개였다. 이 중 하나는 정부의 주도적 통신사업자 육성방침에 따라 사실상 한국통신이 내정된 상태였다.

이런 방침은 윤동윤 체신부 장관(현 IT리더스포럼 회장) 시절 이미 확정한 상태였다.

윤 전 장관의 회고.

"당시 PCS사업자는 1개만 허가하기로 했어요. 아직 기술이나 시장 여건이 충분하지 않다고 판단했어요. 그래서 1개만 허가하되 구체적으로 어디라고 명시하지 않았습니다. 다만 내부적으로 한국통신에 주는 것으로 결정을 한 상태였습니다."

당시 정보통신정책실장이던 박성득 실장(정보통신부 차관 역임, 현 한국해킹보안협회장)의 증언.

"외부에 발표를 하지 않은 것은 혹시 기술개발을 제대로 하지 않을까 하는 우려 때문이었습니다. 미리 발표를 하면 나태할 수 있어 1개

사업자만 선정한다는 방침만 발표했습니다."

기업들은 남은 2개의 PCS사업권을 따기 위해 발 빠르게 움직였다. 재계는 PCS가 재계판도를 뒤바꿀 이른바 '황금알을 낳는 거위'로 단정했다. 재계는 오는 2000년까지 빠르게 보급이 늘어나 가입자가 최소 1,000만 명에 달해 연간 이동통신 시장이 5조 원에 달할 것으로 전망했다. 재계의 샅바싸움이 치열했다.

그런 만큼 이 사업권에 도전한 업체의 얼굴은 화려했다. 삼성과 현대, LG, 대우의 이른바 '빅4'를 비롯해 포항제철과 코오롱, 동양, 효성, 한솔 등이었다. 이들은 독자 혹은 컨소시엄 구성 등 다양한 형태로 사업권을 따내기 위해 각축을 벌였다.

이들 기업은 통신시장의 조직 확대와 인력 보강에도 열을 올렸다. 삼성은 그 해 7월 1일 그룹회장비서실의 통신사업팀을 서비스부문과 장비부문으로 확대 개편했다. 그리고 남궁석 삼성데이타시스템 사장(정보통신부 장관, 16대 국회의원, 국회 사무총장 역임, 작고)을 총괄팀장으로 임명했다. 삼성은 삼성전자와 삼성물산, 삼성데이타시스템의 3개 계열사 인력으로 전담팀을 구성했다. 그 후 계열사별로 연구인력을 추가로 선발해 전략팀에 배치하고, 국내외 연구기관에서도 박사급 연구인력 유치에 나섰다.

LG그룹은 통신사업추진위원회를 구성했다. 이헌조 LG전자 회장이 위원장을 맡았다. LG전자와 LG정보통신, LG산전, LG-EDS시스템의 4개사 관련 인력을 동원했다. LG그룹은 PCS사업 추진을 위해 6월말 전 한국통신사업개발단장인 유완영 박사(오리온전기 사장, 한국전파진흥협회 부회장 역임)를 LG전자 전무로 영입했다.

현대는 정몽헌 현대전자 회장(현대그룹 회장 역임, 작고)이 통신사업을 총괄했다. 현대는 1995년 4월 홍성원 박사(청와대 과학기술비서관, KAIST 서울분원장, 시스코시스템즈코리아 회장 역임)을 현대전자 부사장으로 영입했다. 현대는 글로벌스타 사업을 위해 홍 박사를 영입했지만, 이후 PCS사업권이 중대사안으로 떠오르자 홍 박사에게 통신사업 전반을 맡겼다. 현대는 삼성과 PCS사업에 참여하기 위해 연합컨소시엄인 '에버넷'을 구성했다.

홍 박사의 기억.

"제가 간 후 PCS사업에 진출하기 위해 이 업무까지 맡게 됐습니다. 삼성의 남궁석 사장과 파트너가 돼 '에버넷'을 설립했는데, 이듬해 심사에서 탈락하고 말았습니다."

대우는 김우중 회장 지시로 그 해 7월 15일 박용근 회장비서실 사장(KBS 정치부장, 대우그룹 일본지역본사 사장 역임)을 팀장으로 PCS와 국제전화사업에 진출하겠다는 구상을 밝혔다. 이밖에 다른 기업들도 출전 채비에 바빴다.

이처럼 각사별로 통신 레이스에 나선 상황에서 사업자 선정이 6개월 가량 늦춰지자 재계는 난감했다.

모그룹에서 통신사업을 추진했던 B씨의 당시 회고.

"정부가 사업 선정시기를 연기하자 이런 저런 해석이 많았어요. 정치적 고려나 논리가 경제를 우선한 것이 아닌가 하는 생각도 했습니다. 물론 정부 발표대로 사전준비가 미흡해 불가피하게 시기를 연기한 측면도 있었다고 봅니다. 저는 정부가 발표한 선정 일정이 너무 촉박하다는 생각을 가졌습니다. 실제 사업제안서 제출시한 발표가 늦어졌거든요."

재계에서는 1998년으로 예상되는 기본 통신시장의 개방에 대비, 국내 통신사업의 경쟁력 강화를 위해 조기에 국내경쟁을 확대하겠다는 당초의 통신정책 취지가 무색해졌다는 지적도 나왔다.

역대 정권에서 이권사업마다 따르던 징크스도 뒤따랐다. 사업자 발표 이후 어김없이 정치권이 개입했고, 뒷날 정치적 쟁점으로 부상했기 때문이다. 탈락한 기업이 정치 아궁이에 특혜시비라는 불을 지피는 일이 있었던 것이다.

가장 대표적인 게 노태우 정부시절 제2이동통신사업자 선정 문제였다. 1995년 하반기에도 PCS사업자 선정을 놓고 제2이동통신 선정에 못지않은 과열 조짐을 보였다. 사업자 선정을 서둘다간 특혜시비가 일 가능성이 높았다. 그 후폭풍의 위력은 이미 경험한 바였다.

그런 측면에서 사업자 선정 연기에 정치적인 고려를 전혀 안했다고 할 수는 없다. 9월 정기국회가 열리면 야당의 사업권 선정과 관련해 공세가 거셀 것은 분명했다. 그리고 10월의 국정감사, 이듬해 4월의 총선 등 정치 일정이 줄줄이 기다리고 있었다.

여기에 더해 PCS 기술표준을 놓고 한국과 미국, 그리고 정부 부처 간, 국내 업체 간 단일표준이냐, 아니면 복수표준이냐를 놓고 서로 논쟁을 벌였다(이 문제는 나중에 상세하게 다시 다루기로 한다.). 정보통신부는 경제성과 기술발전 가능성 등 어느 것을 선택하는 것이 국익이냐를 놓고 고심을 거듭했다. 이권이 달린 이동통신사업자 선정은 이처럼 우여곡절이 많았다.

세계 최초 상용화의 첫걸음, CDMA 단일표준

| 'CDMA냐, TDMA냐.'

PCS 접속방식을 놓고 정보통신부는 고심했다. 선택은 단일표준 아니면 복수표준이었다. 하지만 그 일은 복잡한 고차방정식을 푸는 일보다 더 어렵고 힘들었다. 최우선 고려사항은 국익이었다. 과연 어느 것을 선택해야 ICT강국으로 직행할까?

1995년 10월 20일.

정보통신부는 이날 PCS 기술방식을 CDMA 단일표준으로 결정한다고 발표했다.

장맛비처럼 길고 지루한 CDMA 기술표준 논쟁에 종지부를 찍는 순간이었다. 승리의 여신은 CMDA에 마지막 미소를 보냈다. 정보통신부가 고심 끝에 내린 선택은 세계 최초를 향한 CDMA 상용화의 길이었다.

이 선택은 한국이 세계 ICT 역사를 새로 쓰게 하는 분수령이 됐다. 가정이긴 하지만 당시 정보통신부가 이런 결정을 내리지 않았다면 한국은 ICT강국의 기치를 내걸지도 못했을지 모른다. CDMA 단일표준 선택이 한국 이동통신산업의 획기적인 도약을 이뤘고, 한국은 그 여세를 몰아 ICT강국의 반열에 올랐다. CDMA 개발은 기술낙후국인 한국에 피어난 희망의 싹이었다. 그런 선택을 하기까지 숱한 고비와 곡절이 뒤따랐다.

경상현 정보통신부 장관의 회고.

"국가경제에서 차지하는 통신 비중이 당시는 지금과 비교할 수 없을 정도로 낮았지만, 정보통신부 입장에서 CDMA 개발은 지상 과제였습니다. 당시 국회와 업계 등에서 PCS 방식을 놓고 논쟁을 벌였지만 정부는 1,000여억 원을 들여 국책사업으로 상용화를 추진하고 있었습니다."

CDMA 기술을 도입했고, 기술개발을 지휘했으며, 디지털 이동통신 기술방식을 CDMA 방식으로 결정할 당시 차관으로 일했던 경 장관은 자리를 걸고 이 원칙을 고수했다.

그는 한승수 대통령비서실장(국무총리 역임)이 정보통신부 방침을 재고해 달라는 요청에 대해 "그런 요청은 받아들일 수 없다."고 거절했다. 대통령비서실장의 말은 곧 대통령의 의중이었다. 하지만 경 장관은 이를 단호히 뿌리쳤다(CDMA 단일표준을 둘러싼 뒷이야기는 다시 다루기로 한다.).

정보통신부는 이날 기간통신사업 허가계획 2차 시안을 발표하면서 "경제성과 기술발전 가능성, 장래성 등의 측면에서 CDMA가 TDMA보다 우수한 것으로 판단해 국내 PCS 방식을 CDMA로 확정했다."고 못을 박았다.

정보통신부는 또 업계 일각에서 끊임없이 제기한 CDMA와 TDMA
의 복수표준안에 대해서는 "국내 기술개발 능력이나 개발기간 등을
감안할 때, 두 가지 방식을 모두 채택할 경우 기술인력 부족과 지금
까지 1,000여억 원을 들여 애써 개발한 국내 CDMA 기술이 사장될
우려가 있다."고 밝혔다.

정홍식 정보통신정책실장(정보통신부 차관 역임)의 증언.

"정부가 PCS 접속방식을 CDMA로 단일화한 것은 우선 통화품질
이 우수하고 가입자 수용용량이 크며, 서비스 제공영역이 넓어 경제
적으로 통신망을 구축할 수 있다는 점 때문입니다. 만약 복수표준을
선택할 경우 국민 선택의 폭은 넓어질 수 있으나 단말기 간 호환성을
확보하기가 어렵고, 한정된 국내 개발자원이 분산돼 관련 기술의 적
기 개발이 불가능하며, 이미 개발한 CDMA 기술마저도 사장될 우려
가 있었습니다."(「한국 IT정책 20년」에서)

정보통신부는 단일표준 방식과 더불어 사업자 선정 방법과 관련해
서비스 제공계획, 설비규모, 재정 능력, 기술개발 실적 및 기술개발계
획, 기술계획 및 기술능력, 신청법인의 적정성의 6개 심사사항별 배
점을 포함한 1차 심사기준을 발표했다.

배점은 기술개발 실적 및 기술개발계획에 30점, 기술계획 및 기술
적 능력과 신청법인의 적정성에 각각 20점, 나머지 사항에 각각 10점
을 배정했다. 1차 심사에서 각 심사사항에 대해 60점 이상(100점 만
점), 전체 평균 70점 이상을 받아야 2차 적격업체로 판정돼 2차 심사
(출연금)를 받게 했다. 2차 시안에서 사업자 수는 국제전화 1개와 PCS
3개, TRS 10개(전국 1개, 지역 9개), CT-2 11개(전국 1개, 지역 10개), 무

선데이터 3개(전국), 무선호출 1개(지역)이었다.

정부의 단일표준 방식을 발표한 김창곤 기술심의관(정보통신부 차관 역임, 현 한국디지털케이블연구원장)의 증언.

"1년간의 미국 콜럼비아대학 연수를 마치고 1995년 8월 하순에 귀국해 두 번째로 기술심의관으로 일하게 됐어요. 국내에서 CDMA와 TDMA를 놓고 단일표준 또는 복수표준으로 할지에 대한 논쟁이 치열했습니다. 여기에 이미 CDMA 방식을 조건으로 제2이동통신사업자 허가를 받은 신세기통신까지 접속방식 논쟁에 가세했어요. 사태를 더 악화시켰어요."

잠시 그 무렵, 국내 사정을 알아보자.

당시 PCS 방식을 놓고 한국통신과 한국이동통신(현 SK텔레콤) 등이 첨예하게 대립했다. 두 회사는 각기 다른 기술방식의 사업을 추진했다. 아이러니한 점은 한국이동통신이 CDMA 방식을 주장한 반면, 국가 중추 통신사업자인 한국통신은 TDMA 방식을 주장했다는 점이다.

한국통신과 한국이동통신이 기술방식을 놓고 의견이 갈리자, 장비업체와 단말기 제조업체 등까지 이 논란에 가세해 복잡한 양상을 보였다. 삼성전자와 LG정보통신, 현대전자, 맥슨 등은 CDMA 방식을 주장했고, 대우통신과 한화전자정보통신 등은 TDMA 방식을 선호했다.

한국통신은 "CDMA보다 TDMA 방식이 최선의 선택"이라고 주장했다. 이에 비해 한국이동통신은 "국책과제로 선정돼 막대한 연구개발비를 들인 CDMA 기술을 국가표준으로 삼는 게 당연하다."고 맞섰다.

그 당시 CDMA 방식을 단일표준으로 결정하는 일은 쉬운 일이 아니었다. 아직 상용화한 일이 없어 일부에서는 시스템의 안정성이나 경제성 등에 우려를 제기했다.

한국통신 측은 "TDMA는 이미 검증된 기술로 보편적 서비스를 실현할 수 있고 해외시장 진출도 유리하다."고 강조했다. 한국이동통신 측은 "TDMA를 도입하면 국내 통신시장을 외국업체에 내줄 수 있다."며 "CDMA를 하루빨리 상용화해야 한다."고 반박했다.

여기에 미국 무역대표부(USTR) 대표를 지낸 칼라힐스가 정부에 신세기통신의 아날로그 방식을 허용해 줄 것을 한국 측에 요구했다. 그는 당시 미국 에어터치사 법률고문을 맡고 있었다. 에어터치는 신세기통신의 외국인 최대주주로 주식 11.45%를 갖고 있었다. 그는 청와대와 경제기획원, 상공부 등을 오가며 압력을 넣었다. 신세기통신의 말바꾸기에 정보통신부는 속이 부글부글 끓었다.

신세기통신은 사업권을 신청할 당시 "국내 개발 CDMA로 서비스를 시작하겠다."는 조건을 달아 계획서를 제출했다. 정부는 이런 조건을 허가기준으로 삼아 신세기통신에 제2이동통신사업권을 허가했다. 그런 신세기통신이 CDMA가 아닌 아날로그로 방식으로 사업을 추진하겠다니 정보통신부의 속이 편할 리 없었다.

김창곤 기술심의관의 회고.

"신세기통신 측의 주장은 'CDMA 상용화가 1년 6개월 후에나 가능한데 그렇다면 대안으로 아날로그를 사용하게 해달라는 것이 핵심이었습니다. 신세기통신의 미국인 기술이사가 미국 에어터치에 이런 내용의 장문보고서를 보냈다고 해요. 정부는 이 문제를 해결하지 않고는 해법을 찾기 어렵다고 판단했어요."

기술심의관실은 신세기통신 측 주장을 취합해 당시 CDMA 상용화

경상현 정통부 장관이 6월 9일 코엑스에서 열린 95정보통신 전시회에서 CDMA 방식의 디지털 이동전화기로 통화를 하고 있다.

시험을 하던 서울 삼성동의 4개 기지국을 돌며 시험을 했다. 신세기통신은 핸드오프(hand off)가 안된다는 것이었다.

김 심의관과 신용섭 연구개발과장(현 방송통신위원회 상임위원) 등은 밤 11시부터 새벽 4시까지 직접 차량을 타고 시험한 결과, 문제는 있지만 3개월 가량 주야로 노력하면 99%는 해결할 수 있다고 자신했다.

김 기술심의관은 1979년 12월 사무관 시절, 서울 영동과 당산전화국에 국내 처음으로 벨기에 BTM사가 턴키방식으로 설치한 전자교환기(M10CN)의 공사를 관리한 경험이 있었다.

기술심의관실은 경우의 수를 검토한 결과 PCS 방식을 단일표준으로 해야 한다는 결론을 냈다. 그리고 정홍식 실장과 이계철 차관, 경상현 장관 등에게 단일표준으로 가야 한다고 건의했다. 그리고 이런 방침을 결재까지 받았다. 김 심의관은 가장 현안이었던 한국통신의

CDMA 방식 전환방침도 이끌어냈다.

당시 기술심의관실이 단일표준 결론을 내린 실증적 근거는 또 있다. TDX 국산화 시절의 사례다.

당시 TDX는 외국부품을 수입해 조립하면 부품가격과 운송비, 개발비, 일반관리비 등에 17%를 더 주었다. 반면 국산 개발은 그렇게 하지 않았다. 이 때문에 국내업체들은 국산개발은 피하고 외국부품을 수입해 조립생산하는 것을 가장 좋아했다.

정부가 CDMA와 TDMA를 복수표준으로 결정한다면 결론은 명약관화한 일이었다. 모든 기업들이 손쉽고 이윤이 많은 외산을 수입해 조립생산을 하지, 어려운 CDMA 개발에 나설 이유가 전혀 없는 것이다. 그렇게 되면 국책사업으로 1,000여억 원을 들여 세계 최초로 상용화하려는 CDMA는 사장되고 말 것이 틀림없었다.

정보통신부는 이런 전반적인 사항을 국익 차원에서 검토해 PCS 방식을 CDMA 단일표준으로 확정 발표한 것이었다.

이에 앞서 정부는 1993년 6월 윤동윤 체신부 장관이 CDMA를 디지털 이동전화 기술표준으로 확정한 바 있다. 윤 장관은 재임시 CDMA 개발에 장관직을 걸 정도로 기술개발에 역점을 두었다.

이와 관련한 윤 장관의 기억.

"우리가 TDMA 방식을 도입하면 우리는 기술종속국으로 전락한다고 판단했어요. 하지만 우리가 CDMA 기술을 개발한다면 우리가 기술종주국의 자리에 오릅니다. 당시 결재서류에 디지털 이동전화 기술표준은 CDMA로 한다는 내용이 빠져 있기에 그 내용을 다시 넣도록 해 결재했습니다."

이 결정이 뒷날 미국 측의 신세기통신에 대한 TDMA 방식 요구의 방패막이가 될 줄은 그 당시는 아무도 몰랐다. 허가조건과 다른 방식으로 서비스를 하면 사업권을 반납해야 하기 때문이었다.

표준방식은 국회 통신과학기술위원회(위원장 장경우)의 국정감사 등에서도 끊임없이 쟁점이 됐다. 독자기술이란 열매를 얻으려면 국가적 이익과 명분, 그리고 정책입안자와 연구진들의 확고한 개발의지와 믿음이 없이는 불가능한 일이었다.

CDMA 단일표준에 얽힌 뒷이야기

┃ 정보통신부가 PCS 접속방식을 CDMA 단일표준으로 결정하는 과정은 순탄하지 않았다. 미국은 칼라힐스를 앞세워 정부의 정책 변경을 압박했다. 기업들도 당초 입장을 바꾸지 않았다. 이 과정에 뒷이야기가 많았다. 급박했던 막전막후의 커튼을 들쳐 보자.

1995년 10월초 어느 날.

서울 중구 소공동 롯데호텔에서 한승수 대통령비서실장(국무총리 역임)과 경상현 정보통신부 장관이 배석자 없이 만났다. 한 실장 요청으로 이뤄진 오찬자리였다.

두 사람은 악수를 나누고 자리에 앉았다. 얼굴에 미소가 흘렀지만 서로 속내는 복잡했다. 한 실장은 CDMA방식을 고집하는 경 장관을 설득하려고 했다. 경 장관은 CDMA방식의 당위를 확실하게 한 실장에게 못박고자 했다. 동상이몽의 자리라고 할까.

한 실장이 먼저 말문을 열었다.

"정부가 CDMA를 단일표준으로 고집할 이유가 있습니까? 국가 전체로 볼 때 가능하면 칼라힐스의 요구를 들어 줄 수 있으면 들어 주는 게 바람직하지 않겠습니까? 국익 차원에서 이 문제를 신중하게 검토해 주십시오."

한 실장은 칼라힐스와 교분이 두터웠다. 한 실장이 주미대사 시절 칼라힐스는 미국 무역대표부 대표였다. 대표를 물러난 칼라힐스는 신세기통신의 지분 11.45%를 가진 미국 에어터치사의 법률고문으로 일했다. 그는 10월초 내한해 청와대와 경제기획원, 상공부를 오가며 신세기통신에 대해 TDMA 방식을 허용해 달라고 요구했다.

경 장관이 정보통신부 입장을 설명했다.

"정통부로서는 칼라힐스의 요구를 들어 줄 수 없습니다. 만약 그 요구를 들어 주면 우리가 국책사업으로 애써 개발한 CDMA 기술은 사장(死藏)되고 말 것입니다. CDMA 기술을 우리가 세계 최초로 상용화하면 한국은 기술선진국이 될 수 있습니다. 이 기술을 도입하고 국책사업으로 추진 중인 정통부가 어떻게 이 일을 포기할 수 있겠습니까?"

"하지만 칼라힐스가 이 문제를 가지고 불공정 무역행위로 제소라도 하면 한미관계가 아주 껄끄럽게 됩니다. 이 문제는 국익 차원에서 냉정하게 판단해야 합니다."

"당연히 국익을 최우선 고려해야 합니다. 정통부는 국익을 위해 CDMA 개발을 포기할 수 없습니다."

한 실장의 얼굴에 난감한 표정이 역력했다.

"생각하기에 따라 다를 수 있지 않겠습니까? 미국과 통상문제 등을 생각하면 칼라힐스의 요구를 고려해 볼 수 있지 않겠습니까?"

"칼라힐스의 입장은 이해합니다. 하지만 그 요구를 수용하면 CDMA 개발은 실패합니다. 신세기통신에 CDMA 기술을 조건으로 사업권을 허가했는데 그 원칙을 정부가 지키지 않는다면 국가 이익에 반하는 일입니다. 신세기통신에도 결코 이익이 되지 못합니다."

한 시간여의 식사를 하면서 두 사람이 타결점을 모색했지만 현격한 입장 차이만 확인하고 헤어졌다. 경 장관은 재임 시 칼라힐스를 한 번도 만난 적이 없다. 만날 이유가 없었던 것이다.

정보통신부 CDMA 상용화를 적극 밀어 준 사람은 한이헌 대통령 경제수석(15대 국회의원, 보증기금 이사장 역임, 현 한국디지털미디어고 교장)이었다. 그는 CDMA 개발에 관해 정보통신부 입장을 지지했다.

한 수석의 증언.

한·미 통상문제를 논의하기 위해 방한한 칼라힐스 미국 무역대표부 대표가 1989년 10월 11일 여·야 4당 정책위 위원장들을 만나 경제 현안에 대해 의견을 나눴다. 왼쪽부터 김봉호(평민당), 김용환(공화당), 칼라힐스 미 무역대표부 대표, 김동규(민주당), 이승윤(민정당).

"그 분야를 가장 잘 아는 곳이 해당 부처이고 그런 정책 결정은 장관의 책무입니다. 저는 국가를 위해 CDMA 방식이 최선이라면 그 방식을 채택해야 한다고 생각했어요."

청와대 내부에서 CDMA 기술에 관해 우려하는 시각이 있었던 것은 사실이었다. 한 실장은 한 수석에게도 "한 수석이 정통부 일을 챙겨야 합니다. 그대로 놔두면 큰일납니다."라고 말했다.

청와대 경제수석실에 근무했던 A씨의 기억.

"한 실장과 한 수석은 같은 청주 한씨로 항렬로 치면 한 실장이 아저씨벌이었습니다. 하지만 한 실장은 한 수석을 다른 수석과 달리 예우했어요. 한 수석은 정권 창출의 공신이었습니다. 그런데다 공사가 분명하고 원리원칙에 투철했습니다."

한 수석의 계속된 회고.

"저는 한 실장에게 '그 분야에 관해 정통부 장관보다 더 전문가가 어디 있겠느냐. 그들의 판단을 존중하는 것이 옳지 않겠느냐'고 말했어요. 그리고 'CDMA 문제에 관여하지 않는 게 좋겠다'고 말했습니다. CDMA방식을 해야 ICT산업이 발전한다는 것이 정통부 판단이라면 그렇게 해야 한다고 주장했어요. CDMA와 관련해 정부 내에서도 이견이 있었고, 경제수석인 나를 설득하려고 줄을 대는 이들이 있었지만, 저는 그때마다 '나를 설득시키려고 하지 말라'고 했습니다."

한 수석은 칼리힐스와 면담도 하지 않았다. 그 당시 청와대 내 한수석의 파워는 막강했다. 그는 실세 중의 실세로 불렸다.

김영삼 정부시절 소통령이라고 불린 김 대통령의 차남 현철(현 여의도연구소 부소장)씨의 이권 개입과 관련한 이런저런 설이 나돌았다.

특히 현철 씨와 친분이 있는 이웅렬 코오롱그룹 부회장이 신세기통신 2대주주인 점을 이용해 칼라힐스와 호흡을 맞춰 TDMA 방식 허용을 정부에 요구했다는 내용이다. 한 수석에게도 현철 씨의 청탁이 있었을 것이라는 말이 나오기도 했다.

이와 관련한 한 수석의 말.

"현철 씨와 잘 압니다. 김 대통령이 대선 후보시절 제가 경제보좌역으로 경제정책을 총괄했으니 친분이 있지요. 하지만 현철 씨가 한 번도 저한테 특정 사안과 관련해 청탁을 한 적은 없습니다."

정보통신부가 10월 20일 기술표준 단일화를 발표한 뒤에도 여진은 계속됐다. 그 중심에 한국통신이 있었다. 한국통신은 10월 25일 "PCS의 접속방식으로 TDMA 기술을 도입할 방침"이며 "스웨덴 에릭슨과 캐나다 노던텔레콤 등 2개사와 TDMA 방식의 기술도입을 위한 양해각서를 교환할 예정"이라고 말했다. 정보통신부는 이런 사태를 더 이상 방치할 수 없었다.

정보통신부에서 김창곤 기술심의관(정보통신부 차관 역임, 현 한국디지털케이블연구원장)이 사태 해결에 나섰다. 10월 말경, 김 기술심의관은 이준 사장(1군사령관 역임, 육군 대장 예편, 국방부 장관 역임)을 방문해 정부 입장을 전했다.

"한국통신의 복수표준 입장을 이해 못하는 바 아닙니다. 하지만 국가기간통신사업자인 한국통신이 정부정책에 반대해서는 안 되는 일 아닙니까? 사장님이 대국적 관점에서 이 문제를 풀어 주시기 바랍니다."

"나는 평생 개인보다는 국가를 우선하며 살았어요. 한국통신보다는 국가를 생각합니다. 사내 기술진들의 의견을 들어서 결정하겠습니다."

김 기술심의관은 사장실을 나와 김노철 부사장(체신부 통신기술과장 역임)을 찾았다. 김 부사장이 체신부 통신기술과장 시절 김 기술심의관은 그 밑에서 사무관으로 일했다.

"정부 방침은 이미 정해졌습니다. 이준 사장께도 그런 말씀을 드렸습니다. 부사장께서 홍보실장을 불러 한국통신도 CDMA 방식으로 한다고 발표하도록 해 주십시오. 그렇게 하지 않으면 이 논란을 수습할 수 없습니다."

이런 막후 노력으로 한국통신은 10월 31일 TDMA 방식을 포기하고 CDMA 방식의 PCS를 개발하기로 했다고 언론에 발표했다.

CDMA 기술개발과 상용화 실무는 신용섭 연구개발과장(현 방송통신위원회 상임위원)이 담당했다. 그는 1993년 11월 기술기준과장으로 발령난 후 6년간 이 업무만 맡았다. 그는 CDMA와 관련해 헤아릴 수 없을 만큼 수많은 보고서를 작성했다. 언론에 문제가 등장할 때마다 청와대와 국무총리실, 국회, 안기부(현 국가정보원) 등에 보고서를 제출했다.

그는 정보통신부를 겨냥한 언론의 화살을 더 이상 견딜 수 없었다. 고민 끝에 이건수 동아전기 사장(현 동아일렉트론 회장)에게 도움을 청했다. 그는 미국에서 사업을 하다 귀국해 1986년 부도직전의 동아전기를 인수, 첨단기업으로 변모시켰다. 그는 특유의 열정과 친화력으로 각계각층에 두터운 인맥을 형성하고 있었다.

신 과장의 회고.

"이건수 사장에게 도움을 요청했습니다. 모든 언론들이 업계 주장을 일방적으로 기사화하니 논란만 치열해졌습니다. 일을 할 수가 없었어요."

이 사장은 두 말 않고 "알았다."고 대답했다.

그로부터 며칠 후 저녁. 이 사장은 국내 유력 일간신문과 3대 방송사 정치부장을 서울 한남동 그랜드하이얏트호텔 일식당으로 초대했다. 조선일보, 동아일보, 중앙일보, 한국일보, 연합통신(현 연합뉴스), KBS, MBC, SBS 등이 참석했다. 이 사장은 오정소 안기부 1차장(국가보훈처장 역임)도 초청했다.

이 사장의 증언.

"이들과는 평소 인연을 맺어 잘 알고 지냈습니다. 박항구 한국전자통신연구소(현 한국전자통신연구원) 이동통신개발단장(현 소암시스템 회장)에게 부탁해 A4용지 3장에 CDMA에 관한 내용을 정리했습니다. 이를 이들에게 나눠 주고 국가 이익을 위해 CDMA 개발은 꼭 성공해야 한다고 설명했습니다. 우리가 CDMA 기술을 상용화하면 세계 최초다. 이런 기술을 정부가 개발하도록 언론이 도와줘야지 발목을 잡아서야 되겠느냐고 설득했어요. 개별 기업보다는 국가를 위해 국산기술을 세계화해야 한다는 점을 강조했지요. 부품과 단말기 등 연관산업도 발전할 수 있잖아요. 부존자원이 없는 우리가 기술개발을 해야 살길이 열린다며 언론이 그런 역할을 해야 한다고 주장했어요."

그 이후 국내 언론들이 이 문제를 다루는 태도가 확 달라졌다. 정보통신부를 향한 언론의 화살을 이 사장이 나서 막아 준 것이다.

이 사장은 CDMA 상용화 이후 중국과 베트남의 제품 수출에도 민간외교관으로서 막후 역할을 했다. 그는 CDMA 중국 진출을 위해 8년간 중국 최고위층 인사들과 교분을 쌓은 후, 이를 바탕으로 CDMA를 중국에 수출했고, 이어 베트남에도 수출했다.

국가정보화의 새 이정표,
정보화촉진기본법

┃ 1995년 8월 4일.

정보통신부는 정보화촉진기본법을 제정했다.

이 일은 ICT강국과 국가정보화의 지평을 연 이정표였다. 미래부서로 새롭게 출범한 정보통신부가 명실상부한 국가정보화 선도부서로 위상을 정립하게 한 법이었다.

행정부처가 파워를 가지려면 몇 가지 기본 전제가 필요하다. 첫째는 사람, 즉 인재가 몰려야 한다. 둘째는 예산이다. 국익을 위한 사업도 예산이 없으면 추진할 수 없다. 이런 조건을 충족시킬 수 있는 틀이 바로 법이다. 정부 조직의 업무범위와 역할은 법이 규정한다.

그런 점에서 정보화촉진기본법 제정의 의미는 크다. 그동안 각 부처로 흩어져 있던 정보화 및 정보산업 관련 정책을 범정부 차원에서 정보통신부가 일관성 있게 추진할 수 있는 법적·제도적 근거를 마련한 것이다. 이 법은 정보화촉진과 정보통신산업 진흥, 그리고 정보통신 기반 고도화 등을 포괄했다. 이를 위해 정보화촉진기금을 설치,

운영키로 했다.

경상현 정보통신부 장관의 말.

"정보통신산업 진흥에 국한하지 않고 국가정보화라는 큰 틀의 종합적인 비전을 실현하는 데 발판이 된 법입니다. 그동안 정보화나 정보산업 정책은 각 부처별로 분산돼 정책과 예산 중복이 많다는 지적을 받았습니다. 국가정보화사업 추진체계를 정비한 게 바로 이 기본법입니다."

이 법이 제정되기까지는 정권을 건너뛰어야 했다. 만 3년 이상이 걸렸다. 노태우 정부 시절 처음 정보산업 육성을 위해 '국가전략계획'을 수립한 것이 시발점이다. 이후 김영삼 정부가 체신부를 정보통신부로 확대 개편하면서 최종적으로 정보화촉진기본법안으로 결실을 보게 됐다. 긴 여정이었지만 ICT강국 건설이나 국가정보화를 위해 꼭 필요한 법이었다. 그 과정에서 부처 간 견제와 반대, 대립과 갈등 등 우여곡절이 많았다.

세월을 거슬러 노태우 대통령 정부 시절로 올라가 보자.

1992년 7월 22일 청와대.

노 대통령은 이날 낮 청와대에서 각종 소프트웨어 공모전 수상자, 제품 개발자 및 전산전문가, 교수, 학생 등 정보산업 전문인력 70명을 초청, 오찬을 함께하며 격려했다.

노 대통령은 이 자리에서 "정보산업의 획기적 진흥을 위해 관계부처, 연구소, 대학, 산업계의 전문인력으로 구성되는 정보산업기획단을 부총리 밑에 설치해 정보산업 중장기 발전계획을 연말까지 작성, 보고하라."고 최각규 부총리(강원도지사 역임, 현 현진그룹 경영고문)에게

1992년 7월 22일 노태우 대통령이 정보산업 전문인력 70명을 청와대로 초청해 격려하고 있다.

지시했다.

노 대통령은 "우리 기술로 개발한 하드웨어나 소프트웨어의 보급 확대를 위한 지원책을 마련해 추진하고, 특히 정부 각 부처와 정부투자기관이 전산화를 추진하는 과정에서 민간산업에도 기회를 개방, 민간의 소프트웨어 산업이 진흥되도록 지원하는 데 역점을 두라."고 강조했다.

1992년 8월 28일 오전 경제기획원 회의실.

노 대통령의 지시를 받은 최각규 부총리 겸 경제기획원 장관은 이날 교육·상공·체신·과기처 등 관계부처 장관들이 참석한 가운데 정보산업 육성을 위한 회의를 주재했다.

이날 회의에서 정보산업을 국가기간산업으로 육성하기 위한 전략을 수립하기로 의견을 모았다. 정부는 이를 위해 관련부처 실무국장급과 민간 전문가들로 정보산업실무기획단을 구성키로 했다. 단장은 강봉균 경제기획원 차관보(정보통신부 장관, 대통령 경제수석, 재정경제부 장관 역임, 18대 국회의원 역임)가 맡기로 했다.

기획단은 산하에 총괄반, 소프트웨어반, 정보기기대책반, 정보통신대책반, 정보인력대책반의 5개 작업반을 두기로 했다. 이들이 정보산업 발굴을 위한 과제를 발굴하고 범정부적인 지원체제를 구축하며, 재정지원 계획을 마련한다는 것이었다.

이즈음 선경의 제2이동통신사업자 선정과 관련해 특혜설이 제기됐다. 특혜설은 정국에 뇌관으로 등장했다. 체신부는 1992년 8월 20일 제2이동통신사업자로 대한텔레콤을 선정했다. 노 대통령과 사돈관계 기업인 선경이 대주주인 컨소시엄이었다. 야당은 일제히 청와대의 특혜라며 공세를 폈다. 여기에 김영삼 민자당 대표까지 사업자 선정에 불복을 선언했다.

체신부는 곤혹스러웠다. 체신부가 투명하고 공정하게 사업자를 선정했건만 마치 특혜를 준 것처럼 야당이 각종 의혹설을 유포하고, 여기에 일부 언론이 동조하고 나서는 바람에 난감했다. 사업자 발표에 앞서 양정규 국회교체위원장(작고)과 강삼재 의원(한나라당 사무총장 역임, 현 대경대학 총장) 등이 당정협의에서 사업자 결정을 차기 정부로 넘기자는 의견을 냈으나, 청와대는 이를 받아들이지 않았다.

이진설 대통령경제수석(건설부 장관, 서울산업대 총장 역임, 현 센트럴씨티 회장)은 이에 대해 "이동통신사업을 연기할 수 없다. 내년에는 통신시장이 개방돼 늦추면 늦출수록 한국시장은 외국에 잠식당할 수 있다."고 말했다. 이는 사실상 노 대통령의 수용불가 입장을 대변한 것이었다.

김영삼 후보 대선 캠프에 속했던 A씨의 증언.

"김 후보는 대선을 앞두고 특혜 의혹설이 확산되는 것을 가장 우려했어요. 당락에 결정적 장애가 된다고 판단했어요. 김 후보는 노 대통령과 '공조냐 차별화냐'를 놓고 고심하다 결국 홀로서기 쪽으로 방향을 잡은 것입니다. 이 바람에 후폭풍이 거셌고, 노 대통령이 민자당을 탈당했어요."

이 문제는 현재 권력인 대통령과 미래권력이 충돌하는 사태로 번졌다. 선경은 급기야 8월 27일 제2이동통신사업권을 자진 반납했다(제2이동통신사업자 선정 건은 추후 상세하게 기술한다.). 하지만 선경에게는 그런 결단이 뒷날 전화위복이 됐다. 한국이동통신을 인수해 지금의 SKT를 소유할 수 있게 됐기 때문이다.

김영삼 민자당 대통령후보는 1992년 11월 3일 '신한국 창조'를 위한 대선공약을 발표했다. 10대 과제 77개 공약이었다. 민자당 정책위원회는 공약을 발표하면서 정보산업육성특별법을 제정하겠다고 발표했다. 이 법을 제정한 후 정보산업육성기금을 설치해 첨단 정보기술 개발을 촉진하며 소프트웨어 등 정보처리 관련 산업을 제조업 차원에서 지원한다고 밝혔다.

김 후보 측은 무역정보화와 유통정보화를 추진하고 중소기업 생산활동을 정보화하며, 정보통신 요금의 감면과 할인 등 요금체계도 개편하겠다고 말했다. 그뿐이 아니었다. 정보통신 시설을 확장 보급하고 1998년까지 1,000만 대의 컴퓨터를 보급하며, 행정, 교육, 국방, 공안 등 5대 국가기간 전산망사업을 추진하겠다고 밝혔다.

14대 대통령 투표일을 4일 남겨둔 1992년 12월 14일.

당시 정국은 초긴장 상태였다. 과연 누가 14대 대통령이 될까, 국민은 대권 향방에 촉각을 곤두세웠다.

노태우 대통령은 이날 오전 9시 청와대에서 '정보산업 국가전략계획 보고회의'를 주재했다. 노 대통령은 "정보산업 전문인력 양성을 위해 초중등 교육과정에 컴퓨터 전담교사제를 도입할 수 있도록 전담교사 양성방안과 함께 정보과학고교 신설방안을 마련하라."고 지시했다.

최각규 부총리 겸 경제기획원 장관은 이날 재무 · 교육 · 상공 · 체신 · 과기처 등 관계부처 장관이 참석한 가운데 이들 부처가 4개월간 공동으로 마련한 '정보산업 국가전략계획'을 노 대통령에게 보고했다. 최 부총리는 보고를 통해 "앞으로 정보산업을 국가전략산업으로 선정해 범국가적 차원에서 정보산업을 집중 육성하겠다."고 밝혔다.

정부는 정보산업 발전을 위한 핵심 전략과제를 선정했다. 먼저 정보기기 분야에서는 전자수첩, 핸디터미널 등 휴대형 소형 컴퓨터와 기억장치, 프린터와 모니터 등 컴퓨터 주변기기, 주문형 반도체와 화합물 반도체 등 반도체를 중점 개발하기로 했다.

정보통신 분야에서는 고도전략통신망과 광대역통신망 구축과 함께 휴대형 전화와 무선호출 등의 무선통신망을 대폭 확충하며, 1990년대 중반부터 이동전화망을 디지털 방식으로 전환하고자 했다. 제2세대 무궁화위성을 통해 고선명 TV 등 첨단 방송망도 구축키로 했다.

소프트웨어 분야에서는 다양한 주문형 소프트웨어 생산이 가능하도록 국제경쟁력을 갖춘 소프트웨어 생산을 촉진하고 시장원리에 입각, 관련 산업을 육성하기로 했다.

정부는 이런 핵심과제를 차질 없이 추진해 오는 2001년까지 컴퓨터 보급대수를 1,000만 대 수준으로 늘리고, 체신부와 통신사업자가 실시 중인 구매예고제도를 공공기관까지 확대하기로 했다. 정부는 이와 함께 연간 1,000명의 고급 IT 전문인력을 교육시킬 수 있는 특별 프로그램을 개발하고, 정보과학고교 신설을 통해 IT 인력을 육성하기로 했다. 이밖에 소프트웨어와 부가통신업에 대해서는 제조업 수준의 세제 및 금융 지원을 하고, 공공기관 등이 불법 소프트웨어 사용을 근절하기로 했다.

막바지 대선 정국이 거센 파도처럼 전국에서 요동치고 있었지만, 정부는 정보산업을 2000년대 국가기간산업으로 육성해 나간다는 의지에 추호의 변함이 없었다. 다만 그 주도권을 당시는 경제기획원이 쥐고 있었다.

정보화촉진기본법을 둘러싼 줄다리기

▌1992년 12월 18일.

이날 실시한 제14대 대통령선거에서 민자당 김영삼 후보가 유효투표 42%를 얻어 당선됐다. 문민정부가 탄생하는 순간이었다. 닭 모가지를 비틀어도 온다던 새벽이 선거를 통해 찾아온 것이다.

그 해 12월말, 김 당선자는 경남 마산에 사는 부친(김홍조) 자택을 방문했다.

"어버지, 이것 한 장 얻는데 40년이 걸렸습니다."

"그래, 욕봤데이…."

당선통지서를 앞에 놓고 부자 간에 나눈 이 대화는 한동안 인구에 널리 회자됐다.

김영삼 대통령 취임식을 한 달여 앞둔 1993년 1월 28일.

최각규 부총리 겸 경제기획원 장관은 지난해 12월 수립한 정보산업에 대한 획기적 지원을 위한 법적근거를 마련하기로 했다고 밝혔다. 경제기획원은 이미 작성된 정보산업 발전전략계획을 토대로 체신·상공·교육·과기처 등 관계부처와 합동으로 업계, 학계 등 전문가 의견을 수렴해 과제별로 구체적 시행계획을 상반기 중에 확정할 방침이라고 덧붙였다. 예산이 필요한 사업은 내년도 예산에 이를 반영할 수 있도록 하고, 제도개선이나 법령 개정 등은 임시국회 등에서 처리할 계획이라고 말했다. 또 컴퓨터와 주변기기, 정보망 등에 대한 지원을 확대하고, 소프트웨어 산업에 대해 제조업 수준의 각종 금융 및 세제혜택을 주는 내용을 골자로 한 '정보화촉진기본법'도 4월 말까지 시안을 만들겠다고 밝혔다.

경제기획원의 이런 발표는 다소 의외였다. 국가경제를 총괄하는 경제기획원이 정보산업에 이처럼 관심을 보인 일은 극히 드물었다. 이는 다분히 정보통신부로 확대 개편되는 체신부를 의식한 것이었다.

1993년 2월 25일 취임한 김영삼 대통령은 첫 조각에서 체신부 장관에 정통 체신부 관료 출신인 윤동윤 차관을 임명했다. 첫 체신부 관료 출신 장관이었다.

윤 장관은 3월 31일 청와대에서 김 대통령에게 한 첫 업무보고를 통해 "제2이동통신사업자를 조기에 선정하고, 정보화촉진과 정보통신산업 육성에도 주력하겠다."고 밝혔다.

체신부는 대통령의 대선 공약사항과 개혁의지를 제도적으로 뒷받침하기 위해 정보화촉진 및 정보통신산업 발전특별법(시안)의 입법을 추진키로 했다. 체신부는 4월 22일 황길수 법제처장(현 변호사) 주재로 열린 각 부처 법무담당관 회의에서도 우선적으로 제정할 법안으로 정보산업 발전특별법안을 제출했다.

이 회의에 참석했던 이규태 법무담당관(서울체신청장 역임, 현 한국IT

비즈니스진흥협회 부회장)의 말.

"그날 회의는 경제 활성화 및 개혁정책을 위해 부처별로 우선 정비할 법제 계획을 논의하는 자리였습니다. 체신부는 그 해 제정하거나 개정할 법제 계획으로 정보산업육성특별법 제정안을 냈습니다."

이 법안의 업무라인은 박성득 정보통신정책실장(정보통신부 차관 역임, 현 한국해킹협회장)과 이인표 통신정책국장(SKT 감사 역임), 류필계 정보정책과장(정보통신부 정책홍보관리본부장 역임, 현 LG유플러스 부사장), 강성주 사무관(행안부 정보기반정책관 역임, 현 OECD 대표부 파견) 등이었다.

법 초안을 만들었던 강 사무관의 증언.

"당시 정보산업 정책을 놓고 체신부와 상공부, 과기처의 3개 부처가 경쟁적으로 관련 법령을 만들었습니다. 체신부는 정보화촉진 및 정보통신산업발전특별법을 만들었습니다."

이 법안은 정보통신산업 육성을 위해 국가가 매년 정보화촉진사업에 일정액을 투자하며, 정보화촉진을 위해 지출한 일정액에 대한 소득세 또는 법인세 감면혜택을 준다는 내용이었다. 체신부는 7월 30일 오전 국회에서 당정회의를 갖고 이 법안에 대한 심의까지 끝냈다.

그러나 이 법안은 곧 난관에 봉착했다. 상공부와 과학기술처 등 관계부처의 반대에 부딪쳤다. 이들 부처와 협의가 난항을 겪자 경제부처 간 정책조정 기능을 가진 기획원이 조정자 역할을 자임하고 나섰기 때문이다. 경제기획원이 3개 부처의 법안을 취합해 정보화촉진기본법을 마련하기로 했다.

경제기획원은 8월 4일 기본법을 마련해 국무회의와 대통령 재가를 받아 9월 국회에 제출할 계획이라고 발표했다. 하지만 경제기획원이 초안을 내놓자 일이 더 꼬이기 시작했다. 부처 간 합의가 되지 않은 상태에서 경제기획원이 일방적인 법안을 마련한 탓이다.

강 사무관의 기억.

"법안 내용이 허술한데다 기존 체신부가 하던 일들을 경제기획원이 행사하겠다는 의도였어요."

특히 정보통신진흥기금의 운용주체와 관련해 체신부는 기획원 안을 받아들일 수 없었다. 기획원은 기금운용과 관련해 복수안을 마련했다.

1안은 부총리 겸 경제기획원 장관이 위원장으로 경제기획원이 기금운용을 맡는다는 내용이다. 2안은 국무총리를 위원장으로 하고 체신부 장관이 간사를 맡는 안이었다. 1안에는 상공부가 찬성했다. 2안은 체신부가 지지했다. 이 안대로라면 전산망법과 정보통신연구개발법 등에 따라 정보통신진흥기금 등의 자금과 전산망조정위 등 그동안 해온 체신부의 기능을 경제기획원이 대부분 흡수하는 형태였다.

차관 시절 어렵게 정보통신진흥기금을 조성한 윤동윤 체신부 장관의 회고.

"차관 시절인 1991년에 정보통신 연구개발에 관한 법률을 제정해 정보통신진흥기금을 조성했습니다. 그 과정이 얼마나 힘들었는지 몰라요."

당시 부처 협의를 거쳐 법안이 경제차관회의에 상정됐는데 재무부 이수휴 차관(보험감독원장 역임)이 기금조성에 반대했다. 경제차관회의는 강현욱 경제기획원 차관(농림부 장관, 전북지사 역임, 현 조선대 이사장)이 주재했다. 그는 윤 차관과 행시 동기로 처음 체신부로 발령받았다가 나중에 경제기획원으로 옮겨 승승장구했다. 강 차관이 윤 차관에게 "여기서 기금이 빠지면 안되지 않느냐, 어떻게 하겠느냐"고 물었다. 윤 차관은 "보류하자"고 했다. 회의가 끝난 뒤 강 차관이 윤 차관에게 "이 차관을 한 번 만나라"고 했다. 그래서 재무부 차관실로 가서 이 차관에게 협조를 구해 기금을 조성한 것이었다. 체신부는 우체국에서 취급하는 체신금융과 관련해 재무부에 그만한 반대급부를 주었다.

경제기획원은 9월 27일 이 법안을 입법 예고했지만 논란은 오히려 증폭됐다. 부처 간 대립이 격화되자 이경식 부총리가 중재안을 냈다. 일단 이견이 있지만 법안을 국회에 내자는 것이었다. 윤 장관은 "그렇게는 절대 못한다."고 반대했다.

결국 경제기획원과 체신부, 과기처, 산자부의 4개 부처 장관들은 별도로 9월 28일과 10월 9일 두 차례 회의를 열어 논의한 끝에 10월 13일 정보화촉진기본법의 내용을 대폭 손질하기로 합의했다. 합의 사항은 정보화촉진기금 조성 부분은 기존 체신부의 정보통신진흥기금을 흡수하는 형태가 아닌 별도의 기금조성이나 정보예산집행 방식으로 변경하며, 중복되는 업무에 관해서는 총괄조정회의를 만들어 이를 조정한다는 것이었다.

윤 장관의 회고.

"경제기획원이 마련한 법안은 크게 국가정보화촉진과 정보화촉진 기반조성의 2개 부문으로 구분해 정부시책을 규정하고 있는데, 이 내용 대부분이 기존 법률에 의해 체신부가 하고 있는 업무였습니다."

체신부는 대안으로 정보산업촉진기본법안을 제시했다. 이 법안은 극한으로 치닫던 부처 간 법안 논쟁을 일단 타결국면으로 접어들게 했다.

체신부 안은 정보화촉진 부분을 현행대로 각 부처에 맡기고, 정보산업 발전에 초점을 맞춰 경제기획원 장관을 위원장으로 하는 '정보산업발전정책심의회'를 설치해 정보산업발전기본계획 심의조정과 관계부처 간 정책조정, 민간업계의 의견수렴 등의 기능을 맡도록 하자는 것이었다. 또 부처별로 무리 없이 추진되는 사업은 그대로 각 부처에 맡기고, 중복된 기능이나 미흡한 부문은 조정하는 방향으로 법안을 수정키로 했다.

정부는 그 해 12월 법안 명칭을 정보산업기반조성에 관한 법률로 바꾸고 경제장관회의에서 통과시켰다. 그러나 12월 16일 우루과이라운드로 촉발된 쌀시장 개방의 책임을지고 황인성 국무총리와 이경식 경제부총리가 전격 경질되는 등 정치적인 격랑이 거세지자 이 법안 추진은 뒷전으로 밀렸다.

새해를 맞아 1994년 1월 13일 윤동윤 장관은 청와대에서 김 대통령에게 한 신년 업무보고회에서 "통신사업 구조개편과 국가경쟁력 강화를 위해 법과 제도를 정비하며, 정보통신진흥기금도 지난해보다 2배 이상 늘리겠다."고 보고했다. 윤 장관은 연말까지 9,900여억 원의 기금을 조성하고 물러났다.

그러나 법안은 4월 23일 이회창 국무총리가 전격 경질되면서 다시 뒤로 밀렸다.

지지부진하던 이 법안에 가속이 붙기 시작한 것은 김영삼 대통령

1994년 1월 14일 김영삼 대통령(가운데)이 청와대에서 체신부의 새해 주요업무 보고를 받기 위해 이회창 국무총리(왼쪽), 윤동윤 체신부 장관(오른쪽)과 함께 회의장으로 들어서고 있다.

이 아태 순방 및 아태경제협력기구(APEC) 정상회담 참석을 마치고 11월 19일 귀국하면서부터다. 김 대통령은 귀국 전 호주 시드니에서 국정목표를 세계화에 두겠다고 선언했다.

정부는 이 무렵 박관용 대통령 비서실장이 극비리에 정부 조직개편안을 마련해 놓고 있었다. 박 실장은 정부 조직개편에 소극적이던 김 대통령을 설득해 정부 조직개편을 관철시켰다.

체신부는 세계화 구상 발표 후 경기도 용인의 한 콘도에서 체신부와 정보통신정책연구원, 한국전자통신연구소 등과 관련업계 인사 등 10여 명으로 팀을 구성해 정보화촉진기본법안을 최종으로 손질했다.

법안은 1994년 11월 23일 경제차관회의와 25일 경제장관회의를 통과했다. 차관회의 때는 부처 간 이견을 조정하지 못해 표결에 부쳐야 했다. 11개 경제부처 차관 중에서 이 법안에 상공자원부와 농림수산부 등 2개 부처가 반대표를 던졌다. 나머지는 찬성이었다. 이렇게 해서 3년여에 걸쳐 법안 논쟁은 막을 내렸다.

하지만 난산 끝에 확정한 이 안은 또 멈춰서야 했다. 김 대통령이 12월 4일 사상 최대폭의 정부 조직개편을 단행했기 때문이다. 조직개편에서 체신부는 정보통신부로 확대 개편키로 했다.

정보통신부 산파역을 한 윤동윤 체신부 장관은 12월 6일 기자회견을 열어 "체신부가 정보통신부로 확대 개편됨에 따라 정보화촉진기본법의 입법 추진이 보류됐다."라고 밝혔다.

언제나 그렇듯 세상일은 예측불가의 연속이었다.

드디어
정보화촉진기본법 제정

| 1995년 1월.

영하의 강추위가 전국을 꽁꽁 얼어붙게 했지만 미래부서로 출범한 정보통신부 분위기는 춘삼월(春三月)이었다.

정보통신부의 출범은 김영삼 정부가 21세기 정보화를 국가 핵심전략산업으로 발전시키기 위해 단행한 히든카드였다. 여러 부처에 분산돼 있던 정보산업과 뉴미디어 관련 정책기능은 정보통신부로 일원화했다. 정보통신산업의 종합적인 육성체계를 마련하고 정책의 일관성을 확립한 것이다.

1월 6일 오전 9시 청와대 춘추관.

김영삼 대통령은 취임 2주년을 맞아 가진 신년 기자회견에서 세계화를 첫 번째 국정목표로 제시했다. 김 대통령은 이어 "정보화 시대라는 새로운 조류가 지구를 하나로 만들면서 세상을 바꾸고 있다."면서 "세계화는 우리를 21세기 일류국가 건설로 이끄는 지름길"이라고 강조했다.

1995년 1월 6일 김영삼 대통령이 청와대 춘추관 대회견장에서 연두기자회견을 가졌다. 김 대통령은 이 자리에서 세계화를 첫 번째 국정과제로 제시했다.

정보통신부는 9일 대통령에 대한 새해 업무보고에 이어 1월 11일 1995년도에 추진할 주요 업무계획을 발표했다. 크게 초고속정보통신기반구축과 정보통신산업 육성, 신규 정보매체 활성화, 통신산업 경쟁력 강화, 해외진출 지원, 통신 이용 편익 증진 등에 주력하겠다고 밝혔다.

정보통신부는 국가정보화를 주도할 수 있는 법적·제도적 근거를 마련하는 일이 가장 시급한 과제였다. 경상현 장관은 새해 언론과의 회견에서 "정보화촉진법을 조기 제정하겠다."고 밝혔다.

정보통신부는 지난해 말 정부 조직개편으로 보류한 정보화촉진기본법 제정에 박차를 가했다. 정부 조직개편에 따른 업무 이관 등으로 법안의 부분 손질이 불가피했다. 정보기기와 소프트웨어, 유선방송 등의 업무가 정보통신부로 넘어왔기 때문이다.

정보통신부는 6월 열리는 임시국회에서 이 법안을 통과시키기로 했다.

경 장관의 회고.

"이 법안 작업에는 장관 이하 모든 사람이 총동원됐습니다. 이 법안은 우리나라 정보통신과 국가정보화의 핵심인 법적·제도적 근거가 되는 법입니다. 정보통신부로서는 제정이 시급한 법안이었습니다."

이 법안 작업의 업무라인은 정홍식 정보통신정책실장(정보통신부 차관 역임)과 강상훈 정책심의관(청와대 정보통신비서관, 정보통신연구진흥원장 역임)과 류필계 과장(정보통신부 정책홍보관리본부장 역임, 현 LG유플러스 부사장), 강성주 사무관(행정안전부 정보기반정책관 역임, 현 OECD 대표부 파견) 등이었다. 류 과장과 강 사무관은 1993년부터 법안 업무를 계속 맡았다.

정 실장은 청와대 경제수석비서실에서 10년간 일하면서 각종 ICT 정책의 견인 역할을 한 관계로 정책입안의 메커니즘을 훤히 꿰뚫고 있었다.

당시 정책실에 근무했던 A과장의 말.

"그 당시는 정해진 퇴근시간이란 게 없었습니다. 실국장들도 11시가 넘어 퇴근을 했습니다. 그때는 주말도 없이 모두 그렇게 일했습니다. 정 실장은 원칙과 방향을 정해 주고 일을 믿고 맡기는 스타일이었습니다."

법안에는 확산일로에 있던 인터넷을 지원하기 위한 내용을 넣었고, 당시 별 관심이 없던 개인정보 보호 등 인터넷의 부정적 역할을 막기 위한 대책도 포함시켰다.

정보통신부는 업무를 세분해 각 과별로 책임을 맡겼다. 부처별 담당제를 정해 관련 부처의 언론 발표 내용부터 장관 동정 등을 소상히 파악하고, 필요할 경우 언론에 대응 자료도 발표했다.

청와대와 국무총리실, 재정경제원, 국가안전기획부(현 국가정보원), 법제처 등은 류필계 정보정책과장이 책임을 맡았다. 그가 실무과장인 만큼 가장 무거운 짐을 졌다. 통상산업부(현 지식경제부)는 상공부 출신인 김원식 기술기획과장(정보통신부 미래정보전략본부장, TTA회장 역임, 현 법무법인 세종 고문)이 담당했다. 문화체육부와 총무처 등은 이성옥 정책총괄과장(정보통신부 정보화기획실장, 정보통신연구진흥원장 역임, 현 한국플랜트산업협회 부회장), 과학기술처와 노동부는 신용섭 연구개발과장(현 방통위 상임위원), 공보처는 박정렬 기술기준과장(현 특허정보진흥센터 소장) 등이 각각 맡았다.

당시 협의 대상자 중 나중에 정보통신부로 넘어 온 사람이 국무총리실 변재일 산업심의관이다. 그는 정보통신부 담당국장이었다가 1998년 6월 정보통신부 정보화기획실장으로 발령받은 후 기획관리실장, 차관을 거쳐 승승장구했다. 그러다가 참여정부 시절인 2004년 5월 차출 케이스로 열린우리당 후보로 충북 청원에서 출마해 17대 국회에 진출했다. 18대를 거쳐 19대 총선에서 당선한 그는 민주통합당 민주정책연구원장으로 활동하고 있다.

이 과정에서 정보통신부의 커진 파워를 실감하게 하는 숨겨진 일화 한 토막.

국가 경제를 손안에 놓고 주무르는 경제부총리가 정보통신부 장관과 양해각서를 체결하는 극히 보기 드문 일이 벌어졌다. 법안 제정을 둘러싼 묵은 감정이 쌓인 탓인가? 하지만 정보통신부로서는 절대 양보할 수 없는 일이었다.

이 무렵, 정보화촉진기금을 놓고 정보통신부와 재경원은 막판까지 첨예한 갈등관계를 보였다. 핵심은 한국통신(현 KT)의 주식매각대금이었다. 정보통신부는 매각대금을 정보화촉진기금으로 활용해야 한다는 입장인 데 반해, 재정경제원은 재정투융자특별회계법에 의해 재정투융자특별회계의 세입으로 처리해야 한다고 팽팽히 맞섰다. 정보통신부는 이에 대해 KT 매각대금의 30%를 정보화기금으로 출연한다는 내용으로 부총리와 양해합의서를 맺기로 했다.

법안 초안의 실무를 담당했던 강성주 사무관의 증언.

"윗선에서 지시를 내렸습니다. 우리는 정 실장을 통해 지시를 받았습니다. 양해각서를 받으라는 것이었습니다. 처음에 재경원 예산실장이 펄쩍 뛰었습니다. 그런 일이 없었다는 것입니다. 실제로 부총리가 양해각서를 맺는 일이 거의 없잖습니까. 그런데 한국통신 주식매각 대금이 워낙 많다 보니 결국은 부총리가 양해각서를 맺는 데 동의했습니다. 매각 대금의 30%는 기금으로 내놓겠다는 내용이었습니다."

홍재형 부총리(국회 부의장 역임)는 이영탁 재경원예산실장(국무총리 행조실장, 교육부 차관, 한국거래소 이사장 역임, 현 세계미래포럼 이사장)의 건의를 받아 양해각서를 맺었다는 것이다. 이 예산실장도 "별 희안한 양해각서를 다 체결한다."고 말했다는 후문이다.

이런 조치는 예산이란 국가경영의 우선순위에 따라 증감하지만, 기금은 지속성을 가지고 있기 때문이다. 이로 인해 정보통신부는 법적으로 매년 촉진기금을 조성할 수 있었다.

통상산업부를 담당했던 김원식 과장의 기억.

"통상산업부와는 표준화를 협의했습니다. 공진청 업무여서 공진청과 협의를 했습니다. 두 가지 사항에 합의했습니다. 하나는 기본법안에 부가 조항으로 공업표준화법에 따른다는 조항을 넣기로 했습니다. 다른 하나는 그 대신 정보통신 분야 KS관리 업무를 공진청이 정보통신부로 넘겨 준다는 것이었습니다. 이런 조건으로 표준화에 합의했는데 나중에 공진청이 업무이관 약속을 지키지 않았습니다."

부처 협의와 법안의결은 일사천리로 진행했다. 정보통신부는 5월 13일 정보화촉진기본법안을 입법 예고했다. 그리고 6월 28일 차관회의와 6월 30일 경제장관회의를 거쳐 7월 7일 오전 열린 국무회의에서 법안을 의결했다. 봄을 시샘하는 꽃샘 추위가 아무리 매서워도 오는 봄을 막을 수 없는 것처럼 대세는 이미 정보통신부로 기울어 있었다.

마지막 관문은 국회 통과였다. 정보통신부는 법안을 7월 5일 개회한 제176회 임시국회에 제출했다. 7월 14일 국회 통신과학위원회(위원장 최낙도 의원)를 통과한 법안은 임시국회 마지막날인 7월 15일 오전 9시 반에 국회 법제사법위원회를 거쳐 이날 오전 10시 반에 본회의에 상정됐다. 이 법안은 오후 3시 20번째 안건으로 본회의를 통과했다. 입법을 둘러싼 부처 간 긴 주도권 여정은 이렇게 막을 내렸다.

이 법이 제정되면서 정보통신부 장관의 권한은 막강해졌다. 정보통신부 장관이 정보화촉진기본계획을 실질적으로 수립할 수 있어 중앙부처 및 지방행정기관 등에 관할권 행사가 가능해졌기 때문이다. 더욱이 정보화촉진이나 사업추진 시 다른 부처가 지장을 줄 우려가 있을 경우, 사전에 정보통신부 장관과 협의를 거치도록 했다.

이 법은 6장 36조 및 부칙으로 구성됐다. 이 법은 국가정보화 촉진과 정보통신산업의 기반조성, 정보통신기반의 고도화를 위한 법적 근거가 됐다. 이를 위해 정부 내에 흩어졌던 정보화 관련 기능을 정보통신부로 통합했다. 정보화촉진 및 통신산업 진흥 정책에 관한 주요 사항을 심의할 기구로 국무총리를 위원장으로 하는 정보화추진위원회를 설치 운영키로 했다. 또 중앙행정기관이나 지방자치단체가 주요 정책을 수립, 집행할 때는 정보화 촉진과 정보통신산업의 진흥 등 정보화 관련 사항을 우선적으로 고려할 것을 의무화했다.

이 법은 8월 4일 공포했고, 1996년 1월 1일부터 시행했다. 이에 앞서 정보통신부는 후속조치로 시행령을 10월 입법예고했으며, 12월에 시행령과 규칙을 마련했다.

김영삼 대통령은 2001년 2월 펴낸 회고록에서 이 법 제정의 의미를 이렇게 강조했다.

"나는 정보강국을 위해 체신부를 정보통신부로 확대 개편했고, 이어 1995년 8월 기본법을 제정했다. 정보화 입국을 위한 법적 뒷받침을 완비한 것이다. 이 법에 근거해 1996년 4월 국무총리를 위원장으로 하는 정보화추진위원회를 구성해 범국가적인 차원에서 종합적인 정보화시책을 추진토록 했다. 위원은 각 부처 장관과 국회사무총장, 법원 행정처장 등 25명 이내로 구성키로 했다."

정홍식 실장의 회고록 증언.

"이 법은 정보통신부 도약의 발판이었습니다. 또 개인정보 보호 등 정보화의 부정적 측면에 관한 대책을 최초로 반영한 법입니다. 이 법 제정은 정보화 관련 정책을 범정부적으로 일관성 있게 추진할 수 있고 한국 IT산업 발전의 핵심적인 법적·제도적 근거가 됐다고 평가합니다(한국IT정책 20년에서)."

김영삼 대통령의 평가처럼 이 법은 ICT코리아 건설을 위한 원동력이 됐다.

사상 최대 정보화 프로젝트, 초고속망 구축계획

┃ 16년 전.

체신부는 21세기 미래 고도정보사회의 국가경쟁력을 높이기 위한 핵심전략 사업으로 초고속정보통신망 구축 종합계획을 발표했다. 이 사업은 규모나 예산 면에서 상상을 초월했다.

사업비만 44조 8,000억원이었다. 1994년도 한 해 정부예산안이 43조 2,500억 원이었던 점을 감안하면 단군 이래 최대 규모의 국가정보화 프로젝트였다.

이 사업은 당시로서는 꿈을 향한 도전이었다. 하지만 이 계획이 훗날 ICT강국 코리아의 축포를 쏘게 했고, IMF라는 국난을 극복하는 원동력이 됐다. 이 사업은 ICT에서 한국의 미래를 찾고자 한 희망의 신호탄이었다.

여름 휴가 시즌을 막 넘긴 1994년 8월 17일.

서울 종로구 서린동 광화문우체국 4층에서 초고속정보통신망구축기획단이 현판식을 갖고 정식 출범했다. 국가의 초고속정보통신망 구

축 및 운용 업무를 담당할 범정부 조직이었다.

현판식에는 윤동윤 체신부 장관(현 한국IT리더스포럼 회장)을 비롯해 김진현 정보화추진협의회 의장(과기처 장관, 서울시립대 총장 역임, 현 국립대한민국관 건립위원장)과 이용태 정보통신정책협의회 위원장(삼보컴퓨터 회장, 한국정보산업연합회장 역임, 현 숙명학원 이사장), 윤승영 통신위원장(현 변호사), 양승택 한국전자통신연구소장(정보통신부 장관, 동명대 총장 역임, 현 IST컨소시엄 대표), 이철수 한국전산원장(현 한국감리정보시스템협회장), 방석현 통신개발원장(현 서울대 행정대학원 교수), 권혁조 신세기통신 사장(광운대 정보통신대학원장 역임, 현 교수) 등 100여 명이 참석했다.

1994년 8월 17일 열린 초고속정보통신망구축기획단 현판식. 왼쪽부터 박성득 체신부 정보통신정책실장, 김진현 정보화추진협의회 의장, 윤동윤 체신부 장관, 이용태 정보통신정책협의회 위원장.

이 업무를 총괄할 기획단장에는 박성득 체신부 정보통신정책실장(정보통신부 차관 역임, 현 한국해킹보안협회장)이 겸임 발령났다. 박 단장은 체신부 내 최고의 테크노크라트였다. 다양한 행정 경험을 바탕으로 1989년 한 · 미 통신회담을 지휘했고, 통신사업 개방에 '선 국내경쟁 후 국제경쟁' 정책을 입안하는 등 정보통신 발전에 크게 기여했다. 부단장에는 천조운 국장(정보통신부 전파방송관리국장 역임, 작고)이 임명됐다.

기획단 출범은 21세기 정보화사회의 국가경쟁력을 좌우하는 신 사회간접자본으로 간주되고 있는 초고속정보통신망 구축사업을 한국이 본격적으로 시작했음을 의미했다.

하지만 초고속정보통신망 구축국가로 가는 길은 말처럼 순탄하지 않았다. 잠시 우여곡절 많았던 그 과정을 살펴보자.

1993년 7월 2일 오전 청와대 춘추관.

김영삼 대통령은 이날 신경제 100일 계획에 이어 신경제 5개년 계획을 발표하면서 "경제를 되살리는 일이 대통령으로서의 역사적 사명"이라고 강조했다.

김 대통령은 "국제화 시대에 선두주자가 될 수 있도록 경쟁력을 키워야 한다."면서 "과학기술을 개발하고 정보화 시대에 대처할 수 있는 능력을 키워야지 그렇지 못할 때 우리는 낙오하게 될 것"이라고 말했다.

김 대통령이 발표한 신경제 5개년계획 중 국가정보화 및 정보산업 육성전략의 내용은 크게 두 가지였다. 하나는 정보기기와 통신기기, 소프트웨어, 데이터베이스 육성이고, 다른 하나는 국가정보화 추진이었다. 공공 부문과 산업, 지역의 정보화를 촉진한다는 것이다.

체신부는 이에 따라 정보화 시대에 대비한 미래 구상작업에 착수했다. 체신부는 1993년 7월 15일 초고속정보통신망 구축실무추진단을 내부에 구성했다. 초고속정보통신망은 정보 고속도로와 같은 개념이다. 기존 고속도로가 사람과 물류의 흐름을 원활하게 해 주듯 정보 소통을 음성과 데이터, 영상 등 멀티미디어 형태로 신속하게 해 주는 것이었다.

추진단은 체신부 실무진과 한국통신(현 KT)과 한국전산원(현 한국정보사회진흥원), 한국전자통신연구소(현 한국전자통신연구원) 등에서 파견 나온 박사급 전문가 7명 등 15명으로 구성했다. 추진단장은 박성득 체신부 정보통신정책실장이 맡았다.

반장은 윤석근 정책심의관(프로그램심의조정위원장 역임)과 김창곤 기술심의관(정보통신부 차관 역임, 현 한국디지털케이블연구원장), 반원은 체신부 김인식 정보망과장(우정사업본부 경영기획실장, 한국정보인증 사장 역임), 노희도 기술기획과장(정보통신부 국제협력관 역임, 현 KF&S 대표), 이종호 정보계획담당(현 동수원 우체국장), 김인수 정보계획담당(현 국민권익위원회 고위공무원), 김치동 기술총괄담당(현 기술표준원 지식산업국장) 등이었다. 한국전산원에서 윤태섭, 소영섭(현 대구대 교수)씨와 한국전자통신연구소에서 하원규(현 전략기획본부 전문위원), 궁상환(현 천안대 교수), 김성규(현 온넷기술 사장), 한국통신에서 김노식, 이재섭(ITU IPTV포커스그룹 부의장) 씨 등이 파견 나왔다. 행정지원은 체신부 김병수(현 지식경제부 사무관) 씨가 담당했다.

실무추진단은 이 사업의 목적과 개념을 정립하고 세부 추진전략을 마련하기 위한 작업에 들어갔다.

김인식 정보망과장의 회고.

"1993년 12월에 충남 도고 한국통신연수원에서 파견 나온 반원들과 2박 3일간 합숙을 하며 사업추진안을 마련했습니다. 밤새 격의 없이 격론을 벌이며 추진안 작업을 했지요. 사업에 따른 법과 제도, 시범사업, 애플리케이션 개발, 국가망 등 개념 정리와 추진 방향 등의 밑그림은 당시 만들었습니다."

당시 파견 나왔던 하원규 박사의 말.

"당시 산하기관에서 파견 나온 인력은 7명이었습니다. 내부에서는 우리를 '7인의 사무라이'라고 불렀습니다. 어떤 일도 다할 수 있다는 각오의 표현이었습니다. 멸사·봉공·도전(滅私·奉公·挑戰)이라는 글귀를 써붙여 놓고 일을 했습니다."

김성규 박사의 기억.

"저는 기술적인 면을 주로 다뤘습니다. 당시 조건이나 제약 없이 열린 마음으로 추진안을 만들었습니다."

추진단은 이런 내용을 바탕으로 1993년 말 초고속정보통신 기반 구축 방안을 마련했다.

박 실장의 회고.

"당초 사업의 가제목은 정보통신 기반 또는 정보고속도로 구축사업으로 했어요. 그러다가 최종적으로 초고속정보통신망 구축사업으로 통일했습니다."

윤동윤 체신부 장관은 1월 13일 청와대에서 김영삼 대통령에게 한 새해 업무보고에서 "초고속정보통신망 구축사업을 3단계로 나누어 추진하겠다."고 밝혔다.

이어 윤 장관은 1994년 3월 17일 오전, 청와대에서 김 대통령에게 기획단이 마련한 초고속정보통신망 구축방안을 구체적으로 보고했다. 윤 장관은 "오는 2015년까지 44조 8,000여억 원을 들여 전국에 초고속망을 건설하고, 이에 관한 정책 및 사업계획 심의조정을 위해 국무총리를 위원장으로 하는 범정부적 추진위원회를 상반기 중에 구성하겠다."고 보고했다.

윤 장관은 "이 사업의 효율적 추진을 위해 올 상반기 중에 체신부에 기획단을 설치, 운영하겠다."고 밝혔다.

김 대통령은 "사업을 차질없이 추진하라"고 지시했다.

체신부는 1994년 3월 23일 '초고속정보통신망 구축 종합계획'을 확정, 발표했다. 체신부가 발표한 종합계획에 따르면, 우선 초고속보통신망 사업은 3단계로 나누어 추진하며 1단계(1994~1997) 1조 6,154억 원, 2단계(1998~2002) 4조 3,958억 원, 3단계(2003~2015) 38조 7,665억 원 등 모두 44조 7,777억원을 투입키로 했다.

오는 2010년까지 공공기관, 연구소, 대학, 주요 기업을 연결할 초고속국가정보망에는 8,910억 원(2%), 2015년까지 전국의 모든 가정에 광케이블을 설치하는 초고속공중정보통신망에는 42조 504억 원 (94%), 핵심기술과 응용서비스 개발에 1조 8,363억 원(4%)을 사용키로 했다. 재원조달은 국가정보통신망 구축비의 경우 정부재정과 한국통신 주식매각대금 및 배당금 등 공유재원으로 충당하고, 공중정보통신망 구축 및 소요 기술개발은 통신사업자 재원으로 충당하되 민간기업의 투자 확대를 유도하기로 했다. 자본과 자원이 부족한 한국이 IT를 기반으로 신화 창조의 도전에 나선 것이다.

그러나 이 사업 추진체계 구성은 예상과 달리 자꾸 늦어졌다. 다른 부처에서는 서둘러야 할 이유가 없었다. 여기에 체신부에 대한 다른 부처의 견제도 상당했다. 갈 길은 멀고 마음만 급한 체신부였다.

박 실장의 증언.

"체신부는 당초 이 사업의 원활한 추진을 위해 초고속정보통신망 추진위원장은 대통령으로 하고, 실무위원장은 대통령 비서실장으로 해야 한다고 건의했습니다. 당시 박재윤 청와대 경제수석(상공자원부 장관 역임)을 통해 그런 방안을 제시했으나 받아들여지지 않았고, 차

선책으로 위원장을 국무총리가 맡는 것으로 결론이 났습니다."

정부는 1994년 4월 14일 오후, 정부종합청사에서 이회창 국무총리 주재로 관계장관 회의를 열고 '초고속정보통신시스템 구축 기본계획'과 추진체제를 확정했다. 이 총리는 이날 "이 구축사업은 정보화사회를 맞아 국가경쟁력을 좌우하는 결정적인 일이므로 범정부적으로 사업을 추진해야 한다."고 강조했다.

추진위원회는 부위원장인 경제기획원 장관을 포함해 내무·재무·국방·교육·상공자원·건설·보사·교통·체신·총무·과기·환경·공보처의 14개 부처 장관으로 구성했다. 총무처는 추진체계가 확정됨에 따라 추진위와 실무조정위 및 기획단 설치를 위한 근거규정을 대통령령으로 마련키로 했다. 이에 따라 5월 30일 대통령령(14275호)으로 총리가 위원장인 초고속정보화추진위원회가 발족했다.

체신부는 각처 1급으로 구성하는 실무위원회는 주무부처인 체신부 차관이 맡고자 했으나, 이도 경제기획원과 상공부 등의 반대로 좌절됐다. 관계부처 장관회의에서 이 문제를 논의했으나 실무위원장은 기획원 차관이 맡는 것으로 결론이 났다. 다만 초고속정보통신망 사업계획을 수립하고 추진할 기획단은 체신부에 설치키로 했다. 우여곡절 끝에 추진체계를 둘러싼 부처 간 논란은 이렇게 일단락됐다.

초고속정보통신망구축기획단 구성과 출범

▌인생만 역전(逆轉)이 있는 게 아니다. 산업에도 역전이 있다.

초고속정보통신망 구축은 한국의 산업 역전을 불러온 한 동인(動因)이었다. 산업화에서 뒤진 한국의 면모를 정보화로 일신(日新)한 것이다.

1994년 5월 30일 초고속정보화추진위원회가 발족하자 체신부는 범정부 조직인 초고속정보통신망구축기획단 구성에 역점을 두었다. 국무총리실과 총무처 등을 뛰어다니며 인력과 예산 지원 등에 대한 협의를 진행했다.

기획단 구성 실무를 담당했던 김인식 체신부 정보망과장(한국정보인증사 사장 역임, 현 한국스마트TV산업협회 부회장)의 증언.

"국무총리실과 총무처를 다니며 업무 협의를 했습니다. 당시 국무총리실의 이기호 행정조정관(노동부 장관, 청와대경제수석 역임)과 변재일 산업심의관(정통부 차관 역임, 현 국회의원) 등을 만나 사업계획을 설명하고 협조를 구했습니다. 이 조정관은 초고속정보통신망 계획을 설명하자 금세 관심을 보이더군요. 윗분이 관심을 가질 만한 정책이라고 판단한 것 같았어요. 그 자리에서 '알았다. 국무총리에게 보고하겠다'고 말했습니다. 그로 인해 이회창 총리가 이 사업에 남다른 관심을 갖게 됐다고 들었습니다."

이와 관련한 작은 에피소드 하나.

이 총리 주재로 열린 1994년 4월 14일 초고속정보통신망 구축회의와 관련한 언론 보도가 기대에 못미치자 이 총리가 못내 아쉬움을 표시했다는 것이다. 이에 따라 총리실 관계자가 이튿날 기자실로 내려와 보충 설명을 했다. 당시 언론은 회의 내용이 체신부 발표 내용을 재탕한 것이 아니냐며 평가절하했던 것이다.

총리실 관계자는 "총리는 미래 정보사회에 대비한 이 정책에 지대한 관심을 갖고 앞으로 이 사업을 주도적으로 이끌어 가겠다는 의지가 강하다."며 "체신부가 앞서 발표한 안은 시안이고, 이번 총리주재 회의는 관계부처 장관회의를 통해 세부 계획을 확정한 것"이라고 배경을 설명했다. 이 총리가 이 정책에 상당한 관심을 가지고 있음을 보여 준 일이었다.

김 과장은 총무처와도 수 차례 기획단 인력과 조직에 관해 협의했다.

김 과장의 이어지는 증언.

"인력과 관련해 총무처는 무척 까다롭습니다. 그런 총무처가 이 일에는 아주 호의적이었습니다. 국가정보화를 하기 위해 기획단 조직이 필요하다고 설명했더니 실무자인 인사과 이성렬 과장(소청심사위원장, 대한지적공사 사장 역임)이 적극적으로 지원해 주었습니다."

김영삼 대통령은 1994년 7월 2일 충북 청원군 경부고속전철 중부

사무소 및 공사현장을 방문하고 현지에서 신경제회의를 주재했다. 이 자리에 윤동윤 체신부 장관(현 한국IT리더스포럼 회장)과 박성득 정보통신정책실장(정보통신부 차관 역임, 현 한국해킹보안협회장)이 참석했다. 체신부는 김 대통령에게 3월에 이어 초고속정보통신망 구축에 대한 사업계획을 재차 보고했다.

박 실장의 기억.

"보고할 내용은 브리핑 차트로 만들어 갔어요. 다섯 장 분량의 내용인데 사업 총괄 개요를 보고했습니다."

윤 장관은 7월에 국무총리가 위원장인 초고속정보화추진위원회에 초고속정보통신망구축기획단 설치 운영안을 제출했다. 이 안에 따르면 기획단은 초고속정보통신망 구축과 운용을 관장하며, 인력은 관련부처와 정부기관 등에서 파견받기로 했다. 기획단 부단장 이하 구성원은 초고속정보통신망 구축 관련업무에 전념하고, 인사나 복무규정은 공무원 복무규정을 준용키로 결정했다.

이런 방침은 1994년 7월 5일 경제기획원 회의실에서 열린 초고속정보화추진위원회 1차 실무위원회에서 확정됐다. 실무위원장은 한이헌 경제기획원 차관(청와대 경제수석, 15대 국회의원, 기술신용보증기금 이사장 역임, 현 한국디지털미디어고 교장)이었다.

기획단은 단장과 부단장 각 1명과, 기획총괄반, 국가망계획반, 공중망계획반, 기술개발반, 망운영반, 기술지원반의 6개 반 49명으로 구성키로 했다. 이 중 25명은 경제기획원과 상공부, 과학기술처, 총무처, 공보처 등 7개 부처에서 파견하는 인원으로 충원키로 했다. 나머지는 한국통신(현 KT)과 데이콤, 한국이동통신(현 SKT), 한국전산원

(현 한국정보사회연구원), 한국전자통신연구소(현 ETRI), 통신정책연구소(현 정보통신정책연구원) 등에서 전문인력을 선발했다.

구축단 반별 업무도 확정했다. 기획총괄반은 망 구축계획 총괄 및 종합 심사분석·평가, 관련 법령 및 제도 검토, 수요조사 및 공공 부문 신규서비스 개발·지원, 민간 부문의 관련 서비스 개발 촉진 및 지원 업무를 맡기로 했다. 국가망계획반은 국가망 구축의 단계별·연차별 세부 추진계획 수립, 소요재원 조달방안 수립, 연도별 예산계획안 편성 및 확보, 공공전산망(국가기간전산망 등) 수용계획 수립과 추진 업무를 맡았다. 공중망계획반은 공중망 구축 추진계획 심의조정, 국가망과의 연계 추진방안 수립, 공중망 민간투자 촉진제도 수립(세제·금융 등), 사업자별 망 구축 진도 관리를 담당키로 했다. 기술개발반은 망 관련 기술개발 기본계획 수립, 국내외 기술개발 동향 조사분석, 기술개발기관 간 협력·지원, 연구개발 업무를 지원키로 했다. 망운용반은 선도시험망 구축 운용, 시험망을 이용한 기술개발 과제 선정·지원, 정보화시범지역 구축사업 추진, 시범사업 구축 개발 등 관련업무, 전산망 간 연동 운영기술 개발, 망 보안성·안전성·신뢰성 대책을 수립키로 했다. 기술지원반은 초고속망 관련제품의 표준화 추진, 시험·인증 등을 위한 기술기준·규격·표준 등 제정, 핵심기술의 국제협력방안 지원, 개발된 기술의 관리 및 이용촉진 업무를 담당했다.

부처별 전담반은 산업발전(상공자원부), 방송산업(공보처), 연구개발(과학기술처), 정보인력(교육부), 문화·영상산업(문화체육부), 지방행정(내무부), 국방(국방부), 의료·복지(보건사회부), 교통·물류(교통부) 등으로 나눴다.

이 후 초고속정보통신망 구축과 관련한 각 부처 협조는 물 흐르듯 순조롭게 진행됐다. 경제기획원은 당장 예산부터 증액시켜 주었다.

예산 관계로 경제기획원을 뛰어다녔던 김인수 사무관(현 국가인권위 고위공무원)의 말.

"당시 경제기획원 예산담당이 남준현 사무관이었습니다. 체신부 업무와 관련해 적극적으로 도와주었습니다. 그런데 사람 일이란 참 알 수 없더군요. 그가 나중에 정보통신부로 왔어요. 지금은 제주체신청장으로 근무하고 있습니다."

정부는 7월 11일 초고속정보통신망구축기획단장에 박성득 정보통신정책실장을 겸임 발령하고, 기획단 부단장에 천조운 체신부 국장(정보통신부 전파방송관리국장, 중앙전파관리소장 역임, 작고)을 임명했다. 관련 부처도 기획단 인력에 대한 인사발령을 냈다.

기획단 기획총괄반장은 노준형 경제기획원 서기관(정보통신부 장관 역임), 국가망계획반장은 체신부 이계순 서기관(서울체신청장 역임. 현 우체국예금보험지원단 이사장), 공중망계획반은 체신부 차양신 서기관(방통위 이용자보호국장 역임, 현 한국전파진흥협회 부회장), 기술개발반장은 한국전자연구소 김용준 박사(책임연구원), 망운용반장은 한국통신 전인성 박사(현 KT GSS부문장), 산업화지원반장은 최갑홍 서기관(산자부 기술표준원장 역임, 현 한국표준협회장) 등이었다.

이 중 기획단에 파견 나왔다가 해당 부처로 복귀하지 않고 정보통신부로 자리를 옮겨 승승장구한 사람이 노준형 기획총괄반장이다. 그는 행시 21회로 공직생활을 시작해 경제기획원 투자기관1과장을 거쳐 기획단에서 파견근무를 하다 1995년 5월 정보통신부 정보망과 장으로 자리를 옮겼다. 이 후 기획총괄과장, 국제협력관, 전파방송관 리국장, 정보통신정책국장, 기획관리실장, 차관을 거쳐 정보통신부 장관까지 역임했다. 이후 서울과학기술대학교 총장으로 재직했다.

그의 회고.

"1년간 미국 연수를 끝내고 보직대기 중인데 어느 날 안병우 정책 조정국장(예산청장, 충주대 총장 역임)이 불러서 갔더니 '체신부에 미래 기구가 발족하는데 파견을 나갔으면 좋겠다'고 하더군요. 그래서 '알 겠습니다'하고 파견을 나갔어요."

그 후 기획단에서 그의 기획력과 탁월한 업무능력을 높이 평가한 정홍식 기획단장(정보통신부 차관 역임)과 천조운 부단장 권유로 이듬 해인 1995년 5월 정보통신부 정보망과장으로 변신해 제2의 공직 길 을 걸었다.

노 과장의 회고.

"정 실장과 천 부단장이 '정통부에서 새로운 일을 하는 것도 좋다' 며 복귀를 만류했습니다. 그래서 '열심히 하면 되겠 다'는 생각으로 정통부에 남기로 했지요." 결과적으 로 그의 정통부 선택은 탁 월했다. 청운의 꿈을 달성 했기 때문이다.

김영삼 대통령은 1994

1994년 7월 19일 김영삼 대통령이 청와대에서 상반기 국정 평가 보고회의를 주재하기에 앞서 이영덕 국무총리(오른쪽 2번 째), 정재석 부총리 겸 경제기획원 장관(오른쪽) 등 전 국무위원 들과 국민의례를 하고 있다.

년 7월 19일 오전 청와대에서 상반기 국정평가 보고회의를 주재했다. 이날 윤동윤 장관은 초고속정보통신망 운용에 관해 보고했다. 윤 장관은 "초고속정보통신망 구축을 위해 망 구축, 재원조달, 응용서비스 및 기술개발, 민간투자 촉진방안 등 종합추진계획을 11월까지 수립하겠다."고 보고했다. 윤 장관은 "미래 정보사회의 모습을 앞당겨 국민에게 보여 공감대를 형성하기 위한 정보화시범지역을 연내 확정, 내년부터 시범사업에 착수하겠다."고 밝혔다.

이날 회의 후 청와대 대변인(문화체육부 장관, 정무1장관 역임)이 소개한 김영삼 대통령과 윤동윤 체신부 장관의 대화 내용.

김 대통령 : 초고속정보통신망 구축사업은 어떻게 진행되고 있습니까?

윤 장관 : 국무총리 산하에 범정부 차원의 추진위원회를 만들고, 체신부 내에는 기획단을 설치해 11월까지 종합추진계획을 세우겠습니다.

김 대통령 : 국가적으로 중요한 사업이고 국민생활에 직결되는 것이므로, 체신부 내로 국한하지 말고 범정부적으로 추진하기 바랍니다.

체신부는 10월 24일 초고속망 구축과 관련한 정책 자문과 여론수렴기구로 초고속정보통신망구축자문위원회를 발족했다. 자문위원회는 이날 오후 대한상공회의소에서 첫 회의를 열고 김진현 전 과기처 장관을 위원장으로 선임했다. 위원은 학계와 언론계, 사회단체 인사 등 각계 인사 25명으로 구성했다. 인터넷강국의 꿈은 기획단 출범과 더불어 차츰 무르익기 시작했다.

초고속망 구축
종합추진계획안 발표

▌1994년 11월 10일.

체신부가 드디어 '1초 생활권 구현'을 위한 청사진을 국민 앞에 내놓았다. 초고속망 국가로 가는 최종 설계도이자 안내도였다. 산업화에 뒤진 한국이 국가 차원에서 정보화 퀀텀점프에 시동을 건 것이다.

초고속정보통신망구축기획단(단장 박성득 체신부 정보통신정책실장)은 이날 초고속정보통신 기반구축 종합추진계획안을 발표했다. 기획단 출범 3개월여 만이다.

기획단은 2015년까지 전국에 정보 고속도로를 구축할 계획이라고 밝혔다. 계획안에 따르면 국가정보통신망, 공중정보통신망, 선도시험망, 관련 기술개발, 시범사업과 여건정비의 5개 분야를 3단계로 나눠 초고속정보통신 기반을 구축한다는 것이다.

박성득 기획단장의 회고.

"당시 정보통신 분야의 기초기술은 우리가 선진국에 비해 다소 부족하지만 생산과 응용 분야에서는 선진국과 경쟁을 할 수 있는 수준으로 보고 추진계획안을 수립했습니다. 이 과정에서 수요도 불확실한데 왜 공공자금으로 선행투자를 해야 하느냐는 반론에 부딪히기도 했어요. 이에 사업을 세분화해 공공자금과 민간자본으로 해야 할 부문으로 구분해서 계획을 세웠습니다."

체신부는 당초 이 안을 11월 7일 확정했으나, 공청회 일정 등의 이유로 10일 발표했다.

체신부는 각계 전문가들의 의견을 수렴하고 관계부처 협의를 마친후 11월말까지 초고속정보화추진위원회 의결을 거쳐 확정할 방침이었다. 기획단은 이날 오후 세종문화회관 대강당에서 400여 명이 참석한 가운데 첫 공청회를 열었다.

토론자로 참석한 각계 전문가들은 다양한 응용서비스 개발과 관련 법·제도 정비의 필요성을 강조했다. 이와 함께 초고속망 사업의 성공을 위해서는 대통령이 관심을 갖고 강력히 추진해야 하며, 체신부 산하 초고속망구축기획단을 대통령 직속기구로 격상시켜야 한다는 의견도 제시했다.

토론자들의 당시 발언 요지를 들어 보자.

박한규(연세대 교수) : 망구축기획단과 10개 부처 전담반뿐 아니라 모든 부처가 네트워크화된 협력체제를 구축하고 추진해야 하며 대통령이 관심을 가져야 한다.

김건중(삼성전자 전무) : 초고속망 구축 성공은 민간기업의 적극적인 참여가 관건이다.

이상식(종합유선방송위원회 연구위원) : 위성사업 등 무선과의 연계계획을 보완, 효율성을 높이고 중복투자의 위험을 막아야 한다.

김현진(현영시스템 사장) : 단순한 기술개발 투자보다 연구개발 결과를 인정해 주는 제도가 기업 참여를 유도하는 데 더욱 중요하다.

여인갑(데이터제너럴코리아 사장) : 시범사업은 하나가 아닌 2~3개를 경쟁적으로 선정해서 추진함이 바람직하다.

이달곤(서울대 교수) : 사업의 원활한 추진을 위해 망구축기획단을 SOC(사회간접자본)기획단과 같이 대통령직속기구로 위상을 높여야 하고 정규조직화가 필요하다.

노상국(전자신문 주필) : 현재의 기획단 위상으로는 사업추진에 한계가 있으므로 대통령직속기구화해 각 부처의 업무를 독려하는 입장이 돼야 한다. 민·관협의회 등을 구성해 국민여론을 적극 수렴, 민간의 참여가 요식화되는 것을 예방해야 한다.

체신부의 이런 방침은 미완에 그쳤다. 그 해 12월 4일 김영삼 대통령이 대폭의 정부 조직개편을 단행했기 때문이다. 체신부는 정보통신부로 확대 개편됐다. 개각에서 윤동윤 체신부 장관(현 한국IT리더스포럼 회장)이 물러나고 경상현 체신부 차관이 첫 정보통신부 장관으로 발탁됐다.

이 사업의 실무책임자인 초고속정보통신망구축기획단장도 바뀌었다. 박성득 단장이 정보통신부 기획관리실장(정보통신부 차관 역임, 현 한국해킹보안협회장)으로 자리를 옮기고, 정홍식 정보통신정책실장(정보통신부 차관 역임)이 기획단장을 겸임했다.

그러나 기획단장을 제외한 나머지 인력이나 조직에 대한 변동은 없었다. 천조운 부단장이 구축단 실무를 계속 담당했다.

정부 조직개편과 개각 등으로 그 해 12월은 행정부 분위기가 뒤숭숭했지만 기획단은 흔들림이 없었다. 그들은 초고속정보통신망 구축이 21세기 고도 정보화사회의 핵심기반이라는 확고한 신념을 갖고 오직 일에만 전념했다.

7개 부처와 산하기관 등에서 기획단으로 파견 나와 얼핏 보면 인적 구성이 외인부대처럼 생각할 수 있었다. 하지만 이는 기우에 불과했다. 기획단 구성원들은 끈끈한 동료애로 뭉쳐 일했다.

노준형 기획총괄반장(정보통신부 장관, 서울과학기술대 총장 역임)의 기억.

"기획단장은 정통부 정보통신정책실장이 겸임했습니다. 그래서 기획단 실무는 천조운 부단장이 총괄했습니다. 당시 기획단장이나 부단장이 탁월한 리더십과 문제 해결능력을 발휘했습니다. 일하는 데 문제가 있으면 위에서 이를 다 해결해 줬습니다. 기존 업무라면 부처 파견자들이 본부 간섭으로 마음 고생을 많이 했을 것입니다. 그런데 이 경우는 파견자보다 초고속망 업무를 더 잘 아는 사람이 본부에 없었습니다. 본부에서 간섭을 하고 지침을 내려야 갈등이 생길 텐데 초고속정보통신망 구축사업은 전혀 그렇지 않았습니다. 없는 것을 만들어 가는 상황이어서 본부의 간섭이나 훈수 등이 전혀 없었습니다. 파견 나온 인력들이 당시 그 분야 전문가들이라 간섭할 수가 없었습니다."

노 반장 아래서 기획총괄계장으로 일했던 서홍석 사무관(현 KT대외협력실장)의 말도 그와 일치했다.

"저는 천 부단장이 불러서 기획단에 들어왔습니다. 과거 천 부단장이 장관 비서관 시절 저는 장관 수행비서를 한 적이 있습니다. 구축단에서 좌고우면하지 않고 오직 열심히 일만 했습니다. 각 부처와 산하기관 등에서 파견 나온 사람들이 한 마음처럼 호흡이 척척 맞았습니다. 모두 국가 미래를 내다보며 일했어요. 당시 함께 근무하던 사람들이 파견이 끝난 후에도 모임을 만들어 만나곤 했습니다."

한 해가 막을 내리는 1994년 12월 30일.

김영삼 대통령은 이날 오전 청와대에서 정부 조직개편 후 첫 확대 경제장관회의를 주재했다. 경상현 정보통신부 장관은 이 자리에서 세 가지 현안 업무를 보고했다.

"정보통신부 출범을 계기로 정보산업 육성에 만전을 기하겠습니다. 다음으로 초고속정보통신망 구축과 1995년 5월에 열릴 APEC정보 · 통신장관회의 개최에 만전을 기하겠습니다. 상대적으로 낙후된 소프트웨어 산업을 중점 지원하고, 핵심 통신기술 연구개발을 추진하겠습니다."

1995년 3월 14일 오전.

초고속정보화추진위원회(위원장 이홍구 국무총리)는 이날 회의를 열어 지난해 11월 초고속정보통신망구축기획단이 마련한 초고속정보통신망 구축 종합추진계획을 최종 확정했다. 이에 따라 초고속정보통신망 구축은 국가사업으로 새로운 국면을 맞았다. 이와 관련해 정부는 오는 4월부터 6월까지 부처별로 정보화추진계획을 구체화, 김영삼 대통령에게 보고하기로 했다.

이홍구 국무총리(현 중앙일보 고문)는 "정보화야말로 국가경쟁력을 강화하고 삶의 질을 향상시켜 우리나라를 21세기 세계 중심국가로 진입시키는 데 핵심적 역할을 할 것"이라며 "정보통신부 신설을 계기로 초고속정보통신 기반구축사업이 촉진될 수 있도록 계획 내용을 더욱 구체화하고 보강하라"고 지시했다.

이런 가운데 1995년 5월 29일 서울 신라호텔에서 제1차 APEC(아태경제협력체)정보·통신장관회의가 열렸다. 이 회의는 1994년 11월 인도네시아 보고르에서 열린 APEC정상회의에 참석했던 김영삼 대통령이 제의해 열린 것이었다. APEC 18개 회원국 대표단과 APEC사무국관계자 등 340여 명이 참석했다.

김 대통령은 첫날 오전 회의에 참석, 연설을 통해 한국이 추진하는 초고속정보통신망 구축사업을 소개했다.

김 대통령은 "한국은 초고속정보통신망 구축사업에 2015년까지

1995년 5월 29일 신라호텔에서 열린 'APEC정보·통신장관회의'에 참석한 김영삼 대통령이 환영사를 하고 있다.

모두 600억 달러를 투자할 계획"이라며 "한국은 이 사업추진에 있어 앞선 나라의 경험과 기술을 폭넓게 받아들이고, 아울러 우리의 경험과 기술을 필요로 하는 나라와도 적극 협력해 나갈 것"이라고 말했다.

이 회의는 APII(아시아 · 태평양 지역정보통신 기반) 추진을 위한 서울 선언문을 채택하는 등 많은 성과를 거두었다. APII는 아시아 · 태평양 지역을 하나의 네트워크로 묶어 시간과 공간적 장벽을 허물고 경제 공동체로서의 발전을 이룩하자는 것이 목표였다. 이를 위해 회원국들의 정보통신 기반구조를 확충하고 고도화하며, 국가 간 자유로운 연동을 추진하자는 것이었다.

이 회의를 주재한 경상현 장관의 회고.

"한국이 APII를 제안했습니다. 회의를 통해 아 · 태 정보공동체를 더욱 구체화했습니다. 한국이 첫 번째 회의의 개최국인데다 서울선언문을 채택하는 등 각국 간 협력방안을 심도 있게 논의한 뜻깊은 국제회의였습니다."

서울선언문은 "모든 회원국이 초고속정보통신 기반구축을 위해 가능한 APII의 5대 목표와 10대 원칙에 부합되고 상호 보완될 수 있도록 할 것"이라고 밝혔다.

각국의 정보 · 통신장관이 채택한 5대 목표는 상호 접속되고 연동 가능한 역내 초고속정보통신 기반의 구축 및 확충, 정보통신 기반구조의 발전을 위한 회원 간 기술협력 장려, 자유롭고 효율적인 정보유통의 증진, 인적 자원의 개발 및 교류 강화, APII 발전에 적합한 정책 및 규제환경 조성 장려 등이었다.

각국 대표들은 APII 구축은 아시아 · 태평양 지역의 공동번영을 이

록하고 경제공동체로서의 초석을 다진다는 데 의견을 같이하고 이 회의를 정례화하기로 했다. 이에 따라 2회 회의는 호주에서 개최하기로 합의하고 이틀간의 일정을 끝냈다.

한국은 이에 앞서 5월 24일부터 26일까지 신라호텔에서 각국 고위 관계관회의를 열어 우리가 제의한 APII 목표와 추진 원칙, 세부 행동 계획 등과 정보·통신장관회의에서 채택할 서울선언문과 공동발표문 등에 관해 논의했다. 한국 측 수석대표는 강상훈 정보통신부 정책 심의관(청와대 정보통신비서관·정보통신정책연구원장 역임)이 맡았다.

이 국제회의는 한국이 아·태지역의 정보통신 주도국임을 대내외에 과시하고, 한국의 초고속정보통신망 구축사업을 이들 나라에 널리 알리는 계기가 됐다.

초고속망 구축과 관련한 후일담

▌한국은 그동안 3번의 'IT 퀀텀점프'를 했다.

첫 번째는 TDX 개발이다. 이로 인해 전화 적체를 일거에 해소했고 1가구 1전화시대를 열었다. 두 번째는 CDMA 개발이다. 이는 휴대폰 강국을 실현했다. 세 번째가 초고속정보통신망 구축이다. 이 사업은 1초 생활권 시대를 열었다. TDX 개발에는 오명 체신부 장관(교통·건설부 장관, 과기부 총리, 건국대 총장 역임, 현 웅진에너지폴리실리콘 회장, KAIST 이사장), 두 번과 세 번째는 윤동윤 체신부 장관(현 한국IT리더스 포럼 회장)이 정책 중심에 있었다. 이들 사업의 특징이라면 시작과 끝이 모두 창대(昌大)했다는 점이다.

김영삼 대통령은 초고속정보통신망 구축사업을 이렇게 평가했다.

"문민정부 출범과 함께 초고속정보통신망에 대한 심층 연구와 전문가 의견을 수렴해 1995년 3월 '초고속정보통신 기반구축 종합추진 계획'을 확정한 바 있다. 이 종합계획에는 2015년까지 총 45조여 원을 투입해 '정보 고속도로'를 구축한다는 목표를 설정했다. 이후 계획에 따라 초고속국가망 구축사업이 착실히 진행돼 1997년 말까지 전국 80개 주요 도시를 연결하는 광기간전송망이 완성돼 초고속정보통신망의 골격이 구축됐다."(「김영삼 회고록」에서)

이 사업에 얽힌 후일담(後日談)이 많다.

사업 확정까지는 산고의 아픔에 비유할 정도로 진통의 연속이었다. 부처 서열 14위, 그런 체신부가 초고속정보통신망 구축을 범국가 사업으로 추진하는 일이 말처럼 쉬울 리가 없었다.

윤동윤 체신부 장관은 정통 체신관료로서의 이력과 쌓아온 전문성과 소신, 추진력을 바탕으로 이 일을 성사시켰다. 그는 카리스마와 활력이 넘치면서 소탈함도 겸비해 따르는 사람들이 많다. 각 부처에서 인력을 파견받아 초고속정보통신망 사업의 기획단을 체신부 안에 발

1994년 1월 13일 윤동윤 체신부 장관은 청와대에서 김영삼 대통령에게 "초고속정보통신망 구축사업을 3단계로 나눠 추진하겠다"고 보고했다. 보고에 앞서 국민의례를 하는 박성득 체신부 정보통신정책실장, 이계철 체신부 차관, 김 대통령, 윤동윤 체신부 장관(왼쪽부터).

족한 것이다. 그 과정에 관련부처 장관 간 주도권 다툼이 치열했다. 이회창 국무총리 주재 장관회의에서 격론이 벌어져 회의가 중단되는 사태까지 벌어졌다.

윤 장관의 회고.

"문민정부 출범 후 초고속정보통신망 구축에 관한 논의를 했어요. 당시 미국 클린턴 정부는 엘 고어 부통령 주도로 정보 고속도로 구축을 추진하고 있었어요. 그래서 매주 수요일 오전 10시 장관실에서 윤창번 박사(정보통신정책연구원장, 하나로텔레콤 사장 역임, 현 김앤장법률사무소 고문) 등 전문가들과 미래 과제에 대해 논의했어요. 그 결과 초고속정보통신망을 구축하되 체신부만으로는 안되니 범국가사업으로 추진해야 한다고 판단했습니다."

사업 추진주체를 놓고 부처 간에 격론이 벌어졌다. 초고속정보통신망추진위원장은 국무총리가 맡기로 했다. 체신부는 위원장을 대통령이 맡기를 희망했으나 관철되지 않았다. 다음은 실무위원장이었다. 이 총리는 4월 9일 토요일 오후 국무회의를 소집했다.

그 자리에서 실무위원장을 놓고 정재석 부총리 겸 경제기획원 장관과 윤 장관 간에 팽팽한 격론이 벌어졌다. 정 부총리는 경제기획원 측이 위원장을 맡아야 한다고 주장했다.

윤 장관은 '국무총리실 행정조정실장이 맡아야 한다'고 맞섰다. 국무위원 간에도 찬반이 엇갈렸다. 상공부와 공보처는 정 부총리 주장에 찬성했다. 정치인 출신 장관들은 윤 장관 주장에 동의했다. 윤 장관은 특유의 소신과 배포로 기존 입장에서 한 발도 물러서지 않았다. 1시간 반이나 격론을 벌였지만 결론이 나지 않았다.

이 총리가 결론을 유보하고 회의를 중단시켰다.

그 다음 주 월요일 오전, 이 총리가 윤 장관에게 전화를 했다.

"윤 장관, 오늘 점심을 같이 합시다."

"알겠습니다."

두 사람은 종합청사 내 구내식당의 귀빈식당에서 배석자 없이 만났다.

이 총리가 말문을 열었다.

"초고속정보통신망 구축사업은 범국가적인 일입니다. 전체를 총괄하자면 총리실이 실무위원장을 맡는 것이 타당합니다. 하지만 정 부총리가 저렇게 주장을 하니 윤 장관이 양보를 했으면 합니다."

이 총리가 중재에 나선 것이다.

"정 그러시다면 알겠습니다."

그 대신 각 부처의 인력을 파견받아 초고속망 구축과 운용을 총괄하는 기획단은 체신부 안에 설치하기로 결정했다. 윤 장관은 실리를 선택한 것이었다.

1994년 4월 14일 이 총리 주재의 1차 추진위가 열려 현안을 결정했다.

체신부 고위관계자인 A씨는 "그 당시 윤 장관의 추진력과 인적 네트워크가 없었다면 체신부 안에 기획단 발족은 어려웠을 것"이라고 말했다.

초대 기획단장은 박성득 체신부 정보통신정책실장(정보통신부 차관 역임, 현 한국해킹보안협회장)이 겸임했다. 정보통신부 출범 후에는 정홍식 정보통신정책실장(정보통신부 차관 역임)이 기획단장을 맡았다. 두 사람은 통합의 리더십으로 기획단을 이끌었다. 부단장은 천조운 국장이 계속 맡았다. 1996년 6월 기획단은 정보통신부가 국가정보화를 담당할 정보화기획실를 설치함에 따라 정보화 업무를 기획실로 넘긴다(이 과정은 나중에 상세하게 다루기로 한다.).

기획단에는 7개 부처와 산하기관 등에서 인력이 파견 나왔다. 이들은 휴일도 반납했다. 고단한 업무로 인해 몸져 누운 직원도 있었다. 기획단은 이들 외에도 체신부 인력을 필요에 따라 수시로 불러 일을 시켰다.

기획단장과 부단장 등은 청와대와 국무총리실, 경제기획원 등에 업무 협의를 위해 뛰어다녔다. 한이헌 대통령 경제수석(15대 국회의원, 기술보증기금 이사장 역임, 현 한국디지털미디어고 교장)과 추준석 경제비서관(중소기업청장 역임, 현 동아대 석좌교수)은 이 사업을 적극 지원해 주었다.

국무총리실 강봉균 행정조정실장(정보통신부 장관, 청와대 경제수석, 재경부 장관 역임, 18대 국회의원 역임)과 경제기획원 이석채 차관(정보통신부 장관, 청와대 경제수석 역임, 현 KT 회장) 등과도 업무 협의를 하러 다녔다.

사람 일이란 알 수 없는 법이다. 1995년 12월 개각에서 이석채 경제기획원 차관이 정보통신부 장관으로 발탁됐다. 1996년 8월 이 장관이 대통령 경제수석으로 발령나자 후임으로 강 실장이 정보통신부 장관으로 임명됐다.

노준형 기획총괄반장(정보통신부 장관 역임, 현 서울과학기술대 총장)의 기억.

"제가 단장을 수행하고 가서 업무보고를 하곤 했습니다. 얼마 지나지 않아 그분들이 차례로 정보통신부 장관으로 발탁이 됐습니다. 우연의 일치라고 해야 할까요."

1999년 7월 5일.

일간 신문마다 정보통신부 천조운 이사관의 부음 소식이 실렸다.

1953년생으로 대학 3년 재학 중 1973년 행시 14회에 최연소 합격자의 기록을 남겼다. 체신부 장관 비서관, 총무과장, 통신기획과장, 기획단 부단장, 정보화기반심의관(1996년 7월), 전파방송관리국장(1996년 12월), 중앙전파관리소장(1997년 8월 15일)을 거쳐 1999년 7월 4일 별세했다.

병명은 간암이다. 그를 아는 사람들은 강건한 체질이라고 하긴 어렵지만, 그가 한창 일할 나이에 타계한 것은 감사원 감사로 인한 스트레스 때문이라고 입을 모은다. 초고속정보통신망구축단 실무를 총괄한 그는 감사원 감사를 받으며 각종 초고속망 구축 의혹에 대해 총대를 메고 해명했다. 이로 인해 그는 마음고생을 많이 했다.

감사원은 1996년 7월 5일 정보통신부에 대한 감사에서 초고속국가정보통신망 사업에서 370억 원의 예산 과다계상 등 중대한 과실이 적발됐다고 발표했다. 감사원은 기획단의 핵심 관계자인 천조운 부단장(당시 정보화기반심의관) 등을 징계하라고 정보통신부에 통보했다.

이와 관련한 정보통신부 고위관계자 B씨의 말.

"이권과 관련해 관련 업체에서 감사원에 진정을 한 것으로 알고 있어요. 감사원은 1998년 11월에도 국가정보화 사업에 대한 특별감사를 했어요. 휴일도 없이 미래를 위해 일한 사람이 감사원 감사를 받고, 더욱이 잘못했다며 징계 통보까지 받았다면 그 심정은 말로 표현할 수 없지요."

이보다 앞서 1995년 11월 13일 오후 3시 정보통신부 박창환 부이사관(국제협력기획과장)이 과로로 인한 뇌출혈로 쓰러져 별세했다. 그도 구축단 업무와 관련해 많은 일을 했다고 한다.

이와 관련한 미담(美談) 하나있다.

그가 타계한 후 이건수 동아일렉트론 회장이 유가족 돕기에 나섰다. 고인의 두 아들이 대학을 졸업할 때까지 학비를 전액 부담했다. 당시 중고생이던 두 아들은 국내 명문대학을 졸업했다. 이 중 큰 아들은 사법고시에 합격해 지난 3월 사법연수원에 입소했다. 둘째는 국내 대기업에 취직했다는 것이다. 이 회장은 사법고시에 합격한 큰 아들에게 세상 견문을 넓히라며 올 초 해외 여행도 보내 주었다고 한다.

1995년 5월 노준형 반장이 정보통신부 통신망과장으로 발령이 나자 경제기획원에서 김동연 서기관이 파견 나왔다. 그는 기획단에서 국가계획반장을 맡았다. 정 실장과 천 부단장이 김 반장의 업무 능력을 높이 사 '정통부에 남으라'고 붙잡았으나 그는 경제기획원으로 복귀했다. 그 후 경제기획원에서 정보화담당관과 대통령실 경제금융비서관 등을 거쳐 현재 300조 원이 넘는 국가예산을 다루는 재정부 예산실장을 거쳐 기재부 제2차관으로 일하고 있다.

초고속정보통신망 구축사업에 대한 박성득 초대 기획단장의 회고.

"이 사업은 우리나라 정보통신산업을 한 단계 도약시키는 기폭제가 됐고, 인터넷 성장과 괘를 같이 하면서 한국을 IT 일등국가로 만들어 주었습니다."

정홍식 기획단장의 회고록 증언도 이와 같다.

"이 사업의 성공적인 추진 결과로 한국은 세계 일류 정보통신 인프라 보유국이 됐습니다. 그 인프라를 기반으로 우리 IT산업이 도약해 왔습니다."(한국 IT정책 20년)

이런 노력 끝에 한국은 인터넷강국의 황금기를 누리게 된다. 고속 정보통신망 구축사업은 한국정보화의 젖줄이자 국민 생활혁명의 힘찬 엔진이었다.

정보통신부 첫 성장통, 한국통신 노사분규

▌호사다마(好事多魔)인가, 아니면 ICT성장통(成長痛)인가.

1995년 정보통신부는 새해 벽두부터 ICT강국을 향한 힘찬 발걸음으로 활력이 넘쳤다. 그런 정보통신부 앞길에 메가톤급 지뢰가 터졌다. 한국통신(현 KT)의 노사분규였다. 국가기간통신사업자인 한국통신의 노사분규는 1995년 정국을 발칵 뒤집어 놓았다.

노란 개나리가 동구 밖 언덕길을 화사하게 꾸미는 4월 13일 목요일.

경상현 정보통신부 장관은 외부 일정으로 장관실을 비웠다. 조용하던 장관 비서실 밖 복도가 갑자기 왁자지껄 소란해졌다.

"왜 이렇게 밖이 소란스럽지?"

비서실 직원이 밖을 내다보는 순간 한국통신 노조원들이 장관 비서실로 들이닥쳤다. 유덕상 노조위원장(민주노총 수석부위원장 역임, KT 춘천지사 근무)이 앞장 섰다.

정경원 장관 비서관(우정사업본부장 역임, 현 정보통신산업진흥원장)이 이들을 가로막고 나섰다.

"아니, 이게 무슨 짓입니까? 아무리 노조라지만 이건 심하지 않습니까? 한국통신 사장실에도 이런 식으로 몰려갑니까?"

유 위원장은 장관과의 면담을 요구하며 연좌농성을 시작했다. 이들이 장관실로 몰려 온 것은 이날 오전 정보통신부 직원이 게시판에서 '시외전화 재벌 특혜정책 포기하라'라는 노조의 유인물을 뗐다는 것이 표면적인 이유였다. 노조는 장·차관 출퇴근 시간에 맞춰 농성을 계속했고, 직원들의 출근을 방해했다.

정보통신부와 한국통신은 4월 26일 노조간부 64명을 서울 종로경찰서에 고소했다.

정보통신부 청사 불법점거 농성과 1994년 12월 한국이동통신 주식매각 특별이익금 등 안건을 심의하는 한국통신 이사회장에 천정을 뚫고 침입, 회의를 방해했다는 것이 고소 내용이었다.

1995년 5월 26일, 경상현 정보통신부 장관(오른쪽)과 조백제 한국통신 사장이 한국통신 노조집행부의 성당 내 농성사태와 관련, 명동성당 관계자를 만난 뒤 기자회견을 갖고 있다.

한국통신 노조는 한국통신 민영화와 통신시장 개방 반대, 그리고 공기업에 대한 임금 가이드라인 철폐 등을 요구해 왔다.

한국통신은 5월 16일 장관실 점거와 이사회 방해 등 불법행위를 한 노조간부 64명을 중징계하겠다고 밝혔다.

노사분규에 대한 김영삼 대통령의 입장은 단호했다. 김 대통령은 1995년 1월 9일 정보통신부 새해 업무보고 시 "올해를 불법 노사행위 추방의 해로 정해 엄정한 법질서를 확립하라"고 말하는 등 그동안 기회가 있을 때마다 노사화합과 산업평화를 해치는 불법파업은 절대 용납하지 않겠다고 밝혔다.

김 대통령은 5월 19일 국제언론인회(IPI) 한국위원회 이사진과 오찬을 함께 했다. 김 대통령은 한국통신 사태에 관해 "국가전복 저의가 있지 않고서는 생각할 수 없는 일"이라며 "법을 어기는 행위는 절대로 용납할 수 없다."고 강조했다.

이날 오후 홍재형 부총리 겸 재정경제원 장관(현 민주당 국회부의장)과 경상현 정보통신부 장관, 이형구 노동부 장관(세종대 정보통신대학원장 역임), 박운서 상공부 차관(파워콤 회장 역임) 등 4개 부처는 합동 기자회견을 열어 대국민호소문을 발표했다.

김 대통령은 이날 밤 청와대에서 국무위원과 수석비서관 등과 만찬을 했다. 김 대통령은 식사 도중 한국통신의 노사사태를 TV로 보고 "뭘 했길래 사태가 저렇게 되도록 놔두었느냐"고 경 장관을 질책했다.

경 장관은 이날 밤 10시경 정보통신부로 돌아와 긴급 간부회의를 열었다. 한국통신 사태가 악화되자 우크라이나를 방문 중이던 이계철 정보통신부 차관(현 방송통신위원장)도 예정을 앞당겨 귀국했다.

한국통신 사태는 정부의 강경방침과 노조의 준법투쟁 등 단체행동으로 이어졌다. 1995년 5월 21일 서울경찰청은 한국통신이 업무방해 등 혐의로 고소 · 고발한 한국통신 노조위원장 등 노조간부 64명에 대한 본격적인 수사에 착수했다. 이튿날 노조간부들은 명동성당과 조계사로 피신해 그곳에서 농성을 시작했다.

유 위원장 증언.

"정부가 강경하게 나오니까 별 도리가 없었어요. 노조간부들은 조계사와 명동성당으로 들어가 농성을 시작했지요. 저는 다른 곳으로 피신했습니다."

이 무렵, 청와대는 김수환 추기경(2009년 선종)과의 회동을 극비밀리에 추진했다고 한다.

청와대 관계자 B씨의 설명

"6월초 대통령과 추기경의 청와대 회동을 추진했습니다. 마지막 성사단계에서 천주교 측이 거부했어요. 청와대 회동을 하면 추기경이 공권력 투입을 양해한 것으로 오해받을 수 있다는 것이 거부이유였어요."

경 장관과 조백제 한국통신 사장(명지대학교 연구부총장 역임, 현 서울디지털대학교 총장)은 5월 26일 한국통신 노조간부들이 농성 중인 명동성당과 조계사를 잇따라 방문해 농성자들을 밖으로 내보내 줄 것을 요청했다. 조 사장은 수시로 두 곳을 찾아 협조를 요청했으나 번번히 거절해 해법을 찾지 못했다.

이런 가운데 5월 29일 감사원은 한국통신에 대한 감사 결과를 정보통신부에 통보했다. 감사원은 한국통신이 예산을 부당 전용하고 방만 경영을 했다고 지적했다.

당시 서울 신라호텔에서는 APEC 정보·통신장관회의가 5월 29일부터 이틀간 일정으로 열렸다. 마지막 날인 30일 저녁 모든 일정을 마친 경 장관이 잠시 휴식을 취하고 있는 자리에 조 사장이 들어왔다. 국제회의를 무사히 마친 후여서 홀가분한 마음으로 밤11시 TV뉴스를 시청하는데 감사원 감사결과와 조 사장의 해임 요구 보도가 나왔다. 두 사람은 깜짝 놀랐다. 경 장관도 사전에 이런 내용을 몰랐던 것이다.

이에 대한 조 사장의 회고.

"감사원의 발표는 사실과 달랐습니다. 왜곡 발표였습니다. 방만 경영은 노조 전임자에게 임금을 준 것을 말하는데 저는 취임 후 전임자 수를 80명으로 대폭 줄였습니다. 당시 노조전임자에게 임금을 주지 않은 기업은 한 곳도 없었어요. 감사원이 잘못한 점을 지적했다면 누가 뭐라고 하겠습니까?"

30일 낮, 서울 종로경찰서 이택순 서장(경찰청장 역임)과 중부경찰서 최광현 서장(해양경찰학교장 역임)이 각각 조계사와 명동성당을 방문해 농성 중인 노조간부들의 연행에 협조해 줄 것을 요청했다.

경찰은 6월 6일 오전 8시께 한국통신 노조간부 13명이 농성 중인 서울중구 명동성당과 종로구 견지동 조계사에 경찰병력을 전격 투입해 전원 연행했다.

조 사장의 증언.

"한 달 반 정도 노조 측과 협상을 했어요. 임금협상안도 합의했는데 노조 찬반 투표에서 부결됐어요. 나는 정부에 '공권력 투입은 마지막 수단이 돼야 한다'고 주장했어요."

이날 오후 한국통신 노조는 강제 연행에 반발해 서울 종로2가 탑골공원에서 대규모 집회를 갖기로 했다. 조 사장은 간부들을 긴급 소집했다. 그리고 탑골공원으로 달려갔다. 간부들과 경찰들은 조 사장이 탑골공원에 나타나는 것을 말렸다. 흥분한 노조원들과 물리적 충돌을 우려해서였다.

조 사장의 상황 설명.

"나는 돌멩이를 맞더라도 가야 한다고 판단했어요. 사장이 나서서 사태를 해결해야 한다고 생각했습니다."

그는 노조가 만들어 놓은 연단에 올라가 노조원들을 설득했다. 그리고 30분 만에 노조원들을 해산시켰다. 경찰은 해산하는 노조원들을 연행했다.

정부는 이날 오후 조백제 한국통신 사장을 전격 경질하고 후임에 이준 예비역 육군대장을 임명했다.

이와 관련한 조 사장의 기억.

"오후 3시경 회사로 오는 도중에 경 장관이 전화를 하셨어요. 그런데 뭔가 할 말이 있는 듯하더니 말을 안 해요. 회사로 와서 쉴까 하다가 장관한테 결과를 보고해야겠다고 생각해 장관실로 올라갔더니 서랍에서 팩스로 받은 이력서를 하나 내보였습니다. 후임 사장 이력서라며 경질 사실을 이야기하더군요."

그는 1시간 후인 4시경 퇴임식을 갖고 2년 반 가량 몸담았던 한국통신을 떠났다.

교수 출신으로 정보통신정책연구원장을 거쳐 한국통신 사장에 취임한 그는 한국통신의 대외경쟁력을 높이기 위해 박사급 인력들을 집행 라인에 투입, 민영화의 기틀을 다졌고, 청탁근절을 사장이 앞장서서 실천했다고 한다.

노사관계에 대한 조 사장의 말.

"노사는 각자 자기 역할에 충실해야 합니다. 노조가 경영자 역할을 하려고 하면 안 됩니다. 경영자는 공명정대하고 투명하게 일을 해야 합니다. 설탕은 달아야 하고 소금을 짜야 하는데, 이것을 혼합해 보세요."

후임 이준 사장은 육사 19기로 육군 21사단장과 군수본부장, 1군 사령관 등을 역임했다. 그는 나중에 국방부 장관으로 발탁됐다. 이 사장은 취임 후 6월 12일 기자회견을 열어 노사교섭방침을 밝혔다. 그러나 양측의 입장 차이가 좁혀지지 않자 한국통신 측은 7월 15일 중앙노동위원회에 쟁의중재신청을 냈고, 중노위는 노동쟁의를 중재에 회부키로 했다.

중노위는 7월 28일 임금 5.7% 인상을 내용으로 하는 중재안을 내놓았으나 노조 측이 이를 거부했다. 한국통신 사태는 7월 30일 도피 중인 유 위원장이 부산역 집회를 마친 후 경찰에 자진출두 형식으로 자수했다. 한 고비를 넘긴 것이다.

유 위원장은 당시 고속모뎀이 장착된 486노트북과 휴대폰, 무선호출기를 가지고 다니면서 노조파업을 지휘했다.

유 위원장의 말.

"당시 한국통신은 하이텔이란 PC통신 서비스를 하고 있었어요. 노조원들이 블로그 같은 홈페이지를 구축해 운영했어요. 그곳을 통해 투쟁지침을 내렸습니다."

퇴임한 조 사장은 감사원 조치가 부당해 당시 감사원장을 명예훼손 혐의로 민사소송을 제기했다. 하지만 그는 1년 6개월 후에 소송을 취하했다. 그는 한국통신 사장 퇴직금으로 받은 돈을 변호사 비용으로 전액 사용했다. 그만큼 그는 감사원의 감사 결과를 받아들일 수 없었다. 세월이 지나도 그의 마음속 응어리는 아직도 풀어지지 않았다.

그로부터 15년이 흐른 2010년 KT노사는 첫 무분규 임단협을 체결했다.

KT노동조합은 지난해 민주노총을 탈퇴한 데 이어 지난 3월 5일 서울 서초동 KT올레캠퍼스에서 이석채 회장과 김구현 노조위원장 등이 참석한 가운데 취약계층의 중·고등학생을 대상으로 장학사업을 벌이는 등 신 노동운동('HOST운동')을 전개한다고 밝혔다. 화합과 나눔의 사회적 책임을 실천하겠다는 뜻이었다. 격세지감을 느끼게 하는 대목이다. 이런 진통을 거쳐 한국통신은 민영화의 길을 걸었다.

신규 통신사업자
허가신청 요령 확정

┃ 1995년 12월 14일 목요일.

이날 전국 날씨는 겨울답지 않게 모처럼 낮 기온이 영상을 기록해 포근했다. 도심을 오가는 사람들의 발걸음도 한결 활기차고 가벼웠다.

정보통신부는 이날 황금알을 낳는 거위로 표현한 신규 통신사업자 허가신청 요령을 확정해 발표했다. 통신사업은 미래라는 씨줄과 기술이란 날줄로 형성됐다고 할 수 있다. 그런 만큼 재계의 판도를 바꿀 수도 있는 대형 사업이었다. 삼성과 현대, LG, 대우의 이른바 '빅4' 재벌기업과 중견·중소기업들이 통신사업권을 따기 위해 치열하게 경쟁 중이었다.

정보통신부는 통신시장 개방에 대비해 지난 7월 4일 '선(先) 국내경쟁, 후(後) 국제경쟁'이라는 기본원칙을 정했다. 1998년까지 국내 통신사업자 수를 늘려 국내경쟁 체제를 갖춘 후 외국업체들과 경쟁하겠다는 전략이었다.

정보통신부는 이런 정책기조에 대해 7월 26일 공청회를 열어 각계의 의견을 수렴했다. 이어 8월 10일 통신사업자 허가신청 요령 1차 시안을 발표했다. 정보통신부는 1차 시안에서 8월말 허가신청 요령을 공고하고 12월말까지 신규 통신사업자를 선정하겠다고 밝혔다.

하지만 정보통신부는 9월 7일 이 계획을 수정했다. 12월말까지 허가신청 요령을 공고하고, 사업자 선정은 1996년 상반기까지 마칠 계획이라고 변경한 것이다.

정보통신부가 사업자 선정을 1996년 4월 총선시기 이후로 미룬 것은 너무 서둘다가 특혜시비가 재연되는 것을 감안했기 때문이었다.

경상현 정보통신부 장관도 기자들에게 "내년 4월 실시될 총선에 영향을 주지 않도록 선거가 끝난 5, 6월경 선정 작업을 마칠 가능성이 높다."고 밝혀 이런 점을 부인하지 않았다.

정보통신부는 9월 14일 각계 인사들로 정보통신정책협의회를 구성해 자문을 구했다. 또 전자공청회를 열어 다양한 의견을 폭넓게 수렴했다.

재계는 정보통신부 일거수일투족을 예의 주시했다. 혹시 일정에 변경이 있을까 촉각을 곤두세웠다. 일정이 늦어지면 그만큼 업체의 추가비용 부담이 늘어나기 때문이다.

정보통신부가 허가신청 요령을 발표함에 따라 통신사업 진출을 노리던 업체는 본선 출전 준비를 서둘렀다.

정보통신부는 허가신청 요령안을 발표하기 전 청와대와 사전에 입장을 조율했다.

이계철 차관(현 방송통신위원장)이 한이헌 대통령 경제수석(15대 국회의원, 기술보증기금 이사장 역임, 현 한국디지털미디어고 교장)과 만나 내용에 관해 협의했다. 워낙 사안이 중대해 경상현 장관이 허가신청 요령에 대해 김영삼 대통령에게 직접 보고하는 방안도 논의했다.

이에 대한 경상현 장관의 회고.

"그런 방안을 이 차관이 한 수석과 협의를 했어요. 필요하다면 장관이 대통령에게 직접 보고를 하겠다고 했습니다. 한 수석은 정보통신부 안이 '좋다'면서 자신이 대통령에게 보고하는 것으로 정리를 한 것입니다."

한이헌 경제수석의 말도 경 장관의 회고와 맥락을 같이 했다.

"청와대가 각 행정부 정책에 일일이 관여하는 것이 좋지 않다고 생각했습니다. 지금도 그런 소신에는 변함이 없습니다. 당시 청와대는 각 부처가 열심히 일할 수 있게 지원해 주는 역할에 치중했습니다. 청와대가 부처 일에 일일이 간섭하거나 관여하면 그 부처 장관이 소

1996년 3월 22일 서울 여의도 중소기업회관에서 열린 '중소기업 PCS 컨소시엄 사업설명회 겸 결의대회'에서 중소기업인들이 PCS 사업권 획득에 대한 의지를 다지고 있다.

신껏 정책을 추진할 수 없습니다. 정보통신부 방안에 대해 별 문제가 없다고 판단했고, 더욱이 정통부가 그렇게 결정했다면 그것은 옳은 정책이라고 생각했습니다."

한 수석의 계속된 증언.

"당시 정통부는 경 장관이 직접 김 대통령에게 허가신청 요령에 대해 보고하기를 원했습니다. 저는 굳이 그럴 필요가 없다고 판단해 경 장관이 대통령에게 직접 보고하는 자리를 마련해 주지 않았습니다. 그 후 12월 20일 개각을 단행했는데 경 장관이 포함됐습니다. 그의 경질을 놓고 PCS 기술표준 때문이라는 뒷말이 나돌았습니다. 사실여부를 떠나 정통부 요구처럼 '경 장관이 직접 대통령에게 보고할 자리를 마련해 줄 걸' 하며 아쉽게 생각했습니다. 막상 장관이 경질되는 결과가 나오니까 경 장관한테 참 미안했어요."

정보통신부는 1996년 4월 15일부터 17일까지 전국 및 지역사업별로 허가신청서를 접수한 뒤 6월 중 신규 사업자를 선정한다고 밝혔다.

언론인 출신으로 공보관을 역임한 이성해 정보통신지원국장(정보통신부 기획관리실장, KT인포텍 사장 역임, 현 큐앤에드 회장)이 사업자 신청 요령을 발표했다.

그는 발표 후 기자들과 만나 "투명성과 공정성에 한 점의 의혹도 없도록 사업자를 선정하도록 하겠다."고 강조했다. 그는 1차 심사에서 적격 판정을 받은 2개 이상의 업체가 출연금을 같게 제시했을 경우 추첨방식으로 선정한다는 결정에 대한 일부 부정적인 시각에 대해서도 입장을 밝혔다.

"1단계 심사에서 합격한 업체는 해당 분야의 통신사업을 수행할

능력이 충분하다고 봅니다. 따라서 업체가 제시한 출연금이 같은 경우 추첨으로 사업자를 선정해도 문제가 없을 것입니다."

이 국장은 "사업자 선정방식을 놓고 기존 통신사업자와 신규 참여 희망업체, 전문가들의 의견을 수렴한 결과, 심사를 통해 통신사업자를 선정하고, 이어 출연금액 순으로 결정하되 만약 출연금 액수가 같은 경우 추첨으로 사업자를 선정키로 했다."고 설명했다.

하지만 이 추첨방식이 며칠 후 정보통신부를 뒤흔드는 뇌관이 될 줄이야 그 당시는 어느 누구도 예상하지 못했다(이 이야기는 다음에 상세하게 다룬다.).

정보통신부는 1차 자격심사, 2차 출연금 심사, 3차는 추첨 순서로 사업자를 결정키로 했다. 1996년 6월까지 PCS(개인휴대통신)와 무선데이터통신 분야의 전국사업자 각각 3개, 국제전화 1개를 비롯해 모두 7개 통신사업 분야에서 30개 내외의 신규 사업자를 선정키로 했다.

이규태 기획과장(서울체신청장 역임, 현 한국IT비즈니스진흥협회 부회장)의 회고.

"최종안은 그동안 발표한 시안에 비해 크게 달라진 내용이 없었습니다. 이미 전자공청회 등을 통해 의견수렴을 했고, 미흡한 점을 보완한 상태여서 선정기준이 크게 바뀐 사항은 거의 없었어요. 다만 제안요청서(RFP)에 PCS의 기술방식을 CDMA로 한다는 점을 포함시켰습니다."

정보통신부가 숙고 끝에 확정한 허가신청 요령을 잠시 살펴보자. 재계가 가장 관심을 가진 사항은 기술력과 출연금이었다.

우선 기술력 평가.

정보통신부는 이들 신규 사업자에 대해 기술력 평가에 50%의 비중을 둔 1차 심사에 이어 서비스와 사업구역에 따라 정해진 상·하한선 내에서 일시 출연금을 제시, 최고액순으로 평가하는 2차 심사를 거쳐 결정하기로 했다.

그간 결정되지 않았던 2단계 심사방법 중 2차 정보통신 기술개발 지원계획서(출연금) 심사방식과 관련, 서비스 및 사업구역에 따라 정해진 일시출연금의 상·하한선 범위 내에서 출연금을 제시토록 하고 최고액순으로 선정키로 했다.

정부가 외국의 사례를 검토, 사업개시 후 5년간 시장 누적매출예상액의 일정비율을 산정, 제시한 일시 출연금 상한선은 PCS(1,100억 원), 국제전화(300억 원), 발신휴대전화 전국사업자(190억 원) 등이며, 하한선은 상한선의 50%로 정했다.

그러나 1차 심사에서 적격 판정을 받은 2개 이상의 업체가 출연금을 동일하게 제시했을 경우 추첨방식으로 결정키로 확정했다.

1차 자격심사는 서비스 제공계획, 설비규모, 재정적 능력, 기술개발 실적 및 기술개발 계획, 기술계획 및 기술적 능력, 허가신청법인의 적정성의 6개 사항별로 적격 여부를 평가, 각 사항별로 60점 이상(100점 만점 기준), 전체 평균 70점 이상을 받아야 2차 심사를 받을 수 있도록 했다.

1차 심사 배점은 기술개발 실적 및 기술개발 계획에 30점, 기술계획 및 기술적 능력과 신청법인의 적정성에 각각 20점, 나머지 사항에 각각 10점을 배정, 기술부문의 평가에 50%의 비중을 두고 있다. 한국통신의 경우, 1차 심사를 통과하면 2차 심사는 면제키로 했다.

허가신청 요령은 또 허가대상 분야별 신규 사업자 수를 국제전화 1개(전국), PCS 3개(전국), TRS(주파수 공용통신) 10개(전국 1, 지역 9), CT-2(발신전용 휴대전화) 11개(전국 1, 지역 10), 무선데이터 3개(전국), 무선호출 1개(지역) 등 최대 29개로 정했으며, 전용회선사업은 적격 법인 모두에게 허가하기로 했다.

이와 함께 특정 분야 허가신청법인은 다른 사업 분야와 사업 구역에 중복신청할 수 없도록 하되 5% 미만의 지분참여는 가능토록 했으나, 한국통신에 대해서는 국가기간통신사업의 주도적 사업자로 육성하기 위해 PCS, CT-2 전국사업에 중복신청을 허용키로 했다.

특정사업에 허가신청을 낸 법인의 대주주(동일인 포함) 또는 그 법인에서 실질적으로 경영에 참여하는 구성주주도 다른 허가신청법인의 5% 이상 주주가 될 수 없으며, 같은 분야에 허가신청한 다른 법인의 주식을 소유할 수 없도록 했다.

전기통신회선설비 임대사업의 경우도 초고속정보통신망 구축 촉진을 위해 중복신청을 허용키로 했다. 이에 따라 한전 등 자가통신설비 보유자는 전용회선사업 외에 다른 사업에도 신청이 가능해졌다.

지역사업에는 중소기업 및 중견기업의 참여를 우대, 대규모 기업집단의 참여를 제한키로 했다. 이에 따라 중소기업중앙회는 PCS 사업참여를 위한 컨소시엄을 구성했다. 중소기업중앙회는 12월 16일 총자본금 2,000억 원으로 하는 컨소시엄을 1996년 3월말까지 구성해 4월에 사업허가신청서를 제출할 예정이라고 밝혔다.

허가신청에 필요한 서류는 허가신청서(기존 사업자의 경우 변경허가 신청서), 정보통신 발전을 위한 기술개발지원계획서(출연금), 사업계획서(법인의 기본사항, 영업계획서, 기술계획서, 기술협력, 연구개발, 인력양성 계획서와 요약문) 등이다.

하지만 이 허가신청 요령은 며칠 후 정보통신부 장관이 바뀌면서 통신사업자 선정은 다시 격랑 속으로 빠져들어간다.

대통령을 대노하게 만든
사업자 추첨방식

❚ 1995년 12월 18일.

"한 수석, 이게 무신 일이고. 아니 통신사업자를 또 뽑기로 결정한다는 게 말이 되는기가? 정보통신부가 발표한 신규 통신사업자 선정 기준과 관련해 한 수석은 그 내용을 보고 받았다면서?"

정보통신부가 12월 15일 신규 통신사업자 허가신청 요령을 발표하고 나흘이 지난 월요일 아침 7시경.

한이헌 청와대 경제수석(15대 국회의원, 기술신용보증기금 이사장 역임, 현 한국디지털미디어고 교장)이 출근하자마자 마치 기다리고 있었다는 듯 책상 위의 전화벨이 "따르릉" 울렸다.

김영삼 대통령의 전화였다.

"한 수석입니다."

수화기를 들자 김 대통령 특유의 카랑카랑한 목소리가 들렸다. 다소 흥분한 어조였다.

"도대체 뭐가 우째된 일이고. 국무총리한테 전화해도 잘 모르고."

김 대통령은 일요일자 아침 조선일보 사설 내용을 언급하며 신규 통신사업자 선정기준에 대해 역정을 냈다. 대통령이 집무실이 아닌 관저에서 아침 일찍 이런 전화를 한 것은 극히 드문 일이었다.

한 수석 출근 전에 김 대통령은 이미 여기저기 전화해 사실을 확인하려 한 듯했다. 이미 한바탕 난리를 치른 뒤였다.

"각하, 통신사업자는 정통부가 마련한 선정기준에 따라 그곳에서 공정하게 선정하면 될 일입니다. 사업자 선정에 각하나 경제수석이 관여할 일이 아니라고 판단해 며칠 전에 요약본을 각하께 올렸습니다."

"그래도 그렇지, 무슨 국가 정책을 또 뽑기로 결정한다는 게 말이 나 되는 일인가?"

"각하, 거듭거듭 말씀드리지만 이 일은 청와대가 관여할 사항이 아니라고 생각합니다. 어쨌건 정통부가 선정기준에 따라 가장 유능한 기업을 사업자로 선정할 것입니다. 그 일은 정통부에 맡기면 된다고 봅니다. 동점(同點)이 나오면 당연히 추첨할 수 있습니다. 하지만 동점이 나올 확률은 거의 없습니다."

김 대통령이 한 마디를 덧붙이며 전화를 "찰칵" 끊었다.

"참 경제수석도 문제야."

한이헌은 행시 7회로 경제기획원 경제기획국장을 거쳐 민자당 대표최고위원 시절 김 대통령의 '경제 가정교사' 역할을 하며 김 대통령과 인연을 맺었다. 문민정부 출범 후 공정거래위원장과 경제기획원 차관 등을 거치며 대통령의 신임을 받았다. 이후 청와대 경제수석으로 일하면서 청렴하고 원칙에 충실한 처신으로 한 번도 김 대통령한테 질책을 받아 본 적이 없었다고 한다. 청와대 실세중의 실세로 통했던 한 수석이 이날 김 대통령한테 처음이자 마지막으로 '경제수석도 문제'라는 꾸지람을 들었다고 회고했다.

한 수석은 곧바로 경상현 정보통신부 장관(현 KAIST 겸직교수)에게 전화를 했다.

"사업자 선정에서 동점이 나올 확률이 있습니까?"

"충분히 그럴 수 있습니다."

한 수석은 본의 아니게 대통령에게 거짓말을 한 셈이었다. 그는 기분이 영 찜찜했다고 한다.

"혹시 대통령께서 물으시면 동점이 나오기가 쉽지 않다고 하십시다. 사태를 좀 지켜보기로 하십시다."

그 무렵 청와대 경제수석실은 업무에 관해 나름의 원칙을 가지고 있었다.

한 수석의 증언.

"처음 청와대에 들어오면 모든 일을 다할 수 있을 것이라는 자신감에 넘칩니다. 자칫하면 시행착오를 겪기 쉽습니다. 그래서 경제수석은 정부부처 역할과 청와대 수석 역할에 대해 원칙을 가지고 있어야 합니다. 저는 기본적으로 정책은 부처 장관이 책임지고, 청와대는 부처 간 이견을 조율하거나 대통령의 관심사를 챙기는 역할로 규정했습니다."

그는 신규 통신사업자 선정과 관련해서도 정보통신부보다 내용을 더 잘 아는 사람이 누가 있으랴 싶어 따져 묻지도 않았다고 했다.

청와대 업무처리는 특별한 일이 아니면 경제수석이 대통령에게 대면(對面)보고를 하지 않았다. 대신 요약본을 만들어 대통령 부속실로 넘겼다고 한다. 대통령이 이를 본 후 관심사항이나 지시할 내용이 있으면 추가 지시를 했다는 것이다. 별다른 대통령 지시가 없으면 그대로 각 부처에서 시행했다. 신규 통신사업자 선정 요령도 김 대통령이 읽어본 후 서명해 내려 보냈을 것이라고 한 수석은 회고했다.

경 장관이나 한 수석은 추첨방식에 대해 문제를 제기한 일요일자 조간 J신문의 사설을 읽고 어떤 생각을 했을까.

두 사람의 당시 이야기를 들어보자.

경 장관은 분당 자택에서 일요일 아침에 배달된 조선일보 사설을 읽었다. 그는 사설 논조에 문제가 있다는 생각을 했지만 김 대통령이 화를 내고 나중에 문제가 될 줄은 예상하지 못했다고 한다. 우선 청와대 경제수석실과 사전에 충분히 내용을 협의해 발표했고, 그런 기

1995년 9월 21일 국회 통신과학기술위에 출석한 경상현 정보통신부 장관이 업무보고를 하고 있다.

준에 대해 청와대도 찬성했기 때문이다.

경 장관은 신문 사설을 꼼꼼히 읽어본 후 '유력지 논설위원이 거두절미하고 일부만 가지고 이런 식으로 사설을 써도 되나' 하며 고개를 갸우뚱했다고 한다.

경 장관의 말.

"추첨방식과 관련해서는 정통부 내부는 물론이고 외부 전문가들의 의견을 수렴해 결정했습니다. 경우의 수를 놓고 어떻게 결정하는 것이 가장 객관적이고 공정한가를 고민해 결정했지요. 통신사업자와 전문가들의 의견을 수렴해 내부에서도 수 차례 회의를 했습니다. 신문 사설은 이런 점을 전혀 고려하지 않고 일방적으로 그런 추첨방식은 문제가 있다는 식으로 논리를 전개했어요. '이건 아닌데'라는 생각을 했지요."

한 수석도 일요일 집으로 배달된 문제의 조선일보 사설을 읽었다. 그는 "이건 정책도 아니고 통신사업자 선정기준인데 뭘 이렇게 문제를 삼나?"라고만 생각하고 넘어갔다.

조선일보 사설 내용은 정보통신부가 발표한 신규 통신사업자 추첨방식에 대해 비판적이었다. 사설 제목부터 감성을 자극했다. '통신사업자 또 뽑기'라는 제목이었다. 국가적인 사업을 이른바 '또 뽑기'로 결정한다는 게 말이 되느냐는 논리였다.

사설은 사업자 선정시기를 "1996년 상반기에 추첨으로 선정키로 한 것은 당국의 무사안일성을 잘 말해 준다"고 지적했다. 그러면서 "추첨으로 통신사업자를 선정키로 한 것은 정부의 고유권한을 포기한 것으로 비판받을 수밖에 없으며, 이런 주요 정책을 추첨에 맡겨

말썽이나 피하려는 것은 책임 있는 행정 자세가 아니다"라고 질타했다. 더욱이 "추첨으로 기술력이나 자금력이 떨어지는 업체가 뽑혔을 경우 어떻게 될 것인가. 아울러 사업자 선정도 내년 초로 앞당길 필요가 있다"고 지적했다.

당시 상황에 대한 한 수석의 증언.

"당시 김 대통령은 정치에는 9단이란 말처럼 직접 관여했습니다. 하지만 경제 분야는 별로 관여하지 않았습니다. 부처 장관이 소신을 갖고 이렇게 정책을 추진하겠다고 보고하면 거의 그대로 받아들였습니다. 당연히 야단을 칠 일이 거의 없었습니다. 김 대통령이 통신사업자 선정기준에 대해 이렇게 말씀하시는 것은 의외였습니다."

한 수석은 김 대통령이 유독 통신사업자 선정, 그 중에서 PCS사업자 선정방식과 관련해 이렇게 역정을 내는 데는 배후가 있다고 판단했다. 누군가 김 대통령에게 선정방식에 대해 '문제가 많다'는 식으로 보고했다고 생각했다.

일요일 아침 조선일보 사설을 보고 그날 청와대에서 김 대통령에게 추첨방식으로 사업자를 선정하면 문제가 많다는 식으로 말할 수 있는 사람은 누굴까. 경제 문제에 대해 경제수석을 거치지 않고 대통령에게 직보할 사람은 누구인가. 그것은 비선라인밖에 없었다.

한 수석은 보고채널이 김 대통령의 차남 현철 씨라고 추정했다. 그가 아니면 일요일 청와대에 들어가 김 대통령에게 그런 말을 할 사람이 없었다. 현철 씨에게 그런 내용을 대통령에게 말하도록 부추긴 측은 누구일까. 언론에 그런 식으로 사설을 신도록 배경을 제공한 곳은 어디인가.

한 수석의 설명.

"추첨방식을 적용할 경우 사업자 선정에서 불리한 기업이 언론을 움직여 문제를 제기했을 것입니다. 현철 씨와 가깝게 지낸 L그룹이 언론을 부추겨 그런 사설을 쓰도록 했고, 그 사설을 지렛대로 삼아 현철 씨가 김 대통령에게 문제가 많다는 식으로 보고를 했다고 봐요."

정보통신부는 처음에 미국처럼 주파수 경매제를 생각했다. 그러나 이 안은 자금이 풍부한 재벌들에 절대 유리했다. 이 경우 '돈 놓고 돈 먹기'라는 특혜시비에 휘말릴 가능성이 높았다. 삼성이나 LG, 현대, 대우의 이른바 '빅4'뿐만 아니라 중견기업들조차 황금알을 낳는다는 통신사업에 출연금을 아낄 리 없었다.

정보통신부는 고심 끝에 통신사업자와 각계 전문가 의견을 수렴해 결정한 안이 1차 서류심사, 2차 출연금 비교, 3차 추첨방식으로 사업자를 선정키로 결정한 것이다.

경 장관의 설명.

"통신사업에 진출하려는 대기업들은 기술력이나 자금력은 충분했어요. 이런 기업들을 심사할 경우 그 점수 차이는 0.1 혹은 0.2점에 불과합니다. 그렇다고 출연금 액수대로 선정하면 사업권을 재벌한테 주는 꼴입니다. 그래서 최고금액을 정해 놓고 그 범위에 들면 추첨하는 것이 객관적이고 공정하다고 판단했습니다."

하지만 가장 객관적이고 공정하다고 확정한 통신사업자 선정기준에 대해 김 대통령이 대노(大怒)했다. 이에 앞서 경 장관은 10월초 한 승수 대통령 비서실장이 "PCS 기술표준 방식과 관련해 CDMA 방식을 단일표준으로 하지 말고 복수표준으로 하는 것이 국익에 도움이 된다."며 '복수 허용'을 요구했으나 "그것은 받아들이기 어렵다."며 거부했다.

이런 상황에서 신규 통신사업자 추첨방식이 논란이 된 것이다. 예나 지금이나 대통령이 청와대에서 '기침'을 한번 하면 해당 부처는 감기에 걸리는 법이다. 이런 것이 며칠 후 정보통신부 장관 경질의 한 동인이 됐다.

초대 정보통신부 장관
교체 막후

1995년 12월 15일 오후.

해마다 연말이면 각 부처의 안테나는 청와대로 쏠린다. 개각 때문이다.

윤여준 청와대 대변인(환경부 장관, 16대 국회의원 역임, 현 한국지방발전연구원 이사장)이 기자실로 내려왔다.

"김영삼 대통령은 이홍구 국무총리(현 중앙일보 고문)를 경질하고 후임 총리에 이수성 서울대 총장(새마을운동중앙회장 역임)을 내정했습니다."

김 대통령은 이 총리내정자에 대한 임명동의안을 이날 국회에 제출했다. 국회는 18일 오후 2시 본회의를 열어 임명동의안을 처리키로 했다. 총리 경질은 개각의 전주곡이었다. 김 대통령은 국회동의가 끝나는 대로 이 총리를 정식 임명하고, 그와 개각에 따른 후임 인선을 협의해 개각을 단행할 예정이라고 밝혔다.

김 대통령은 발표에 앞서 이수성 서울대 총장을 청와대로 불러 오찬을 함께 하면서 총리직을 제안했으나, 이 총장은 총리직을 고사했다. 하지만 거듭된 김 대통령의 설득에 생각을 바꿔 15일 오전 총리직을 수락했다.

이 총리내정자도 기자들에게 "김 대통령으로부터 제의를 받고 고민을 많이 했다. 하지만 나 하나 희생해 국가에 조금이라도 도움이 된다면 피할 수 없는 일이라고 생각해 수락했다."고 밝혔다.

일인지하(一人之下) 만인지상(萬人之上). 그런 자리인 국무총리를 놓고 고사한 것도 퍽 드문 일이었다. 장관 자리에도 목을 매 개각 철이면 청와대 전화를 기다리는 인물들이 얼마나 많은 세상인가.

국회는 18일 오후 본회의를 열어 국무총리 동의안을 표결에 부쳤다. 그 결과 재석 246명 중 찬성 206표로 가결됐다. 청와대는 곧장 이 총리와 협의해 개각을 한다는 구상이었다. 그러나 이런 계획은 노태우 전 대통령 비자금 사건 공판이 이날 열림에 따라 연기됐다.

12월 20일 오전.

김 대통령은 조각(組閣) 수준의 개각을 단행했다. 부총리와 장관 등 22명 가운데 절반인 11명을 교체했다. 경상현 정보통신부 장관(현 KAIST 겸직교수)을 경질하고 후임에 이석채 재정경제원 차관(대통령 경제수석 역임, 현 KT 회장)을 기용했다. 이와 함께 청와대 비서실도 개편했다. 비서실장에 김광일 전 의원을 기용하고, 박관용 비서실장(국회의장 역임)을 정치특보로 임명했다. 한이헌 경제수석(15대 국회의원, 기술신용보증기금 이사장 역임, 현 한국디지털미디어고 교장)도 바뀌었다. 경제수석에는 구본영 과기처 차관(과기처 장관 역임, 작고)을 임명했다.

정보통신부 장관 교체의 막전막후를 알아보자.

경 장관은 언제 장관 교체를 통보받았는가.

그는 개각 발표 하루 전 장관 집무실에서 경질을 통보받았다고 했다. 이미 개각에 앞서 장관들은 청와대에 일괄사표를 제출해 놓은 터였다. 한승수 비서실장(국무총리 역임, 현 김앤장 고문)이 장관실로 전화를 해 왔다. 당시 대화 내용을 재현해 보자.

"정통부 장관입니다."

"한 실장입니다. 대통령께서 그동안 수고 많으셨다는 말씀을 경 장관께 전해 달라고 하셨습니다. 고맙다는 말씀도 함께 하셨습니다."

"네, 잘 알겠습니다."

경 장관의 회고.

"개각 며칠 전 국무총리가 경질됐습니다. 개각 철이면 장관은 언제나 떠날 마음의 준비를 합니다. 저도 예외가 아니었습니다. 경질통보

1996년 1월 11일 이수성 국무총리가 1995년 말 개각으로 물러난 총리 등 국무위원 7명을 서울 삼청동 총리공관으로 초청, 재임기념패를 전달했다. 왼쪽부터 김중위 전 환경부 장관, 최인기 전 농림수산부 장관, 김영구 전 정무1 장관, 경상현 전 정보통신부 장관, 이 국무총리, 이홍구 전 국무총리, 홍재형 전 경제부총리, 김용태 전 내무부 장관, 이성호 전 보건복지부 장관, 김기재 전 총무처 장관.

를 받고 보니 초대 정통부 장관으로 1년여를 일했고, 큰 과오 없이 물러나게 돼 퍽 다행이었습니다.”

초대 정보통신부 장관으로 임명돼 1년여를 재임한 그는 20일 오후 1시 30분 정보통신부 회의실에서 이임식을 갖고 간부들의 환송박수를 받으며 정보통신부를 떠났다.

당시 정보통신부 내부에서는 신규 통신사업자 선정업무를 총괄해온 경 장관이 유임되기를 기대했다고 한다.

과학자로 ICT강국 건설에 헌신한 경 장관은 퇴임 후 가족과 함께 동해안에서 일주일 가량 쉬었다가 한국전산원(현 한국정보화진흥원)의 초빙 연구위원으로 일했다. 이어 고려대(석좌교수)와 KAIST에서 후학들을 지도했다. 현재도 KAIST에서 ICT 인재양성에 열정을 쏟고 있다.

학교에서 그의 호칭은 다양했다. 어떤 사람은 정보통신부 장관을 지낸 경력을 들어 “장관”이라고 불렀다. 일부 교수나 학생들은 “교수”라고 불렀다. 그는 어떤 이름으로 부르건 별로 개의치 않았다. 후학들에게도 존댓말을 사용했다.

그는 “김재익 박사(대통령 경제수석 역임, 작고)를 만난 것이 한국 정보통신 혁명의 거대한 물결에 몸을 맡기는 기회가 될 줄은 정말 몰랐다.”며 인연의 소중함을 강조했다.

개각에서 가장 유력한 정보통신부 장관 후보로 꼽힌 사람은 누구일까?

청와대에서 0순위는 한이헌 경제수석이었다. 그 무렵, 김 대통령이 한승수 대통령 비서실장에게 “한 수석이 그동안 고생을 많이 했으니 정보통신부 장관으로 임명하는 게 어떻겠느냐”고 말했다고 한다. 이에 따라 한 실장이 한 수석에게 "정통부 장관으로 갈 생각이 없느냐"
며 입각 의사를 타진했다는 것이다.

한 수석도 "그런 일이 있었다. 내가 정통부 장관 후보 0순위였다."
고 확인했다.

한 수석의 증언.

"저는 그 당시 국회로 진출할 생각을 갖고 있었습니다. 새로운 일
에 도전해 보고 싶었습니다. 그래서 김 대통령에게 부산지역의 국회
의원 공천을 달라고 말씀드렸습니다."

그가 김 대통령의 신임을 받게 된 것은 개혁성과 업무 추진력, 그
리고 청렴성 때문이었다.

삼성과 LG, 현대, 대우의 빅4가 PCS사업권에 눈독을 들였지만 청
와대 경제수석실에는 전화나 만남을 통한 청탁이 전혀 없었다고 했
다. 심지어 한 수석과 잘 아는 김 대통령의 차남 현철 씨조차 한 번도
그에게 청탁을 하지 않았다고 했다. 그한테는 원칙만이 통했다.

청와대 안팎에 퍼진 그와 관련한 일화 하나.

그가 청와대 경제수석으로 임명된 지 얼마 후 집으로 H그룹에서
술 선물을 보냈다. 짐작컨대 뭉치 돈을 술병 밑에 넣은 듯했다.

한 수석은 이튿날 아침 아내를 시켜 그룹 사장실로 선물을 돌려 주
도록 했다. 그의 아내는 오전 10시경 그 회사 안내 데스크를 찾아 사
장면회를 신청했으나 "없다."며 기다리게 했다. 오후 3시까지 기다렸
으나 같은 대답이 돌아왔다. 기다리다 지쳐 도리 없이 신분을 밝혔다.
"청와대 한 경제수석의 아내인데 선물을 돌려 주러 왔다."고 했다.

그랬더니 외출 중이라던 사장이 헐레벌떡 뛰어 내려왔다. 또 O그

룹이 모 백화점에 가게를 한 칸 주겠다고 했으나 이도 물리쳤다.

세상에 비밀은 없는 법. 발 없는 말이 천 리 가는 것처럼 이런 소문이 업계에 퍼지자 청탁이나 뇌물을 주는 사람이 없었다.

김 대통령과 관련한 한 수석의 기억.

"김 대통령은 취임 후 정치자금은 한 푼도 받지 않겠다고 선언했어요. 추석이라고 해도 떡값 아니라 찻값도 받지 않겠다고 공언했습니다. 삼성자동차 허가 무렵이었습니다. 김 대통령은 이건희 삼성그룹 회장에 대해 격한 감정을 나타냈습니다. 부산시민들이 김 대통령을 찍어 대통령에 당선시켰는데 부산경제를 살리겠다는 삼성에 자동차 사업을 허가하지 않는다는 여론 때문이었습니다. 삼성이 배후에서 부산시민을 선동해 나쁜 여론을 조성했다는 것이었습니다."

김 대통령의 직접 표현을 빌리면 "한 수석, 이건희, 나쁜 사람이야. 부산시민을 선동했어. 대통령을 만들어 주었더니 부산경제를 살려주지 않는다는 식으로 여론을 부채질했으니 말이야."

한 수석은 이에 대해 "각하, 그렇긴 합니다만 재벌이라면 그런 것 아닙니까. 부산시민을 동원해 삼성이 자동차 사업에 참여할 수 있도록 전략을 세우면 됩니다."

"무슨 방법이 있는 기가?"

"각하, 삼성그룹이 돈 많이 버는 것 못마땅해할 것 없습니다. 삼성이 돈 많이 벌어 정보통신을 비롯한 첨단사업에 투자할 것 아닙니까? 그대신 내부에서 구조조정을 하면 자동차 사업을 허가하는 게 좋지 않겠습니까?"

"그게 되겠나?"

"제가 이 회장을 만나 구조조정을 하도록 하겠습니다."

한 수석은 곧장 이 회장과 연락해 2시간 후 서울 롯데호텔에서 만나기로 약속했다.

본관 대통령 집무실에서 이야기를 끝내고 경제수석실로 내려오자 금세 김 대통령이 전화를 했다.

"어이 한 수석, 삼성에서 설탕, 구두표 한 장도 받으면 안 된다."

"각하, 염려하지 마십시오."

롯데호텔을 향해 집무실을 나서려는데 다시 김 대통령이 전화를 했다.

"한 수석, 다시 말하지만 절대 구두표 한 장이라도 받지 마라, 알겠나?"

"알겠습니다."

한 수석의 청렴함을 잘 아는 김 대통령이지만 혹시나 해 두 번씩이나 전화를 걸어 당부했다.

한 수석은 이 회장을 만나 5시간 가량 극비 대화를 나눴다. 삼성이 구조조정을 하면 정부가 자동차 사업을 허가하도록 지원하겠다고 말한 후 헤어졌다.

한 수석은 그후 1996년 4월 김 대통령의 배려로 부산 북·강서을 선거구에서 출마해 15대 국회의원이 됐다.

김 대통령은 한 수석에게 후임 경제수석을 추천해 보라고 말했다.

"한 수석, 후임은 누가 좋겠노?"

"예, 이석채 재경원 차관이 가장 적임자입니다. 그밖에 없습니다."

"그래, 알았다."

한 수석은 이석채 재정경제원 차관에게 전화를 걸어 그런 사실을 은밀히 귀띔해 줬다. 두 사람은 친구이자 고시동기로 각별한 사이였다.

그로부터 2시간 후 이 인사안은 뒤집어졌다.

경제수석으로 기용될 것이 확실하던 이석채 차관이 정보통신부 장관으로 발탁된 것이다. 이 장관은 정보통신부 장관을 거쳐 1996년 8월 장관급 경제수석으로 청와대에 입성한다. 그래서 인사는 최종 뚜껑을 열어보기 전까지는 귀신도 모른다고 했다.

정보통신부 새 수장은
이석채 장관

▮ 1995년 12월 21일.

세월의 시침(時針)은 멈추지 않아 어느덧 세밑을 맞았다.

영하의 날씨 속에 검은색 승용차들이 청와대 본관 앞으로 줄지어 들어왔다. 이수성 국무총리와 신임 국무위원들이었다. 차에서 내리는 신임 장관들의 얼굴에는 긴장한 표정이 역력했다.

오전 9시 청와대 본관 2층 회의실.

김영삼 대통령은 나웅배 경제부총리(현 전경련 기업윤리위원장)를 비롯한 새 각료들에게 임명장을 주었다. 이어 전 국무위원과 청와대 수석비서관들이 참석한 가운데 집현실에서 확대 국무회의를 주재했다. 김 대통령은 이 자리에서 "변화와 개혁, 세계화에 초점을 맞춰 시대적 소명에 충실하며, 역사적 평가를 두려워하는 내각이 돼 달라"고 당부했다.

김 대통령은 회의가 끝나자 청와대 본관 앞 계단에서 새 각료들과 환한 표정으로 기념촬영을 했다.

1995년 12월 21일 김영삼 대통령이 이수성 총리 등 신임 각료들과 함께 청와대 본관 앞에서 기념촬영을 하고 있다.

이석채 정보통신부 장관은 청와대 일정을 끝내고 오전 10시께 정보통신부 청사에 도착했다.

이계철 정보통신부 차관(현 방송통신위원장) 등 간부들의 영접을 받은 이 장관은 곧장 22층 장관실로 올라가 박성득 기획관리실장(정보통신부 차관 역임, 현 한국해킹보안협회장), 정홍식 정보통신정책실장(정보통신부 차관 역임)으로부터 간단한 업무 브리핑을 받았다.

이 장관은 11시 강당에서 전 직원이 참석한 가운데 취임식을 갖고 공식 업무를 시작했다.

정보통신부 새 수장으로 등장한 이석채 장관.

그는 해박한 지식과 치밀한 논리를 갖춘 최고의 엘리트로 정통 경제관료 출신이다. 여기에 주인형 기질을 갖춘 관료였다. 경북 성주 출신인 그는 어려서부터 활달하고 적극적인 성격이었다. 리더십과 보스기질이 있어 일찍부터 두각을 드러냈다. 서울대 상대 학생회장을 지냈고 수석으로 졸업했다.

1969년 행정고시 7회로 공직에 입문, 경제기획원에서 공무원 생활을 시작했다. 고시 동기들의 면면도 화려하다. 동기 4명이 앞서거니 뒤서거니 하며 청와대 경제수석을 역임했다. 문민정부에서 한이헌 전 청와대 경제수석(15대 국회의원, 기술보증기금 이사장 역임, 현 한국디지털미디어고 교장)과 이 장관이, 국민의 정부에서 강봉균 재정경제부 장관(정보통신부 장관, 청와대 경제수석, 국회의원 역임), 이기호 전 노동부 장관 등이 앞서거니 뒤서거니 하며 경제수석으로 일했다.

학구열이 강한 이 장관은 공무원 시절 미 보스턴대에 유학, 경제학 박사학위를 받았다.

그의 업무처리 능력은 탁월했다. 경제기획원 사무관 시절부터 그가 기안한 서류는 중간에 한 자의 첨삭 없이 그대로 장관에게 올라갔다. 그리고 얼마 후 정책으로 그 모습을 드러낼 정도로 출중한 능력을 인정받았다. 과장 시절 뛰어난 기획력과 브리핑 능력으로 전두환 전 대통령에게 발탁돼 대통령비서실 경제비서관을 지내며 '장관급 과장'이라는 소리까지 들었다고 한다. 노태우 전 대통령 시절인 1989년 대통령비서실 사회간접자본투자기획단 부단장을 1년여 맡았다. 청와대에서 경제비서관으로 근무하며 5, 6공의 경제정책 수립에 깊이 관여했다. 그는 자신이 옳다고 생각하는 바는 거침없이 추진한 소신파였다.

그와 각별한 사이인 한이헌 전 청와대 경제수석은 이 장관의 특장(特長)에 대해 이렇게 말했다.

"그는 우리가 갖지 못한 몇 가지 특출한 장점이 있다. 우선 그는 아는 것이 많다. 동서고금을 넘나든다. 달변에다 치밀한 논리까지 구비했다. 누구한테도 논리에 밀리지 않는다. 그는 청렴하다. 부정한 돈을 절대 먹지 않는다. 정통부 장관 시절 PCS사업자 선정과 관련해 업체로부터 뇌물을 받았다고 해 기소됐으나 결국 무죄판결을 받았다. 그를 아는 사람은 그가 돈을 받았다고 믿지 않았다. 의리(義理)를 중시해 한 번 인연을 맺으면 변하지 않는다. 지인들의 상가(喪家)에 가면 소주잔을 기울이는 이석채를 항상 볼 수 있다."

그는 1992년 4월 국가 예산을 총괄하는 경제기획원 예산실장으로 임명됐다. 이 시절, 그는 예산 관련 법령을 고쳐 재정개혁을 주도하기 위해 외로운 싸움을 많이 했다고 한다. 청와대를 비롯해 정치권의 예산편성과 관련한 외압이나 청탁을 일체 배제했다. 상대가 누구든 부당한 예산편성 요구에는 이를 물리쳤다. 그러다 보니 사방에 미운털이 박혔다. 그래도 소신을 굽히지 않았다.

그 무렵, 그는 예산편성을 놓고 정치권과 수없이 부딪쳤다.

그의 회고.

"예산과 관련해 청와대나 각 부처에서 저를 별로 좋아하지 않았습니다. 예산실장하면 대한민국에서 부탁이라는 부탁은 다 받습니다. 그런 부탁을 다 들어 주면 국가재정은 파탄이 납니다. 그러다 보니 본의 아니게 악역을 맡아 악명을 떨치게 됐어요."

하지만 해박한 지식과 논리적인 언변을 구비한 그를 아무도 압도하지 못했다고 한다.

그가 정부 예산편성 방식을 개선해야겠다고 결심한 것은 김종인 청와대 경제수석(보사부 장관 역임)의 부탁으로 사회간접자본투자기획단 부단장을 맡았을 때였다.

그의 증언.

"그 당시 보니까 예산을 필요나 우선순위에 따라 배분하는 것이 아니라 그냥 안배하는 것이었습니다. 개선할 점이 너무 많았어요. 이건 아니라고 생각했습니다. 예산을 안배하는 방식을 과감하게 개선키로 했습니다. 예산은 선택의 예술입니다."

그는 사회간접자본 투자를 위한 목적세로 교통세를 신설했다. 그로 인해 당시 지자체장과 국회의원 등이 들고 일어나 그와 엄청난 논쟁을 벌였다. 그 시절 그가 가장 많이 듣던 말이 "당신은 나중에 조광조처럼 될 것"이라는 독설이었다.

그는 5년간 한시법으로 운영하던 사법시설특별회계법도 폐지시켰다. 이 법은 법원과 검찰 등 사법기관의 청사 신축과 수리를 위해 한시적으로 만든 법이었다. 그가 이 법안 폐지를 주장하자, 이를 놓고 정부 내에서 한바탕 난리가 났다. 모 법관은 성명서를 발표했고, 검찰은 시위를 할 정도였다. 대법원과 대검찰청 등에서 최각규 부총리(강원도지사 역임, 현 현진그룹 경영고문)에게 압력을 넣어 최 부총리조차 "이 문제는 국무총리와 협의해 처리할 문제"라고 말했다. 그는 최 부총리에게 말했다.

"제가 책임지고 처리하겠습니다."

결국 이 법은 1994년 폐지됐다. 그는 꼭 필요한 사업이 아니면 신규사업에 예산을 단돈 1원도 편성하지 않았다. 특히 정치적 타협을 거부했다.

그가 예산편성에 관한 소신을 굽히지 않자, 그를 아끼는 한 선배가 그에게 충고를 했다.

"당신은 공무원 자격이 없다. 왜냐하면 공무원은 주어진 일만 충실히 하면 된다. 그러나 당신은 그게 아니다. 마치 나라 주인처럼 행동하고 있다. 그렇게 하려면 공무원을 그만두고 정치를 해라."

이 장관도 이런 점을 인정했다. 그는 농담으로 "그동안 관료생활을 해온 것도 참 신기할 정도"라고 말했다.

정치권은 선거를 앞두고 표를 의식한 선심성 사업을 벌이기 마련이다. 당시도 그랬다. 고속전철과 영종도로 건설비가 500억 원인데, 이를 대도시 지하철 건설비로 돌리면 표가 500만 표 늘어난다고 했다. 여당인 민자당조차 예산전용과 선심성 성격의 팽창예산을 주장했다. 그는 "절대 그렇게 할 수 없다. 국가 위기상황이 아닌 이상 절대 안된다."고 딱 잘라 거절했다.

그랬더니 고등학교 선배인 김덕룡 정무1장관(현 민화협 대표상임의장, 대통령 사회통합특보)이 제안을 했다.

"이 실장이 신한국당 의원총회에 와서 예산편성에 대한 이야기를 좀 하세요. 시간은 25분이요."

그는 정치인들도 예산이라는 국가 재정을 알아야 책임정치를 잘할 수 있다고 판단했다.

그는 흔쾌히 민자당 의원총회에 참석해 예산편성 방향에 대해 정확히 25분간 설명했다. 그리고 팽창예산의 불가함에 대한 합의를 이끌어냈다. 예산실장이 집권 여당 의원총회에 가서 25분간 강연하고 의원들의 예산증액 요구를 일거에 잠재웠다. 초유의 일이었다.

그 이듬해 그는 야당인 민주당 의원총회에도 가서 정부의 재정정책 방향에 대해 설명했다. 여기서 김대중(15대 대통령, 작고), 이기택(현 민주평화통일자문회의 수석부의장) 등 야당 지도자들이 참석한 가운데 야당 의원들과 정부의 예산편성 방침을 놓고 날선 공방을 벌였다. 그는 여기서도 한 치도 물러서지 않았다. 오히려 민주당의 재정방향 오류를 조목조목 지적했다. 그리고 상대가 공감할 수 있는 이론으로 설득시켰다. 이 일도 한국 야당사(史)에서 처음 있는 일이었다.

이 장관의 증언.

"그 당시는 제가 객기(客氣)를 부렸어요. 하지만 그렇게 한 덕분에 예산편성의 원칙을 지킬 수가 있었어요. 그리고 건전 재정을 달성했어요. 당시 야당의 반발이 컸습니다. 예산실장 할 때 야당이 손봐야 할 대상 1순위로 찍혔어요."

그래서인가 훗날 그는 정권이 바뀌자 정보통신부 장관 시절 추진한 PCS사업허가와 관련한 일로 옥고(獄苦)를 치렀고, 와신상담의 세월을 보내야 했다.

그는 예산실장을 거쳐 농림부 차관으로 발탁됐다. 당시로서는 의외의 인사였다. 당시 이경식 경제부총리(한국은행 총재 역임)가 그에게 이렇게 말했다.

"국무위원이 제일 싫어하고 무서워하는 사람이 누군지 아나? 바로 당신이야. 당신이 얼마나 권력을 남용하는지 아나? 그렇긴 해도 지금은 당신 같은 사람이 행정부에 꼭 필요해."

이 부총리는 그의 어깨를 두드리며 격려했다고 한다.

농수산부 차관 시절에는 농어촌 발전대책의 기틀을 마련했다는 평을 들었다. 그는 정치력도 구비했다. 1994년 우루과이라운드 쌀 협상을 맡았고, 재정경제원 차관으로 재임하던 1995년에는 중국 베이징에서 열린 쌀 협상에 정부대표로 참석해 막후협상을 마무리했다. 딱딱한 분위기를 폭탄주로 녹였다는 일화가 있다.

일에 관해 '주인형'인 이 장관의 등장은 정보통신부에 변화라는 새 바람을 예고하고 있었다.

"가지려면
먼저 버려라"

▎1995년 12월 21일 오전 11시.

정보통신부 대회의실에서 이석채 장관 취임식이 진행됐다. 직원들의 시선을 한 몸에 받으며 단장에 오른 이 장관은 취임사를 낭독했다. 장관 취임사에 귀를 기울이던 직원들은 이내 깜짝 놀랐다. 이 장관의 취임사는 내용이나 형식 면에서 파격적이었다. 과거 장관들과는 영 딴판이었다.

이 장관은 정보통신부에서 미리 준비했던 취임사를 읽지 않았다. 그 대신 자신이 직접 메모한 내용을 꺼내 취임사로 대신했다. 이 장관이 강조한 핵심은 '변화'였다. 경제부처로 거듭 나라는 주문이었다.

이 장관은 "정보통신 정책도 이제는 전체 거시경제의 테두리 안에서 수립해야 한다."면서 "정보통신부가 이제는 집행부서에서 정책부서로 변해야 한다."고 강조했다.

이 장관은 막힘이 없었다. 그는 "한국경제가 일류 경제가 되려면 많은 통신기업들이 생겨나고 성장해야 한다. 이를 위해 각종 행정규

이석채 장관이 1995년 12월 21일 정보통신부에서 취임사를 하고 있다. 이 장관은 취임사를 통해 "가지려면 먼저 버릴 것"을 강조했다.

제를 완화해 나가겠다."며 "정보화는 세계적인 추세로 국내 통신시장의 개방 확대와 통신산업의 국제화를 적극 추진해 나갈 방침"이라고 밝혔다.

장관의 이런 발언은 소극적이고 배타적인 업무 스타일에서 벗어나라는 발상의 전환을 요구한 것이었다.

12월 20일 오후 경제기획원 차관실로 취임사를 준비해 이 장관을 방문했던 서영길 정보통신부 공보관(TU미디어 사장, 현 세계경영연구원장)의 기억.

"이 장관은 큰 그림을 그리고 핵심을 파악하는 능력이 대단했습니다. 개각 발표 후 저와 박승규 총무과장(한국인터넷진흥원장 역임, 현 정보통신기능대학장)이 취임식과 관련해 경제기획원 차관실로 이 장관을 방문했습니다. 취임사는 공보관실 업무여서 준비해 간 취임사를 이 장관에게 드렸습니다. 내용을 쭉 읽어 보더니 '내가 따로 생각한 게 있다'면서 취임사를 따로 정리하셨습니다. 내심 얼마나 당황했는지 모릅니다. 과거 장관들은 부내 사정이나 정책의 균형을 생각해 내부에서 만든 취임사를 그대로 읽었거든요. 나중에 정통부 산하 전 기관 직원들에게 보내는 회보에는 이 장관께서 하신 말씀에다 처음 정통부에서 만든 취임사를 가필해 내려 보냈습니다."

이 장관은 취임식이 끝나자 상견례를 겸해 출입기자들과도 만났다.

그는 기자들에게 "정보통신 정책은 국민을 상대하는 것이므로 정책의 일관성을 유지하는 것이 매우 중요하다."며 "정보통신산업에 대한 각종 규제를 대폭 완화하겠다."고 다짐했다.

어떤 일이건 지나고 보면 당연하고 자연스러운 일일지라도 사고와 발상의 전환을 통해 새롭게 태어난다는 것은 말처럼 쉬운 일은 아니었다. 당시 정보통신부가 이 경우에 속했다.

이 장관의 증언.

"문민정부가 체신부를 정보통신부로 확대 개편한 것은 미래에 대비해 제도나 관행을 바꾸라는 주문이었습니다. 하지만 그 당시 정통부는 정책부서로서 아직 준비가 덜 돼 있었습니다. 통신업체 관리에 치중했지 정보화 시대를 맞아 실제 무엇을 어떻게 할지에 대해 심각하게 고민하지 않았습니다. 직원들도 정통부를 경제부처로 생각하지 않았어요. 누에고치처럼 둘러싸여 교육도 자기들끼리 받았습니다. 그래서 과장급 이상은 무조건 경제공부를 하라고 지시했습니다. 경제 관련 서적을 사 주기도 했습니다. 앞으로는 행정직 외에 재경직도 뽑겠다고 선언했습니다."

정보통신부가 국가경제 전반에 미치는 시각을 가질 경우 정보통신 정책의 질과 내용이 더 알찰 것이라는 것이 이 장관의 생각이었다.

이 장관은 직원들에게 기회 있을 때마다 '경제 마인드'를 갖도록 강조했다. 월례조회에서도 "정통부는 본격적인 경제부처 기능을 강화하고 거듭 나야 한다."는 점을 당부했다.

이 장관은 정통 경제관료 출신답게 폭넓은 시각에서 정보통신 정책에 접근했다고 한다.

경제관료로서 그의 정책에 대한 접근 시각과 방식은 당시 정보통신부 직원들에게는 충격이었다. 기존 정책 틀을 완전히 벗어나는 접근방식이었기 때문이다.

이 장관의 말.

"직원들에게 공급 측면만 보지 말고 수요 측면을 보라고 강조했습니다. 수요가 생겨야 정보통신산업이 발전하는 것 아닙니까. 수요를 발생시키는 일도 정책입니다."

이런 정책접근이 나중에 정보통신부가 ICT를 기반으로 한국경제 성장을 주도하는 미래부처로 자리 매김하는 원동력으로 작용했다고 한다.

이 장관은 내부 인사에도 변화를 가져왔다. 행정적 사무관 일색에서 벗어나 외부에서 인력을 충원했다. 그는 승진하는 직원은 체신공무원이 아닌 중앙공무원교육원에서 교육을 받도록 했다. 아울러 가능한한 해외에 많은 인력을 내보내고자 했다.

다시 이 장관의 발언이다.

"세계로 눈을 돌리라고 강조했어요. 우리 식이나 우리들 눈만으로는 세계 정상에 설 수 없지 않습니까. 지피지기 백전불태(知彼知己 百戰不殆)라는 말도 있잖아요."

이 장관은 취임과 동시에 정보통신부를 정책부서로 격상시키고자 노력했다.

이 장관은 두 가지 정책숙제를 안고 취임했다. 다름아닌 청와대의 '오더(지시)'였다. 하나는 신규 통신사업자를 선정할 때 추첨제는 안된다는 것이었다. 또 하나는 PCS기술표준으로 CDMA방식을 고집하지 말라는 것이었다. 모두 신규 통신사업자 허가와 관련한 청와대의 '오더'였다.

이 장관의 증언.

"청와대가 그런 오더를 한 것은 사실입니다. 신규 통신사업자 선정에서 추첨제는 절대 안된다고 했습니다. 그런 방식은 정통부가 스스로 정부이기를 포기한 것이라고 했습니다. 저도 같은 생각이었습니다. 다음은 PCS기술표준으로 CDMA방식을 고집하지 말라는 것이었습니다. 이 두 가지를 제외한 나머지 정책은 당신이 알아서 하라고 했습니다."

이 장관에게 그런 오더를 전한 사람은 한승수 대통령 비서실장(국무총리 역임, 현 김앤장 고문)이었다. 이런 오더는 곧 대통령의 뜻이기도 했다. 대통령 비서실장이란 대통령의 대리인이며 대통령의 복심(腹心)인 까닭이다.

변화와 경제 마인드를 강조한 이 장관의 정책 행보에 관련 업계는 비상한 관심을 기울였다. 과거 장관들은 정통 체신관료나 아니면 과학자, 정치인 출신이어서 대략적인 정책 구도를 어느 정도 짐작할 수 있었다. 하지만 이 장관은 경제관료인 데다 취임 초기부터 변화를 앞장서서 주문해 그의 정책 변화를 예측하기가 관련 업계로서는 쉽지 않았다.

한 해를 역사 속에 묻고 1996년 새해를 맞았다. 새해는 문민정부에게 정치적으로 몇 가지 중요한 일정이 잡혀 있었다.

우선 4월에 15대 총선을 앞두고 있었다. 여야 가릴 것 없이 정치권의 관심은 온통 공천작업에 쏠려 있었다.

그 해 4월 총선에 청와대 고위인사 3명이 국회로 진출했다. 한승수 비서실장과 한이헌 경제수석, 홍인길 총무수석 등이 신한국당 공천을 받아 15대 금배지를 달았다.

김영삼 대통령은 1월 1일 '세계 일류국가 건설의 꿈을 나누며'라는 제목의 신년사를 발표했다. 김 대통령은 "일류국가 건설을 위해 새 출발을 하자"며 "경제발전을 가속화하여 국민 여러분이 편안하고 풍요로운 삶을 누릴 수 있도록 하겠다."고 다짐했다.

김 대통령은 1월 5일 오전 과천 정부 제2청사에서 첫 경제장관회의를 주재했다. 나웅배 경제부총리 겸 재정경제원 장관을 비롯한 경제부처 장관, 이경식 한국은행 총재(경제부총리 역임)와 청와대 수석비서관 등이 참석했다.

김 대통령은 이날 "자금난과 인력난을 겪고 있는 중소기업 보호와 육성을 위해 중소기업 정책을 총괄하는 중소기업청 신설을 적극 검토하라"고 지시했다.

김 대통령은 "경제팀은 삶의 질을 높이는 복지증진에 신경을 써 달라"며 "만약 부처 이기주의로 정책결정이 표류하거나 지연되는 일은 절대 용납하지 않겠다."고 강조했다.

1996년 1월 8일 월요일.

정보통신부는 1996년도 주요 업무계획을 발표했다. 지난 5일 경제장관회의에서 이석채 장관이 김영삼 대통령에게 보고한 내용이었다.

이 장관은 대통령에게 신규 통신사업자 선정과 관련해 "공정한 심사기준을 마련해 최대한 엄격하게 심사하여 추첨에 의해 사업자가 선정되는 일이 없도록 하겠다."고 보고했다.

이는 투명성과 공정성을 위해 그동안 정보통신부가 확정했던 동점일 경우 사업자를 추첨으로 선정하겠다는 기존 방침을 바꾸겠다는 의미였다.

정보통신부가 이날 발표한 1996년 주요 업무는 범국가적인 정보화 기반구축 추진, 초고속정보통신 사업의 본격 추진, 정보산업의 전략적 육성, 통신사업의 경쟁체제 정착, 방송 관련 산업의 육성지원, 우편 서비스의 품질 향상, 정보통신기술의 고도화, 국제협력 활동의 강화, 전파환경 개선 및 이용질서 확립, 이용자의 편익 증진 등이었다.

이 가운데 업계의 관심은 통신사업의 경쟁체제 정착에 집중됐다. 1996년 상반기에 허가하기로 한 7개 분야 신규 통신사업자와 관련한 내용이었기 때문이다.

정보통신부는 공정하고 투명한 절차로 능력 있는 사업자를 선정하고, 대기업 중복신청을 제한해 다수기업의 참여를 유도하겠다고 말했다. 또 지역사업에는 중소기업 및 중견기업만 참여토록 하고, 1997년까지 전면적인 국내경쟁 체제를 구축키로 했다.

정보통신부는 신규 통신사업자 선정을 추첨하지 않고 서류심사로 선정키로 했다. 이런 정책변경이 훗날 이 장관이나 정보통신부에 두고두고 벗을 수 없는 멍에로 작용할 줄은 그 당시 아무도 몰랐다.

이 장관의 결단,
CDMA 위기를 넘다

"죽느냐 사느냐, 그것이 문제로다."

그 유명한 햄릿의 독백이다. 미래기술에도 이런 독백 대입이 가능하다. "추진이냐, 중단이냐" 찰나의 선택이 나중에 기업이나 국가의 흥망성쇠를 좌우하는 마스터 키가 될 수 있다.

CDMA, 한국의 ICT사(史)에서 퀀텀점프를 하게 만든 3대 핵심기술이지만, 세계 최초 상용화까지는 고비가 많았다. 당시 CDMA 기술을 도입하고 국책사업으로 상용화를 추진한 것은 탁월한 정책 결정이었다. CDMA 상용화는 한국식 미래기술 개발 모델이었다.

CDMA 단일표준화까지는 찬반양론이 날카롭게 대립했다. 정치권의 문제 제기와 기업 간 이해갈등이 첨예하게 맞섰다. 미국 측의 무역압력까지 극복해야 했다. 그 후에도 고비는 파도처럼 다시 몰려왔다. 이런 고비를 넘기고 CDMA는 신화 창조의 주역이 됐다.

이석채 정보통신부 장관이 취임하자, 당시 업계에는 이런저런 이야기가 나돌았다.

소문은 크게 두 가지였다. 하나는 경복고 인맥으로 김 대통령의 차남 현철(전 여의도연구소 부소장) 씨와 가까운 이 장관이 청와대에서 CDMA 단일화를 못하게 하라는 지시를 받았다는 것이었다. 다른 하나는 현철 씨와 친분이 있는 코오롱그룹 이웅렬 부회장이 신세기통신 2대주주인 점을 이용해 칼라힐스와 호흡을 맞춰 TDMA 방식 허용을 정부에 강력히 요구했다는 내용이었다.

이 장관은 청와대에서 "CDMA를 고집하지 말라"는 오더(지시)를 받았다는 사실을 당시에 한 번도 입밖에 꺼낸 적이 없다. 그런데도 발 없는 말이 천 리를 간다는 옛 속담처럼 도화지에 뿌린 물감처럼 확 펴졌다.

양승택 전 정보통신부 장관(한국전자통신연구소장, 동명대 총장 역임, 현 IST컨소시엄 대표)은 그의 회고록 「끝없는 일신(日新)」에서 이렇게 밝혔다.

"경상현 장관은 CDMA를 PCS 표준으로 공표한 것으로 인해 경질되고 이석채 장관이 부임했다. 이 장관이 청와대로부터 받은 임무는 CDMA를 죽이라는 것이었다고 한다. 경 장관이 정한 800MHz대의 이동통신 표준이 이미 CDMA로 결정된 뒤의 결정인데, 청와대의 사태 파악이 얼마나 현실을 모르는 것인지 이로써 짐작할 수 있었다."

이 장관은 곧바로 CDMA 해법 찾기에 나섰다. 청와대의 오더가 있었으니 단시간 내 상황을 파악해 결론을 내는 것이 최상의 방안이었다. 그는 일을 미루거나 피하는 스타일이 아니었다.

이 장관은 각계 전문가 등 10여 명을 만나 이들의 의견을 들었다.

그 무렵 한국통신학회장으로 이 장관에게 CDMA 개발을 적극 주장했던 박한규 연세대 교수(현 연세대 명예교수)의 기억.

"1월 3일 신년인사차 이 장관을 회장단과 같이 정통부로 방문했어요. 당초 면담시간이 5분간이었으나 FPLMTS(Future Public Land Mobile Telecommunication System)와 CDMA 개발에 대한 이야기를 하면서 1시간 40분으로 늘어났습니다. 점심도 건너뛰었어요. 저는 CDMA 상용화를 강력히 주장했습니다. 기술성이나 경제성 면에서 우수해 성공할 수 있다고 강조했습니다. 이 장관께서는 주로 듣기만 했습니다. 주요 내용을 일일이 메모하시더군요. 그 후에도 10여 명의 소장학자들과 같이 이 장관을 만난 적이 있습니다."

CDMA 기술에 대한 지식이나 연구경험이 없는 이 장관은 결론을 내리기가 쉽지 않았다.

당시 상황에 대한 이 장관의 설명.

"각계 인사를 만나 대화를 나눴지만 결론을 내리지 못했습니다. CDMA 개발은 당시로선 불확실성에 대한 도전이었습니다. 그런데 해법의 아이디어를 칼라힐스가 한승수 청와대 비서실장(국무총리 역임, 현 김앤장 고문)에게 보낸 편지를 보고 찾았습니다. 칼라힐스는 편지에서 한국이 명백히 한국이동통신(현 SKT)를 봐주기 위한 조치라고 주장했어요. 신세기통신에 대한 정부조치가 불공정하다는 것이었습니다. 문득 칼라힐스의 요구를 허용했을 때와 CDMA를 그대로 추진했을 때의 경우가 생각난 것입니다."

이 장관은 두 가지에 대해 기술적 판단보다는 모든 경우의 상황을 설정하고 가설을 세우는 리스크관리 접근법을 적용했다. 여기에 정치적 논리를 가미했다.

이 장관의 계속된 증언.

"리스크관리 접근법을 적용했습니다. 만약 CDMA 상용화 실패가 두려워 이를 포기했다고 가정해 봅시다. 정통부가 그런 식으로 정책을 변경하는 순간 사방에서 문제를 제기할 것입니다. 처음 CDMA 기술을 도입한 사람들과 상용화를 확신하는 연구진, 정치인, 그리고 다수 침묵자들이 온통 들고 일어날 것입니다. 그들은 정통부를 건너뛰어 청와대를 공격할 것입니다. 그건 명약관화합니다. 정부가 1,000여억 원을 투입했고, 국책사업으로 세계 최초 상용화를 추진 중인 CDMA 사업을 중도에 포기하는 일은 어떤 이유에서건 용납할 수 없다고 공격하면 정통부 장관이 그만둔다고 해결될 일이 아닙니다. 대통령과 정권 차원의 문제로 비화할 것입니다."

그 반대 경우에 대한 이 장관의 말.

"현행대로 CDMA 상용화를 추진하는 경우입니다. 만에 하나 상용화에 실패했다고 가정했습니다. 미국이 문제를 제기했다고 하면 청와대는 정책실패에 대한 책임을 정통부 장관에게 물으면 될 일입니다. 결론은 명료했습니다. 최상의 수(手)는 상용화에 성공하는 것입니다. 이런저런 문제는 구름 걷히듯 해소될 것입니다. 상용화에 실패한다고 해도 실패라고 할 수 없습니다. 국내 연구진이 축적한 첨단기술력이 있고, 계속 개발하다 보면 다소 늦긴 해도 상용화에 성공할 것입니다. 결론은 CMDA 상용화는 그대로 추진해야 한다는 것입니다. 성공하면 대통령과 정권의 업적이고, 실패하면 정통부 장관이 책임지면 된다고 판단했습니다."

결론을 내린 이 장관은 망설이지 않았다. 곧장 청와대 비서실에 대통령과 독대를 신청했다.

1월 중순 어느날.

이 장관은 청와대 본관 2층 대통령 집무실로 들어섰다. 대통령 집무실은 교실만큼 넓었다.

이 장관의 기억.

"김 대통령이 저만큼 떨어져 혼자 앉아 계셨습니다. 그래서 '각하, 가까이 가서 보고드리겠습니다' 하고 책상 앞으로 다가갔어요."

그는 CDMA 문제에 관해 자신이 내린 결론을 김 대통령에게 보고했다.

"각하, 걱정하시는 CDMA 문제를 검토한 결과 현행대로 추진하는 게 옳다고 판단합니다. 정부가 선택할 수 있는 방안은 두 가지 중 하나입니다. 하나는 CDMA 상용화를 추진하는 것입니다. CDMA가 성공하면 이는 세계 최초입니다. 이 일은 각하와 문민정부의 큰 업적입니다. 또 다른 하나는 신세기통신과 미국 측의 요구대로 TDMA를 복수로 허용하는 것입니다. 이렇게 하면 그동안 1,000억 원을 투입해 개발해 온 CDMA는 사장(死藏)될 수 있습니다. CDMA를 포기하면 정통부 장관이 사표를 낸다고 해결될 사안이 아닙니다. 정권 차원의 문제로 비화해 각하에게 화가 미칠 수 있습니다. 따라서 CDMA는 현행대로 추진하는 게 좋겠습니다. 실패하면 장관인 제가 책임을 지겠습니다."

이 장관의 보고를 듣던 김 대통령이 잠시 생각하다가 그 자리에서 결론를 내렸다.

"좋소, 이 장관 소신대로 하시오. 대신 문제가 발생하지 않도록 해요."

대통령의 그 말 한 마디로 CDMA를 고집하지 말라는 청와대의 오더가 없던 일이 되고 말았다. 한국의 CDMA가 세계 ICT 역사를 새로 쓰게 하는 마지막 고비를 넘는 순간이었다.

만약 이 장관이 이런 논리로 김 대통령을 설득해 결심을 얻지 못했다면 한국은 ICT강국의 기치를 내걸지도 못했을지 모른다. CDMA 상용화는 한국 이동통신산업의 획기적인 도약을 가져왔다. 한국은 그 여세를 몰아 ICT강국의 반열에 올랐고, ICT사에 또 한 번의 퀀텀점프를 기록한 것이다.

숨 막히는 이런 정책반전이 있었는지를 당시 정보통신부 실무진들은 전혀 몰랐다. 워낙 민감한 사안이어서 이 장관이 홀로 '외로운 결단'을 내렸던 것이다.

정보통신부 전직 고위관계자의 증언.

"그 당시 상황에서 이 장관이 기존 CDMA 정책을 뒤집기란 거의 불가능했어요. 이미 정통부가 CDMA를 PCS 접속방식의 단일표준으로 결정했고, 정부가 국책사업으로 몇 년간 1,000억 원을 투입해 상용화를 추진 중이었습니다. 그것을 어떻게 쉽게 바꿀 수 있겠습니까? 그런 현실을 파악한 이 장관이 특유의 논리로 김 대통령을 설득했다고 봅니다. 여기에 정홍식 정보통신정책실장(정보통신부 차관 역임)이 중간 역할을 했습니다. 그는 청와대에서 10년간 ICT정책을 다뤄 정책결정의 메커니즘을 누구보다 잘 알고 있었습니다. 복수표준을 선택할 경우 이미 개발한 CDMA 기술마저도 사장될 수 있다고 말했을 겁니다."

김창곤 정보통신부 기술심의관(정보통신부 차관 역임, 현 한국디지털케이블연구원장)의 회고.

"그 당시는 그런 사실을 전혀 몰랐습니다. 정통부가 CDMA를 단일 표준으로 확정한 상태여서 그대로 가는 줄 알고 앞만 보고 달렸습니다. 그런데 이 장관이 물러나고 몇 년이 지난 후 어느 사석(私席)에서 이 장관이 그런 말씀을 하는 걸 들었어요. 깜짝 놀랐습니다. 그런 일이 있었다는 걸 그 때 처음 알았습니다."

6년간 CDMA 기술개발과 상용화 실무를 담당했던 신용섭 정보통신부 연구개발과장(현 방송통신위원회 상임위원)의 말.

"그런 낌새조차 채지 못했습니다. 그 당시는 CDMA 상용화가 가장 시급했습니다. 다만 이 장관께서 '왜 CDMA를 단일표준으로 해야 하느냐', '자동차 부품도 시제품이 나온 뒤 표준을 삼는데 왜 시제품도

1996년 4월 1일, 이수성 국무총리(왼쪽)가 대전 대덕연구단지 내 전자통신연구소에서 열린 CDMA(코드분할다중접속방식) 정보화시범지역 개통 행사에서 시험통화를 하고 있다. 이석채 정보통신부 장관(가운데)과 정근모 과기처 장관(오른쪽)이 배석해 이 총리의 시험통화를 지켜보고 있다.

나오지 않았는데 표준으로 했느냐'는 등의 질문을 했다는 이야기는 들었습니다."

아이러니하게도 CDMA 단일화를 저지하라는 청와대의 지시를 받은 이 장관이 오히려 CDMA를 살리는 데 결정적 역할을 한 셈이었다. 그런 정책결정이 CDMA 세계 최초 상용화라는 화려한 금자탑을 쌓게 했다.

체신공사 설립
백지화

| 1996년 1월 8일.

　정보통신부는 새해 주요 업무계획에서 체신공사 설립을 재검토하
겠다고 밝혔다.

　체신공사 설립은 정부가 개혁적 차원에서 3년여를 준비해 온 대통
령 공약사항이었다. 지난 1995년 체신공사설립법(안)을 마련, 입법예
고까지 했다. 이런 정책을 공사(公社)형 또는 기업관청형으로 재검토
하겠다는 것이었다. 하지만 이는 체신공사 설립 백지화를 의미했다.

　이틀 후 인 1월 10일.

　정보통신부는 이런 방침을 공식적으로 밝혔다. 이석채 장관의 재
검토 지시에 따른 것이었다. 이 장관의 체신공사 설립에 관한 입장은
무엇이었을까?

　정보통신부 고위관계자 A씨의 전언.

　"이 장관은 현행 공기업 규제제도 아래서는 공사화를 해도 경영지
도와 임금 가이드라인 등 각종 규제에다 인센티브 부여가 어렵다고

생각했습니다. 특히 노조문제가 발생할 수 있다고 생각해 반대 입장이었던 것으로 기억합니다."

체신공사 설립은 김영삼 대통령이 민자당 후보시절 발표한 정보통신 분야 6대 공약사항 중 하나였다. 대선후보 시절 김 대통령은 전국 우체국을 전산화해 지역정보화를 촉진하겠다고 약속했다. 그 세부항목에 우정공사화가 들어 있었다.

그래서인가, 김 대통령은 1993년과 1994년 체신부의 새해 업무보고 시 우정사업에 관한 지시를 빠뜨리지 않았다.

"우정사업의 서비스 질도 높이고 경영을 합리화하는 방안을 마련해 주기 바람."(1993년 3월 31일 대통령 지시사항)

"우정공사 설립을 계기로 110년의 역사를 지닌 체신부의 기능과 역할도 이제는 재검토해야 함."(1994년 1월 13일 대통령 지시사항)

1994년 1월 13일.

윤동윤 체신부 장관(현 한국IT리더스포럼 회장)은 이날 청와대에서 체신부의 새해 주요 업무계획을 보고했다. 윤 장관은 "우정사업의 경영쇄신 및 자립기반을 조성하기 위해 1997년에 우정공사를 설립하겠다."고 밝혔다.

그 해 2월 5일.

체신부는 우정업무와 체신금융업무를 분리 전담할 우정공사 설립을 위한 구체안을 발표했다. 이 안에 따르면 1997년 1월 우정공사를 발족한다는 목표 아래 설립추진단을 2월 중 발족키로 했다. 추진단은 단장을 비롯해 15명으로 구성해 공사법인 및 우편 관련법 개정안을 마련하고 회계관계 기초작업을 진행하기로 했다.

체신부는 1994년 말까지 공사업 기본법 및 사업법의 정부안을 확정짓고, 1995년에 공사화 관련 법안을 국회에서 통과시킨다는 방침을 세웠다. 이어 하위 법령 정비작업을 추진한 다음, 1996년에 공사조직 회계분리 및 각종 사규·약관 개정 등을 추가로 마련하기로 했다.

총무처와 인사협의가 지연되는 바람에 체신부는 1994년 4월 7일 우정공사설립추진반을 구성했다. 반장에 박병호 서기관(서울 중앙우체국장 역임)을 임명했다. 사무관 2명과 일반직원 등으로 추진반을 구성해 서울광화문 우체국 5층에서 곧바로 업무를 시작했다.

장복수 사무관(서울 중앙우체국장 역임)의 기억.

"반장을 포함해 전체 인력이 10명 이내였습니다. 파견근무 형태였어요. 공사설립추진위원회 사무국 설치를 위한 준비작업을 했습니다."

1994년 8월 22일 오전 10시 반 서울 강남구 삼성동 한국종합전시장(KOEX)에서 만국우편연합(UPU) 제21차 총회가 열렸다. 이날 UPU총회에는 김영삼 대통령과 윤동윤 체신부 장관을 비롯해 정부 관계자와 각국 대표단, UPU국제기구 대표단 등 모두 1,300여 명이 참석했다.

이 총회는 10개 국어로 동시 통역해 국내에서 열린 회의사상 전례없는 기록을 남겼다.

김 대통령은 치사를 통해 "정부는 우정(郵政)사업의 질적 도약을 위해 1997년부터 우정기구를 공사화할 계획"이라며 "이번 서울총회가 남북 간에 우편과 통신의 교류를 촉진시켜 통일을 앞당길 수 있는 계기가 되기를 바란다."고 강조했다.

김 대통령은 UPU총회에 참석한 뒤 종합전시장 1층 태평양관에서

1994년 8월 22일 김영삼 대통령이 한국종합전시장에서 열린 '만국우편연합 제21차 총회' 개막식에 참석해 축사를 하고 있다.

열리고 있는 '필라코리아 94 세계우편전시회'를 관람하고 관계자들을 격려했다.

　체신부는 김 대통령의 연이은 우정공사 설립 발언에 공사화를 서둘렀다. 정부는 1994년 12월 조직개편을 단행, 체신부를 정보통신부로 확대 개편했다. 정부는 조직개편 시 우정사업의 공사화를 공개 발표했다. 정보통신부는 12월 30일 이재영 강원체신청장을 체신공사설립추진위 사무국장으로 발령냈다. 그리고 1995년 1월 27일 오전 서울광화문 우체국 4층에서 체신공사설립추진위원회 현판식을 가졌다. 이 자리에는 경상현 장관(현 KAIST 겸직교수)과 박성득 기획관리실장(정보통신부 차관 역임, 현 한국해킹보안협회장), 그리고 관련 단체장 등 100여 명이 참석했다.

　정보통신부 기획관리실장의 지휘를 받는 추진위 사무국은 이 국장 아래 총무반(박병호)과 우정반(조병하), 금융반(곽태근)의 3개 반을 두고 인력은 38명이었다. 총무반은 기본계획 수립과 법제정, 인사, 회계 제도 등을 마련했다. 우편반은 우편사업 제도와 약관 등을 제정했다. 금융반은 금융 관련 사규와 약관 제정 등을 만들었다.

이 국장 등은 뉴질랜드와 호주 등에 나가 외국의 사례를 둘러보고 이들 나라의 상품판매와 시설구조를 당시 공사법안에 반영시켰다.

정보통신부는 1995년 5월 11일 사무국이 마련한 '한국체신공사'를 설립하는 내용의 한국체신공사법 제정(안)을 입법예고했다.

이 국장의 회고.

"그 당시 공사 설립은 진행속도가 빨랐습니다. 체신공사 부지까지 확보했습니다. 서울 강남 학여울 인근에 3만m²(9,000평) 규모의 부지를 서울시와 협의해 마련했습니다. 그런데 관련부처와 협의가 제대로 되지 않았습니다. 재정경제원과 협의가 쉽지 않았습니다. 당시 재경원 차관이 이석채 장관이었습니다. 좀처럼 진전이 없자 그 무렵 윤영대 재경원 예산총괄심의관(통계청장 역임)이 '공사 설립은 안될 것'이라고 저한테 귀띔했습니다. 대통령의 공약사항인데 설마했지요. 그게 이 장관이 오면서 현실이 될 줄은 몰랐습니다."

당시 정보통신부가 마련한 법안에 따르면, 체신공사는 자본금 7조원으로 정부가 전액 출자(부동산 등 현물 포함)하고 우편 및 체신금융사업과 부대업무, 국가와 지방자치단체 또는 공공단체로부터 위탁받은 업무 등을 담당하기로 했다. 또 전국 우체국에서 전산망을 이용한 정보통신사업과 택배(宅配)서비스 등 각종 수익사업을 벌이기로 했다.

부대사업으로는 전국 우체국 전산망을 이용한 시장조사 등 부가통신(VAN)사업, 현행 소포(6kg까지 제한) 이상의 택배서비스를 비롯해 유휴시설을 이용한 임대사업 등 다양한 수익사업을 벌이기로 했다. 위탁사업으로는 이미 실시 중인 민원서류 발급대행 업무나 각종 티켓예매 등의 업무를 확대해 나가기로 했다.

정보통신부는 이 법안을 그 해 7월 임시국회에 제출해 통과되는 대로 관계부처 공무원 등으로 공사설립위원회를 구성할 계획이었다.

하지만 세상일이 마음먹은 대로 착착 진행되는 법은 아니었다. 정보통신부의 구상은 그 해 9월 4일 오후 열린 당정협의에서 브레이크가 걸리고 말았다. 부처 간 이견을 완전히 해소하지 못한 게 공사화의 발목을 잡은 것이다.

민자당은 이날 정보통신부 업무 중 우편·체신금융 분야를 분리해 체신공사를 설립, 전담토록 하는 한국체신공사법 제정안에 대한 보고를 받고 '문제가 있다'며 이번 정기국회에서는 처리하기 어렵다는 입장을 정리했다.

민자당은 체신공사 설립이 철도청 공사화처럼 부채 문제 등이 장애가 되지는 않지만, 공사화에 따른 경영효율성 제고와 공무원들의 신분변동으로 인한 불안 해소 등에 관해 좀더 치밀하게 연구할 필요가 있다고 지적했다.

당정협의에는 김종호 민자당 정책위의장(내무부 장관 역임)과 홍재형 부총리 겸 재경원 장관(국회부의장 역임), 경상현 장관 대신 이계철 정보통신부 차관(현 방송통신위원장) 등이 참석했다. 재경원은 정보통신부의 공사 설립에 부정적인 입장이었다.

경상현 장관의 기억.

"당정회의에 제가 참석하지 못하고 이 차관이 대신 나갔습니다. 당정 협의과정에서 공사 설립은 문제가 있다는 의견이 많아 국회통과를 보류하기로 했다는 보고를 받았습니다."

이 국장의 설명.

"재경원이 체신공사 설립에 재검토 의견을 냈습니다. 이는 사실상 반대 입장이었습니다. 체신공사의 금융사업 문제를 제기했습니다. 별정우체국도 쟁점이 됐습니다. 물론 한국통신 노사파업사태 이후 노사문제도 고려사항이었다고 들었습니다. 총무처나 통상산업부, 법무부 등은 별다른 이견을 보이지 않았습니다."

정보통신부는 공사화 설립이 보류되자 세 가지 대안을 검토했다. 특례법을 제정해 기능이 보강된 중앙부처 형태의 조직을 만드는 방안과 특례법 제정으로 자율성이 부여된 외청(外廳)을 신설하는 방안, 그리고 체신공사를 계속 추진하는 방안 등이었다. 체신공사 추진의 경우 설립법 제정이 늦어져 1998년이나 돼야 체신공사화는 가능할 것으로 판단했다.

정보통신부는 체신공사화 백지화 방침에 따라 사무국 조직을 축소했다. 기존 3개 반을 제도개선반과 품질개선반의 2개 반으로 줄였다. 실무책임자인 이 국장도 1996년 8월 20일 경북체신청장으로 발령이 났다. 그후 정보통신부는 우정사업본부특례법을 제정해 2000년 7월 1일 우정사업본부를 발족했다.

이명박 정부가 출범하면서 정보통신부가 폐지되자 우정사업본부는 지식경제부 산하로 이관됐다. 우정사업본부(본부장 김명룡)는 우편업무 외에 금융기관으로서 서민의 안전판 역할을 톡톡히 하고 있다는 평가다. 자금운용 규모는 약 80조 원이다.

　그러나 우정사업공사화는 정치 지형(地形)의 변화에 따라 언제든지 재등장할 수 있는 휴화산(休火山)과 같은 사안이다. 체신노조 측의 거센 반발로 번번이 무산되긴 했으나 노무현, 이명박 대통령직 인수위에서 우정사업본부를 공사화 형태로 변경한다는 방침을 발표한 바 있기 때문이다.

신규 통신사업자
수정공고

▎어느 부처건 장관이 바뀌면 정책변화가 있기 마련이다. 장관마다 정책을 보는 시각과 판단기준이 다르기 때문이다. 정책은 항상 어느 한 쪽을 선택해야 하는 숙명을 타고났다. 따라서 새 장관이 기존 정책을 변경한다고 그 자체를 뭐라고 탓할 일은 아니다.

1996년 새해를 맞은 정보통신부도 정책변경에서 예외가 아니었다. 황금알을 낳은 거위로 표현하는 신규 통신사업권 획득에 뛰어든 사업자들은 연초부터 이석채 장관(현 KT회장)의 말 한 마디와 표정 하나를 주목했다. 사업자 선정기준 변경에 정보 안테나를 총동원했다.

잠시 보름 전으로 되돌아가 보자.

1995년 12월 14일.

정보통신부는 신규 통신사업자 허가신청 요령을 발표했다. 사실상 최종안이었다. 그로부터 며칠 후 경상현 장관(현 KAIST겸직교수)이 경질됐다. 정보통신부가 공개리에 각계 전문가 의견을 수렴하고 내부 의견을 종합해 결정한 최종 허가신청 요령이 사단을 불러왔고 장관이 바뀐 것이다.

경질 이유는 출연금이 같으면 추첨한다는 선정기준에 대해 김영삼 대통령이 격노했기 때문이다. 정보통신부는 내심 억울한 점이 적지 않았다.

정보통신부는 발표 전 청와대와 사전에 충분히 협의해 선정기준을 확정했다. 한이헌 청와대 경제수석(15대 국회의원, 기술신용보증기금 이사장 역임, 현 한국디지털미디어고 교장)도 정보통신부 안을 지지했다. 그 기준은 김 대통령에게 보고됐다. 만약 그 기준이 적절하지 않았다면 청와대는 사전에 '이 기준은 안된다'고 정보통신부에 브레이크를 걸었어야 했다.

김 대통령이 크게 노한 시점도 시차가 있다. 김 대통령은 정보통신부가 허가신청 요령을 발표한 지 4일이 지난 12월 18일 월요일 아침 조선일보의 사설을 거론하며 "통신사업자를 또 뽑기로 결정한다는 게 말이 되느냐"며 한 경제수석을 불러 호통을 쳤다.

한 수석은 사전에 선정기준을 대통령실에 서류로 보고했고, 김 대통령은 그 서류에 서명까지 해서 내려보냈다고 한다. 그래놓고 김 대통령은 12월 20일 개각에서 경 장관을 교체했다.

이 과정에 김 대통령의 아들 현철(여의도연구소 부소장 역임) 씨가 개입했다는 것이 주변의 설명이다. 현철 씨는 매주 일요일 가족예배를 위해 청와대에 들어가 김 대통령과 만났다고 한다. 경제정책과 관련해 청와대 경제수석을 건너뛰어 대통령에게 직보(直報)할 만한 인물이 당시에 현철 씨를 제외하고는 없었다. 한 경제수석은 그 무렵 청와대에서 자타가 인정하는 실세로 통했다.

청와대 비서관 출신 A씨의 말.

"청와대 내 조직이나 보고체계를 볼 때 경제 문제에 관해 수석을 제치고 대통령에게 몰래 직보하는 일은 있을 수 없습니다. 하지만 가족모임에서 나온 이야기는 어떻게 할 도리가 없었습니다. 현철 씨가 '사업자를 추첨제로 선정하면 나중에 큰일난다'고 말했을 것입니다. 당시 현철 씨의 영향력은 대단했어요. 오죽하면 소통령이란 소리를 들었겠습니까?"

정보통신부는 기술력 평가의 1차 심사와 2차 출연금 심사를 통해 신규 사업자를 결정키로 방침을 정했다. 그리고 1차 심사에서 적격 판정을 받은 2개 이상의 업체가 같은 출연금을 제시했을 경우 추첨 방식으로 사업자를 선정하는 3단계 방식을 확정했다.

이런 방침은 청와대가 이석채 장관에게 절대 추첨방식을 안된다는 오더(지시)를 내리면서 기준 변경은 예고된 사안이었다. 통신사업자들이 새해 들어 이 장관의 동선(動線)에 촉각을 곤두세운 것도 바로 이런 이유에서였다.

이 장관은 1996년 1월 5일 김 대통령이 주재한 확대경제장관회의에서 "출연금이 같을 경우 추첨하기로 한 당초 신규 사업자 선정방식을 철회하겠다."고 보고했다.

이 장관은 "공정한 심사기준을 마련해 최대한 엄격하게 심사해 추첨에 의해 사업자가 선정되는 일이 없도록 하겠다."고 밝혔다.

정보통신부는 1월 8일 새해 업무계획에서 1996년 상반기 내 국제전화 등 7개 분야 사업자를 신규허가한다고 밝혔다. 선정은 공정하고 투명한 절차로 능력 있는 사업자를 선정하며, 대기업 중복신청 제한으로 다수 기업의 참여를 유도하고, 지역사업에는 중소기업 및 중견 기업만 참여토록 하겠다고 발표했다.

정보통신부의 사업자 선정기준 변경에 대해 업계 반응은 두 갈래로 갈렸다. 먼저 긍정론이다. 정책부서로서 정보통신부가 제 역할을 한 것이라는 평가였다. 정부가 통신사업자를 '또 뽑기'로 선정하려는 것은 뒷일이 무서워 '면피행정'을 한 것이라는 주장이었다. 이는 곧 정부이기를 포기한 것이라는 청와대 시각과 같았다.

이 장관의 증언.

"청와대의 지시에 의해서가 아니라 저도 추첨제는 안된다고 생각했습니다. 그래서 점수제로 바꾼 것입니다. 추첨제를 할 경우 동점이 나올 확률이 높았어요. 재벌들이 독식할 가능성이 아주 높았습니다. 더욱이 사업자를 요행으로 선정한다면 무능력 업체가 뽑힐 수도 있는 것 아닙니까? 그런 식이라면 정부가 왜 필요합니까?"

반론도 없지 않았다.

정부가 수 차례의 공청회와 외국의 사례, 각계 전문가, 그리고 통신 사업자 등의 의견을 수렴해 최종 결정한 것을 마치 손바닥 뒤집듯이 변경하는 것은 바람직하지 않다는 것이었다. 사전에 청와대와 협의해 발표까지 한 정책을 대통령 말 한 마디로 뒤집는 것은 정부의 신뢰에 악영향을 미친다는 것이었다. 양측의 주장은 다 나름의 논리와 타당성이 있었다.

그러나 역사의 도도한 물결은 언제나 의외의 결과를 낳았다. 그런 과정을 거쳐 변경한 신규 사업자 선정기준이 훗날 김대중 정부가 출범한 후 이석채 장관이나 정보통신부에 부메랑으로 작용해 결국은

1996년 3월 22일 '중소기업 PCS컨소시엄 사업설명회 겸 결의대회'에서 중소기업인들이 PCS사업권 획득에 대한 의지를 다지고 있다.

정보통신부에 검찰의 칼바람이 불게 했다.

1996년 3월 6일 정보통신부 기자실.

정보통신부는 지난해 12월 15일 공고한 '기간통신사업자 허가신청 요령' 수정안을 확정해 3월 8일 공고한다고 이날 밝혔다.

이석채 장관은 "PCS사업권을 장비 제조업체와 비제조업체로 분리 허가한다."며 신규 통신사업자 허가신청 요령을 일부 수정 발표했다.

하지만 일부 수정이란 정보통신부 발표와는 달리 내용상으로는 대폭 수정이었다.

이 발표는 삼성과 현대, LG, 대우의 이른바 '빅4' 주도로 흘러가던 당시 사업권 경쟁구도에 지형변화를 불러 왔다.

이 장관은 "지난해 공고한 허가신청 요령으로 사업자를 선정하면 추첨이라는 요행으로 사업자가 결정되고, PCS사업의 경우 삼성, LG 등 4대 통신장비 제조업체 가운데 선정될 가능성이 높다는 등의 문제점이 제기돼 일부 공고 내용을 수정하기로 했다."고 설명했다.

이 장관은 PCS사업의 경우 선정사업자를 4대 통신장비 제조업체에 대한 경제력 집중을 막기 위해 4대 장비 제조업체 및 이들 4대 장비 제조업체가 아닌 기업이 각각 주도하는 유형으로 구분하기로 했다고 말했다. 이 장관은 민간의 참여폭을 넓히기 위해 한국통신이 자회사를 설립, 경영을 주도하는 유형 등 모두 3개로 나눠 1개씩 사업자를 선정키로 했다고 밝혔다.

이 장관의 회고.

"사업자를 유형별로 구분한 것은 국가경제 전체를 보고 판단한 것입니다. 미래는 ICT시대입니다. 그렇다면 국내 제조업과 관련 기기산업을 육성해 구매력을 키우고 서비스를 향상시켜야 합니다. 당연히 제조업 육성이 관건이었습니다. 여기에 많은 기업들을 참여시켜 제조업을 육성해야 한다는 판단에서 유형별로 구분키로 한 것입니다. 대기업의 경제적 집중 완화도 고려사항이었습니다."

정보통신부는 이에 따라 6월 선정할 신규 통신사업자 가운데 PCS의 경우 한국통신, 통신장비 제조업체, 비(非)장비 제조업체가 주도하는 3개로 사업자 유형을 구분, 각각 1개씩 선정키로 했다. 사업자 수는 3개로 변함이 없었으나 한국통신을 제외한 나머지 대기업들로서는 의외의 복병을 만난 셈이다.

정보통신부 고위관계자 B씨의 증언.

"이 장관은 공정하게 능력 위주로 사업자를 선정하되 대기업의 경제력 집중을 막으려고 했습니다. 당시 재벌기업들은 '설마 2등은 못하랴'라며 다소 느긋한 상태였습니다. 그런데 사업자를 유형별로 나눈다며 기준을 변경했으니 비상이 걸렸지요."

실무를 담당했던 이규태 통신기획과장(서울체신청장 역임, 현 한국IT비즈니스진흥협회 부회장)의 말.

"당시 이 장관의 주장에 공감했습니다. 이 장관은 국가경제 전체를 보면서 통신정책을 결정했습니다. 실무진과는 접근방식이 달랐습니다. 이 장관이 우리들한테 '당신들이 통신정책은 잘할지 몰라도 경제는 그렇게 해서는 안된다'고 말했어요. 앞만 보지 말고 멀리 크게 보라는 것이었습니다."

정보통신부는 심사과정에서 정보통신 관련 중소 부품업체 등 중소 기기제조업 육성계획과 기업의 자금조달 방식 및 사회적 책임 등도 함께 평가하겠다고 말했다.

　수정공고안에 따르면 2차 출연금 심사 시 같은 액수의 출연금을 적어냈을 경우 1차 심사 점수순으로 선정키로 했다. 또한 PCS사업의 경우 지배주주가 아닌 참여기업도 사업경험을 쌓을 수 있도록 단일회사, 단일기술, 단일표준하에 지역(권역)별로 영업을 할 수 있도록 유도하기로 했다.

　1차 심사 강화를 위해 컨소시엄 주주 구성 내역, 정보통신 관련 중소 기기제조업 및 소프트웨어 산업 육성지원계획, 참여 업종 수 및 최근 5년간 기존 기업인수와 신규 업종 진출 유무, 자금조달 방식에 관련된 자료를 별도로 제출토록 하고, 기업 경영의 도덕성도 함께 평가하기로 했다.

　정부의 사업자 선정 수정공고에 따라 재계의 사업권 확보를 위한 삿바싸움은 더욱 치열해졌고 전략적 제휴도 뒤를 이었다.

PCS사업권 수주전
스타트

┃ 통신장비 제조업체에 한 장이 배정된 PCS사업권을 따내기 위한 빅4 간 경쟁은 치열했다. 정보통신부가 1996년 3월 6일 신규 통신사업자 선정방침을 수정하자 재계는 급박하게 돌아갔다. 정보통신부 수정발표는 시합을 앞두고 심판이 느닷없이 경기규칙을 바꾼 것이나 다를 바 없었다. 그것은 예상 못한 복병(伏兵)이었다.

수주전이 '승자독식'의 지형으로 변하면서 재계는 비상이 걸렸다. 절기는 파릇파릇 새싹이 돋는 약동의 춘삼월(春三月)이었지만, 재계는 남녘의 화신(花信)에 눈돌릴 여유조차 없었다.

정부의 새로운 사업자 선정의 기본방침은 크게 세 가지였다. 첫째는 대기업의 경제력 집중 완화였다. 둘째는 제조업과 관련 기기산업 발전이고, 셋째는 중소기업 육성이었다. 이는 문민정부의 경제정책과 일맥상통했다.

정보통신부는 신규 통신사업자 신청은 4월 15일부터 17일까지 3일간 접수하며, 세부 심사기준은 신청서 접수 직후 확정해 공표하겠

다고 발표했다

이석채 장관은 정보통신부가 이미 확정한 사업자 허가신청 요령을 왜 수정했는가. 청와대 지시에 충실하기 위해 선정방침을 변경한 것인가.

이에 대한 이 장관의 증언.

"한국통신과 제조업체, 비제조업체에 사업권을 각 1개씩 주기로 한 것에 대해 나중에 LG그룹에 사업권을 주기 위해 수정했다는 의혹을 일부에서 제기했는데, 절대 그런 게 아닙니다. 사업자를 유형별로 나눈 것은 국가경제 전체를 보고 결정한 것입니다. 제조업과 중소기업 육성, 그리고 대기업의 문어발식 사업에 빌미를 주지 않으려고 한 것입니다. 유형을 구분하지 않으면 선정된 사업자가 자기와 경쟁관계인 업체에 장비 발주를 할 가능성은 낮습니다."

이 장관은 이런 결정을 내리기 전에 각계 인사들을 만나 의견을 들었다고 한다. 내부에서 간부들의 의견도 물었다.

정보통신부 고위관료 B씨의 말.

"이 장관은 어떤 정책결정을 내리기 전에 각계의 의견을 충분히 들었습니다. 다양한 의견을 듣고 납득이 안되면 귀찮을 정도로 상대에게 묻고 또 물었습니다. 부내에서도 그랬습니다. 이 장관은 특히 제조업 육성에 역점을 두고 있었습니다."

이 장관은 최종 결정은 자신이 했다고 한다.

이 장관을 잘 아는 고위경제관료 출신 C씨의 증언.

"이 장관은 최종 정책결정은 자신이 합니다. 그 일이 어렵더라도 일을 미루거나 책임을 피하는 스타일이 아니예요. 그게 자신에게 명에가 될 때도 있어요. 하지만 그게 이석채라는 사람의 특징입니다."

정보통신부는 사업신청 기업의 도덕성 평가와 관련해 사업자 신청 마감까지 공정거래법 등 관련법에 따라 지속적으로 사실을 파악키로 했다. 이 바람에 나중에 기업 간에 도덕성을 놓고 우위(優位) 논란이 벌어지기도 했다.

이규태 통신기획과장(서울체신청장 역임, 현 한국IT비즈니스진흥협회 부회장)의 말.

"정통부도 인터넷 등을 통해 사전에 기업의 도덕성을 조사했습니다. 하지만 심사과정에서 별다른 영향을 미치지 못했습니다. 실제 기업의 도덕성을 심사점수에 반영했다면 재벌기업들은 어떤 사업에도 참여하지 못했을 겁니다."

정보통신부는 참여 희망업체들을 대상으로 개최하려던 설명회를 열지 않았다.

그 대신 접수한 업체들의 질의에 대한 답변을 3월 8일 오후 4시 PC통신인 천리안 및 하이텔을 통해 게시했다. 이후에도 질의에 대한 답변을 1주일 단위로 PC통신에 게시했다.

이 과장의 계속된 증언.

"두 가지 이유로 설명회를 열지 않았습니다. 하나는 시일이 촉박했습니다. 다음은 이미 발표한 기준에 일부만 변경했기에 별도로 설명회를 열 필요성이 없었습니다."

이런 기준이라면 대기업과 중소기업이 다수 참여하는 컨소시엄일수록 사업권 획득에 단연 유리했다. 방패가 있으면 창이 있는 법이다. 정부의 수정방침에 대한 빅4의 대응은 신속했다. 당시 PCS는 신규 통

1996년 3월 7일, 서울 하얏트호텔에서 열린 'LG그룹 PCS사업설명회'에서 정장호 LG정보통신 사장이 PCS사업 운영을 맡을 5,000억 원 규모의 LG텔레콤을 설립하겠다고 밝히고 있다.

신사업의 심장이었다.

그 해 3월 7일.

LG그룹이 가장 먼저 선수를 치고 나왔다. LG그룹은 이날 서울 하얏트호텔에서 사업설명회를 열고 장비업체인 LG정보통신과는 별도로 운영회사인 LG텔레콤을 설립키로 하고 발기총회를 가졌다. 이 자리에는 LG그룹이 주도하는 컨소시엄에 참여했거나 참여를 희망하는 100여 개 기업 대표 250여 명이 참가했다.

사업추진팀장인 정장호 LG정보통신 사장(LG텔레콤 사장·부회장, 한국정보통신산업협회장 역임, 현 마루홀딩스 회장)은 PCS 사업의 상승효과를 높이기 위해 자본금 약 5,000억 원 규모의 운영회사인 LG텔레콤을 3월 중에 설립하겠다고 밝혔다.

정 사장은 컨소시엄에 참가할 구성주주들의 확고한 투자의지를 과시하고 경쟁기업과의 차별화를 위해 오는 20일까지 구성주주들의 지분에 따라 우선 총 100억 원을 지정된 은행에 예치토록 하되, 참여주주들의 지분은 주도주주인 LG정보통신이 15일까지 확정해 개별 통보하겠다고 설명했다.

LG그룹은 이날 국내 최초의 교환기 수출 135만 회선 달성, 국내 최초의 CDMA 사용시험 합격 등 그룹의 통신사업 실적을 소개하면서 PCS사업 수행을 위한 기술, 재정, 경영 능력의 우수성을 들어 'LG그룹의 PCS사업 참여는 국민경제와 사회발전을 위한 의무이며 사명'이라고 강조했다.

LG그룹은 특히 미국 PCS 운영사업자인 넥스트웨이브사에 2억 달러 이상의 CDMA 장비와 단말기 판매권을 갖고 있으며, 샌디에이고에 공장도 짓고 있다고 소개하고, 앞으로 한국의 유망 통신장비 수출품목이 될 CDMA 부품과 소프트웨어를 중소기업과 공동개발, 해외시장 동반진출을 추진하겠다고 밝혔다.

하루 뒤인 3월 8일.

PCS사업을 준비해 온 대우그룹이 삼성과 LG, 현대 등에 통신업체 간 대연합을 공식 제의했다. 최영상 대우그룹 정보통신단장(대우 불가리아본사 사장 역임)은 사업설명회를 열고 "4대 장비업체가 시장을 국내로 제한하지 말고 세계시장을 개척하는 견인차 역할을 하자"고 제의했다. 최 단장은 "만약 4대 그룹이 참여하는 컨소시엄 구성이 여의치 않을 경우 1~2개 업체가 연합하는 방안도 검토해 볼 만하다."고 밝혔다.

일주일 후인 3월 15일.

한국 기업사(史)에 남은 극적인 반전이 일어났다. 업계 랭킹 1, 2위를 차지하는 삼성과 현대가 장비 제조업군에서 가장 먼저 PCS사업 제휴라는 사상 초유의 카드를 들고 나온 것이다. 앙숙에 가까운 두 재벌의 제휴는 '영원한 적도 친구도 없다'는 기업세계의 냉엄한 현실을 반영했다.

삼성과 현대는 이날 정보통신부 기자실에서 사업추진 설명회를 갖고 "6월 선정될 개인휴대통신(PCS) 사업에서 제휴키로 합의했다."고 전격 발표했다. 국내 최강의 컨소시엄 구성이었다.

남궁석 삼성데이타시스템 사장(정보통신부 장관, 16대 국회의원, 국회 사무총장 역임, 작고)과 김주용 현대전자 사장(고려산업개발 사장 역임, 현 한국공학한림원 회원)은 PCS사업자 선정과 관련, 양사가 연합컨소시엄을 구성해 참여할 것이라고 밝혔다.

두 업체 사장은 "1998년 통신시장 개방을 앞두고 굴지의 선진국 통신사업자들이 국내시장 진출을 추진할 것이 분명하기 때문에 이들 선진 거대기업과 경쟁하기 위해서는 양사가 협력하는 것이 바람직하다는 데 인식을 같이했다."면서 양사 제휴 배경을 설명했다.

양사는 PCS사업권을 획득할 경우, 곧 양 그룹에 속하지 않는 합작 법인을 설립, 소유와 경영을 분리해 전문경영인에 의한 독자적 경영을 추진할 방침이라고 밝혔다.

두 그룹은 초기 자본금 2,000억 원 규모의 연합컨소시엄에 100여 개의 중견 · 중소기업을 참여시키고, 이들에게 양사가 보유하고 있는 통신 관련 기술 및 노하우를 적극 이전하는 방안을 강구키로 했다고 밝혔다. 또 연합컨소시엄 지분은 삼성 · 현대가 각각 20%, 중견기업

30%, 중소기업 30%로 나누는 문제를 검토 중이라고 덧붙였다.

두 그룹은 이어 각기 운영해 오던 PCS사업 추진팀을 통합, 운영키로 하고 이날부터 합작계약서 작성작업에 들어갔으며, 앞으로 통신사업 분야에서 공동위원회를 구성, 기술교류를 확대키로 했다고 밝혔다.

숙명의 라이벌 관계인 두 재벌 간 제휴는 누가 어떻게 추진했을까? 이를 성사시킨 사람은 남궁석 사장과 홍성원 박사(청와대 과학기술비서관, KAIST 서울분원장, 시스코시스템즈코리아 회장 역임) 라인이었다.

홍 박사는 당시 현대전자 부사장으로 영입돼 글로벌스타 사업을 추진했고, 현대통신서비스 사업본부장으로 PCS사업의 책임을 맡고 있었다. 남궁 사장은 삼성그룹 통신사업기획단장이었다. 남궁 사장은 특이하게 삼성과 현대그룹을 오가며 근무한 드문 경력자였다. 남궁 사장은 이전에 현대전자 부사장으로 일했다. 그는 두 그룹의 오너들과 대화가 통하는 사이였다.

홍 박사의 기억.

"남궁 사장과는 자주 만나서 사업권에 관해 이런저런 이야기를 많이 했어요. 그러다가 삼성과 현대가 손잡고 컨소시엄을 구성하자는 아이디어를 냈어요. 누가 먼저 제안했는지는 오래 전 일이라 확실하지는 않지만 분명히 획기적인 안이었습니다. 둘 다 '그것 좋은 아이디어다. 그러면 한번 추진해 보자'고 해서 추진을 한 것입니다."

두 사람은 이런 계획을 그룹회장에게 각각 보고해 승낙을 얻었다. 홍 박사는 정몽헌 현대전자회장(현대그룹 회장 역임, 작고)에게 보고해 결심을 받아냈다. 남궁 사장은 3월 13일 이건희 회장의 승인을 받았다. 이 회장은 당시 일본 출장 중이었다.

홍 박사의 계속된 증언.

"당시 두 회사의 제휴 자체가 큰 이슈였습니다. 일부에서는 두 회사의 제휴에 대해 '쇼하는 것 아니냐'는 시각도 없지 않았습니다만, 우리는 새로운 형태의 컨소시엄 구성이고 심사에서 꽤 유리할 것으로 생각했습니다."

정부의 사업자 선정 수정안에 대해 재계는 합종연횡이란 짝짓기 묘수로 대응했고, 이런 현상은 들불처럼 각계로 번져 나갔다.

적과의 동침도 마다치 않은 PCS 수주전

■ "PCS 티켓을 잡아라."

재계에 내려진 지상최대의 명령이었다. 한국통신은 이미 사업권을 받기로 해 느긋했다. 승자의 여유였다.

남은 티켓은 두 장. 통신장비 제조업체군과 통신장비 비(非)제조업체군에서 각 한 장씩의 사업권을 놓고 재계의 합종연횡은 절정에 달했다.

정보통신부는 대기업과 중소기업, 중견기업들에 대한 기준을 발표했다. 그 기준에 따르면 '독점 규제 및 공정거래에 대한 법률' 14조 규정에 의한 대규모 기업집단을 대기업으로, 중소기업은 '중소기업기본법' 2조에 따른 업체로 정의했다. 그리고 이들 두 범주에 들지 않은 업체는 중견기업으로 분류했다.

정보통신부는 또 통신장비 제조업체란 '국설교환기와 이동통신시스템 등 주요 통신장비를 제조하는 업체'를 말하고, 단말기나 다중화장치, 과금장치, 광케이블 제조업체는 이에 해당되지 않는다고 밝혔다.

PCS 티켓 1장이 걸린 통신장비 제조업체군은 말 그대로 '용호상박 (龍虎相搏)'의 격전장이었다. 처음에는 LG그룹, 현대·삼성의 컨소시엄, 대우그룹의 3자 대결구도였다. 하지만 대우그룹이 자체 PCS사업권 도전을 포기해 경쟁구도는 LG그룹과 삼성·현대 컨소시엄의 2파전으로 압축됐다.

당시 PCS사업과 관련해 빅4 중에서 가장 러브콜을 많이 받은 기업은 LG그룹이다. 삼성과 대우 등이 LG그룹에 제휴를 제안했으나 LG그룹은 이를 거부했다.

삼성그룹으로부터 컨소시엄 구성을 제안받았던 정장호 LG정보통신 사장(LG텔레콤 사장·부회장, 한국정보통신산업협회장 역임, 현 마루홀딩스 회장)의 증언.

"남궁석 삼성데이타시스템 사장(정보통신부 장관, 16대 국회의원, 국회 사무총장 역임, 작고)이 그런 제안을 해 왔습니다. LG와 삼성이 컨소시엄을 구성하자는 것이었습니다. 저는 거절했습니다. 아무리 PCS사업이 황금알을 낳은 거위라고 해도 재벌들이 지켜야 할 금지선(禁止線)을 넘을 수 없다고 생각했어요."

장 사장의 계속된 증언.

"우선 도덕적으로 말이 안됐다고 생각했습니다. 재벌기업끼리 정정당당하게 경쟁하는 것이 떳떳한 일 아닙니까? 그런데 재벌기업끼리 제휴해서 돈 되는 사업권을 따겠다고 하면 국민이 이를 용납하겠습니까? 그런 식이라면 대한민국은 재벌공화국이 아니겠습니까?"

정 사장과 남궁 사장은 고려대 동문이었다. 정 사장이 선배고, 남궁 사장이 후배였다. 나이는 남궁 사장이 3살 위였다. 그것은 남궁 사장의 특이한 이력 때문이다.

남궁 사장은 처음에 연세대 철학과에 입학했으나 군 제대 후 고려대 경영학과로 편입해서 졸업했다. 그는 1975년에 삼성전자 기획조정실장을 맡아 일하다가 1982년 회사를 그만두고 도미, 미국 일리노이대와 하버드대에서 경영학을 공부하고 돌아와 1986년에 현대전자 부사장으로 스카웃됐다. 그러다가 다시 삼성그룹으로 자리를 옮겼다.

두 사람은 양 그룹을 대표하는 정보통신 분야 간판이었다. 정 사장은 경영학과를 졸업한 공인회계사로 1978년 금성통신이사를 거쳐 1990년부터 정보통신을 이끌어왔다. 그는 베트남, 루마니아, 중국 등에 전자교환기를 수출한 주역이기도 하다. 남궁 사장은 삼성전자 부사장과 한국PC통신 사장, 한국데이터통신 사장 등을 지냈고, 삼성의 정보인프라 구축을 앞장서 지휘해 왔다.

정 사장의 말.

"남궁 사장이 학교는 후배여도 나이가 위여서 서로 친구처럼 지냈습니다. 그와 하버드대학 최고경영자 과정도 같이 다녔습니다."

대우그룹은 변규칠 그룹회장실 사장(LG상사 회장, LG텔레콤 회장 역임)을 통해 LG그룹에 대연합을 제안했다. 구본무 LG그룹 회장은 대우 측의 이런 제안에 대해 정장호 사장에게 수용여부를 검토하라고 지시했다.

정 사장의 회고.

"대우의 제안은 그룹회장실로 왔어요. 저한테는 직접 그런 제안이 없었어요. 구 회장께서 '어떻게 하는 것이 좋겠느냐'며 저한테 의견을 묻더군요. 저는 대우그룹의 제안에 응할 필요가 없다고 했습니다."

정 사장은 재벌기업 간의 컨소시엄 구성은 옳지 않다고 주장했다. 그는 삼성과의 제휴 제안도 그런 이유로 거절했다. 대우는 기술력이 없고 통신사업 경험도 없었다. 대우는 수출로 성장한 기업이었다. 당연히 기업문화가 제조업체인 LG그룹과는 달랐다. 따라서 대우그룹과 대연합을 해야 할 이유가 없다는 게 정 사장의 판단이었다.

정 사장의 계속된 증언.

"우리가 무역을 할 것도 아닌데 수출기업과 무슨 컨소시엄이냐며 반대의견을 냈습니다. 그랬더니 구 회장이 '알았다'고 하시더군요. 저는 삼성과 현대의 제휴를 보고 내심 '아, 이제 게임은 끝났다'고 생각했습니다. 정부가 대기업 경제력 집중을 억제하겠다는데 랭킹 1위와 2위를 다투는 재벌 간 '적과의 동침'을 했다는 게 정책당국이나 국민의 눈에 어떻게 보이겠습니까?"

LG그룹은 처음 통신사업추진위원회를 구성하고 이헌조 LG전자 회장이 위원장을 맡았다. 여기에 LG전자와 LG정보통신, LG산전, LG-EDS시스템의 4개사 관련 인력을 동원했다.

LG그룹은 PCS사업 추진을 위해 6월말 전 한국통신사업개발단장인 유완영 박사(오리온전기 사장, 한국전파진흥협회 부회장 역임)를 LG전자 전무로 영입했다. 그러다가 구 회장이 LG정보통신 사장인 정 사장에게 PCS사업을 총괄하라고 지시했다.

정 사장은 구 회장을 만나 "PCS업무 전반에 관한 권한을 달라"고 요구했다. 보기에 따라 괘씸죄에 해당할 수 있었다고 한다. 하지만 구 회장은 정 사장의 말에 두말없이 "그렇게 하라"며 모든 권한을 넘겨주었다.

정 사장은 그룹 내에서 100여 명의 인력으로 추진팀을 구성했다. 사무실은 서울 서초동 반포빌딩 8층에 별도로 안가(安家)를 마련해 그곳에서 철저한 보안 속에 사업계획서 작성작업을 시작했다.

정 사장은 기술과 자금 등 업무를 총괄할 사람으로 장휘용 인하대 교수(경제학)를 영입했다. 장 교수는 대우 출신으로 LG로 자리를 옮겨 회장실 이사로 일하다가 대학으로 자리를 옮겼다. 그는 LG 근무 시 정 사장과 LG홈쇼핑 사업권을 따기 위해 같이 일한 적이 있었다. 이때 그의 사업계획서 작성 능력이 뛰어난 점을 정 사장이 기억하고 있었던 것이다.

정 사장은 장 교수에게 '과거 성공사례도 있고 하니 도와 달라'는 부탁을 했고, 장 교수는 흔쾌히 이를 수락했다고 한다. 기술 분야는 기술사인 안병욱 LG정보통신 이사(LG텔레콤 부사장, 데이콤 부사장 역임)가 책임을 맡았다.

삼성·현대 컨소시엄도 보고만 있지 않았다. 현대그룹과 삼성그룹은 4월 2일 서울 스위스그랜드호텔에서 컨소시엄 참여 주주대표 전원이 참석한 가운데 PCS연합컨소시엄 공식 출범식 행사와 함께 주주계약 조인식을 가졌다.

두 그룹은 출범식에서 신규 PCS서비스를 담당할 회사의 이름을 '에버넷'으로 정하고 7월까지 법인설립 및 2,000억 원 규모의 초기자본금 출연을 매듭짓기로 했다.

에버넷은 양 그룹의 어느 쪽 계열에도 편입되지 않도록 소유와 경영을 분리하고 최고경영인의 외부 영입, 사외이사제 도입 등을 통해 경영의 투명성을 보장하겠다고 발표했다.

삼성그룹과 현대그룹이 사상 처음 양 그룹 간 제휴를 통해 개인휴대통신(PCS)사업을 공동 추진하기로 전격 합의했다. 1996년 3월 15일 남궁석 삼성그룹 통신사업기획단장(가운데)과 김주용 현대전자 사장(오른쪽 첫 번째)이 공동 기자회견을 하고 있다.

에버넷은 대기업 2개사와 중견기업 15개사, 중소기업 130개사 등 총 147개 주주사로 구성했다. LG그룹의 100개보다 절반 가량이 많았다. 15개 중견기업은 ㈜대한전선, 아남산업㈜, 태일정밀㈜, ㈜대륭정밀, 청호컴퓨터㈜, 한국종합기술금융㈜, 단암산업㈜, 삼립산업㈜, 신일건업㈜, 동아전기㈜, 대성정밀㈜, 한국타이어제조㈜, ㈜청구, ㈜성안, ㈜남성 등이다.

에버넷 자본금은 설립 첫해에 2,000억 원으로 시작해 1998년까지 총 5,000억 원으로 확대하고, 2002년까지 1조 5,500억 원의 설비투자를 단행, 2002년에 1조 3,000억 원의 매출을 올릴 계획이었다.

이날 행사는 인기 MC 한선교(현 국회의원) 씨가 사회를 맡고 그룹 '코리아나'가 축가를 부르는 등 대외에 세(勢)를 과시했다.

현대와 삼성은 당초 연합컨소시엄 내 대주주 지분율을 각각 20%씩 두 회사의 지분 합계를 40%로 유지키로 했으나, 이날 출정식에서 두 회사 지분 합계를 33.3% 이내로 줄이기로 했다.

삼성그룹의 남궁 사장은 "기존의 개별 컨소시엄에 참여했던 중견·중소기업들이 사별로 70여 개에 달했으며, 이를 거의 대부분 수용키로 했기 때문에 중견·중소기업들에게 더 많은 지분을 할당하기 위해 대주주 지분을 낮추기로 했다."고 설명했다.

현대 측 PCS책임자였던 홍성원 박사(청와대 과학기술비서관, KAIST 서울분원장, 시스코시스템즈코리아 회장 역임)의 증언.

"삼성과 컨소시엄 구성 후 양 팀이 공동작업을 했어요. 하지만 삼성이 사업계획서 작성 등을 주도했습니다."

'에버넷'이란 작명을 놓고 삼성·현대 실무자 간에 신경전이 벌어졌다. 현대 측 실무자들은 삼성그룹 계열의 용인자연농원이 최근 이름을 용인에버랜드로 바꾼 점을 들어 '에버넷'에 삼성의 냄새가 짙다는 불만을 내비쳤다고 한다.

이에 대해 삼성 측은 "작명소에 의뢰해 30여 가지 후보 이름을 작성, 이를 놓고 현대 쪽 고위관계자가 최종 낙점을 한 것"이라고 해명했다.

현대전자의 김주용 사장(고려산업개발 사장 역임, 현 한국공학한림원 회원)은 "애초 용인에버랜드라는 이름이 있었는지 몰랐으며, 대승적 차원에서 지엽적인 문제에는 지나치게 집착하지 않는다는 입장에서 굳이 문제삼지 않기로 했다."고 말했다.

홍 박사의 회고.

"당시 현대 내부에서 그런 반발이 있었습니다. 하지만 그게 대수냐고 해서 문제삼지 않고 그냥 넘어갔습니다."

PCS사업권을 놓고 벌이는 LG그룹과 삼성·현대 간의 한판 승부는 '총성 없는 전쟁' 그 자체였다.

PCS 춘추전국시대,
비제조업군도 합종연횡

▌ 이권을 비켜갈 기업은 없었다. 1996년은 가히 'PCS 춘추전국시대'
라고 할 만했다. 통신장비 비제조업군의 경쟁구도는 기업들의 이합집
산과 합종연횡으로 혼전의 연속이었다.

비제조업군에 속한 1만 5,000여 개의 각기 다른 길을 걷는 중견·
중소기업들은 3개의 컨소시엄에 참여했다. 컨소시엄 구성에 합의한
기업들이 막판에 이를 뒤집고 파트너를 바꾸기도 했다. 신의나 명분
보다는 이익을 위해 '동지와의 배신'도 불사했다.

이런 복잡다기(複雜多岐)한 과정을 거쳐 비제조업군의 경쟁은 3자
대결로 압축됐다.

한솔·데이콤 컨소시엄(한솔PCS)과 금호·효성 컨소시엄(글로텔), 중
소기업협동조합중앙회(그린텔, 현 중소기업중앙회)의 3파전이었다.

한솔·데이콤 컨소시엄인 한솔PCS에는 302개 기업이 참가했다. 한
솔그룹은 처음 PCS와 국제전화사업 참여를 동시에 검토하다가 1996
년 1월 23일 PCS사업에 참여하기로 결정했다.

한솔 관계자인 A씨의 증언.

"처음에는 국제전화사업 참여에 무게를 두었어요. PCS사업에 비해 초기 투자비용이 적고 투자에 비해 많은 이익을 낼 수 있는 장점이 있었어요. 그러나 정보통신사업을 그룹의 주력업종으로 육성한다는 방침에 따라 국제전화 대신 PCS사업에 참여키로 방향을 바꿨습니다. 나중에 조동만 한솔 부회장(현 한솔아이글로보회장)이 김영삼 대통령의 차남 현철(여의도연구소 부소장 역임) 씨의 비자금을 관리해 준 사실이 들러나 '사전내락설'이 나돌기도 했어요."

한솔은 정보통신사업단 내에 있던 국제전화사업추진팀을 해체해 PCS추진팀과 통합했다. 여기에 18개 계열사의 전문인력을 추가 영입해 인력을 종전의 53명에서 72명으로 늘렸다.

한솔은 2월 17일 정보통신사업을 강화하기 위해 정보통신사업단 공동단장제를 도입키로하고 정용문 한솔기술원 원장(삼성전자 정보통신부문 대표, 한솔PCS 사장 역임)을 정보통신사업단 단장에 선임했다. 정 단장은 기술 및 연구개발부문을 담당하고, 지난해 6월부터 정보통신사업단 단장직을 맡아온 구형우 한솔제지사장(한솔그룹 부회장 역임, 현 페이퍼코리아 회장)은 기획 · 관리 · 자금부문을 전담하기로 했다.

한솔PCS컨소시엄에는 굵직한 그룹들이 주주로 참여했다. 아남산업과 고합그룹에 이어 한화그룹의 한화전자정보통신이 3월 15일 주주로 가세했다. 한화전자정보통신은 LG, 삼성, 대우 등과 함께 국내 교환기사업을 이끌어온 통신기기 제조업체로 PCS용 CDMA방식 시스템을 개발 중이었다. 3월 19일에는 쌍용그룹이 한솔PCS컨소시엄에 참여했다.

한솔은 3월 22일 서울 스위스그랜드호텔에서 PCS컨소시엄 출범식을 가졌다.

정용문 단장은 인사말에서 "한솔은 차세대 주력사업으로 정보통신사업을 선정, 오랜 기간 동안 만반의 준비를 해왔다." 며 "국내 유수의 중견·중소기업이 주주로 참여하는 최상의 컨소시엄을 구축한 만큼 반드시 사업권을 획득하겠다."고 다짐했다.

이날 출범식은 한솔PCS 사업설명회, 컨소시엄 출범식 및 오찬의 순서로 약 3시간 동안 진행됐다.

데이콤은 3월 28일 한솔PCS컨소시엄에 참여했다. 당초 데이콤은 금호와 짝짓기를 진행했다. 그러나 막판에 한솔이 파트너를 데이콤으로 바꾸고 한솔과 결별한 효성은 금호와 손을 잡았다. 한솔·데이콤, 효성·금호는 불과 며칠 전까지만 해도 한솔·효성, 금호·데이콤간 양사 대표끼리 구두합의까지 했었다.

한솔과 효성, 금호 등 3사는 각자가 데이콤을 끌어들이기 위해 노력했으나 데이콤이 '동등한 경영권 보장, 수도권 사업지역 보장'이라는 조건을 제시해 협상이 난항을 거듭했다.

데이콤 관계자 B씨의 말.

"데이콤의 조건은 '법과 제도가 허용하는 시기와 범위 내에서 데이콤이 추가로 10%의 지분을 확보하고, 한강 이북 수도권과 부산·경남의 영업권을 갖는다'는 것이었어요. 나중에 한솔이 이런 조건을 수용했어요."

효성·금호 컨소시엄인 '글로텔'은 4월 3일 오전 서울 롯데호텔에서 출정식을 가졌다.

김인환 효성텔레콤 사장(효성중공업 사장 역임, 작고)과 박재하 금호텔레콤 사장(청와대 국방비서관, 모토로라코리아 사장 · 부회장 역임, 현 모토로라코리아 고문, 세종연구원 연구위원)은 이날 출범식에서 참여업체들과 주주계약을 체결했다. 대우그룹은 자체 PCS사업권 경쟁을 포기하고 효성 · 금호 컨소시엄에 5% 주요주주로 참여했다.

효성 · 금호는 4월 10일 법인명을 '글로텔'로 확정하고 초기 자본금 규모는 소요 설비투자와 총자본을 포함해 2,000억 원으로 결정했다.

박재하 금호텔레콤 사장의 증언.

"컨소시엄 명칭은 글로벌 기업이라는 의미에서 제가 '글로텔'을 주장했는데, 효성이 좋다고 해서 그렇게 작명을 했습니다. 데이콤도 컨소시엄에 참여하기로 논의를 했는데 막판에 한솔PCS로 갔어요."

효성 · 금호 컨소시엄은 글로텔 사업 개시 후 1998년 하반기에 중소기업, 특히 통신장비 및 통신서비스 관련업체에 액면가 공모를 통해 10%의 지분을 할애해 중소기업 참여폭을 확대하고, 대주주 지분은 초기의 36%에서 32.7%로 낮추겠다고 밝혔다.

글로텔에는 대우그룹, 대영전자, 조흥은행, 하나은행 등 주요주주 19개사와 에디슨전자, 이화전기, 국제전산 등 소액주주 510개사 등 533개 업체가 참여했다. 홍콩의 허치슨도 주주로 참여시켰다.

박 사장의 말.

"허치슨은 5%로 컨소시엄에 참여키로 했습니다. 사업계획서 작성을 위해 홍콩 허치슨에 가서 기지국을 둘러보고 관련 자료를 얻어 왔습니다."

글로텔은 5월 10일 오전 힐튼호텔에서 컨소시엄 참여업체들을 대상으로 'PCS 사업계획 보고회'를 개최했다.

글로텔은 보고회에서 서비스 가격은 현재 이용되는 이동전화 통화료의 50%에서 정할 것이며, 2002년까지 시장점유율 35% 이상, 매출액 1조 3,000억 원을 실현하는 한편, 앞으로 5년간 기술개발을 위해 2,500억원을 투자할 계획이라고 밝혔다.

글로텔은 금호의 전문인력 70여 명과 효성의 60여 명 등 130여 명으로 경기도 안양에 있는 효성연수원에서 사업계획서를 작성했다.

박 사장의 설명.

"당시 금호에는 아시아나 항공에 SW개발인력이 있었습니다. 당시 박성용 그룹 회장(작고)이 적극적이었습니다."

중소기업협동조합중앙회(현 중소기업중앙회)도 PCS컨소시엄(그린텔)을 구성해 사업권에 도전했다. 그린텔에는 1만 4,000여 개의 중소기업들이 참여했다. 개미군단의 도전이었다.

중소기업중앙회는 1995년 12월 16일 총자본금 2,000억 원으로 하는 컨소시엄을 1996년 3월말까지 구성해 4월에 사업허가신청서를 제출한다고 밝혔다.

중소기업중앙회는 1996년 2월 10일 PCS사업단장에 성기중 전 포스코데이타 사장을 영입했다. 성 단장은 서울대 수학과를 졸업한 후 교편을 잡다가 포항종합제철에 입사했다. 포철 정보통신담당 부사장을 역임한 그는 포철이 제2이동통신사업에 착수한 1991년 이동통신추진반을 맡은 경험이 있었다. 당시 그는 미국에서 최고경영자과정을 밟고 있었다.

성기중 단장의 회고.

"미국에서 공무가 끝날 무렵 박상희 중앙회장이 지인을 통해 스카우트 제의가 왔어요. 포철에서 이동사업을 추진한 경험을 샀던 것이죠. 그린텔은 주요주주 등 7~8명으로 구성된 운영위원회에서 작명을 했습니다."

중소기업중앙회는 3월 22일 오전, 서울 여의도 중소기업회관에서 PCS컨소시엄에 출자한 기업들을 대상으로 PCS 사업설명회 및 결의대회를 개최했다.

그린텔은 5월 17일 오전 PCS사업추진팀과 컨소시엄 참여 13개 경영주도주주 대표들이 참석한 가운데 주요주주회의를 열어 그간의 사업추진 현황을 점검하고 전략 등을 협의했다.

이어 20일부터 나흘간 청문평가에 대비, 성기중 단장 등이 참석한 가운데 모의청문회도 열었다. 21일부터 대구, 광주, 부산, 대전 등에서 열리는 지역별 사업설명회 및 결의대회를 통해 지역주주사들에 대한 사업추진 설명과 함께 사업권 획득을 위한 의지를 다짐했다. 그린텔은 미 넥스트웨이브사가 CDMA용으로 개발한 텔레디자인을 무선망 설계도구로 채택하기도 했다.

성 단장의 증언.

"서울 여의도 중앙회 2층에서 사업계획서를 작성했습니다. 기지국 설계 등 기술 분야에 20여 명의 전문인력이 작업을 했어요. 일반서류 작업은 중앙회 직원들이 동원됐어요. 수시로 대규모 결의대회를 연 것은 일종의 시위성격이 강했습니다. 중소기업을 배려하라는 것이죠."

중소기업중앙회는 6월 5일 오전 여의도 광장에서 PCS사업 컨소시엄 구성 주주사 및 중소기업 관계자 2만여 명이 참석한 가운데 신경

중소기업협동조합중앙회는 1996년 6월 5일 여의도 광장에서 중소기업 관계자 2만여 명이 참석한 가운데 '신경영 실천대회 및 개인휴대통신(PCS) 사업설명회'를 개최했다.

영 실천대회 및 PCS 사업설명회를 개최했다.

이 행사는 중앙회의 PCS사업체인 그린텔의 1만 4,000여 개 주주사들이 한 자리에 모여 그간의 사업추진 과정과 향후 사업계획에 대한 설명을 듣고, 통신사업 진출에 대한 중소기업인들의 염원을 보여 주기 위해 마련됐다.

성기중 PCS사업단장은 경과보고에서 "중소기업의 독자적인 PCS사업 참여에 대한 정부의 부정적 견해가 사업추진의 최대 위기였다."며 "이를 1만 4,295개사로 구성된 대규모 컨소시엄을 통해 극복했다."고 말했다.

그린텔 관계자 C씨의 말.

"박상희 중앙회장이 5월 17일 중소기업 대표들과 함께 구본영 청와대 경제수석비서관(과기처 장관 역임)을 면담, 1만 4,000여 중소기업들이 참여한 그린텔에 대한 여론을 감안해 줄 것을 요청했어요."

재계의 PCS사업권 도전은 물러설 수 없는 한판 승부였다. 스타트 라인에 서려는 기업과 단체들은 사생결단의 의지를 불태웠다.

신규 통신사업자
허가신청서 접수

▎1996년 4월 15일 월요일.

노란 개나리가 화사한 미소를 보내는 싱그러운 아침 출근길이었다. 새봄의 향기가 물씬 풍겼다.

그러나 서울 종로구 세안빌딩 정보통신부 주변은 팽팽하게 당긴 활시위 같은 긴장감이 감돌았다. 아침 6시가 조금 지나자 정장차림의 젊은 직장인들이 자동차에 서류박스를 싣고 정보통신부로 몰려들기 시작했다. 사람과 차량들로 인해 정보통신부 주변 일대는 금세 북새통을 이뤘다.

이들은 문민정부 최대 이권사업이라 불린 신규 통신사업자 허가신청서를 접수하러 온 통신업체 직원들이었다.

이날 첫 번째로 정보통신부에 도착한 업체는 TRS사업을 신청한 한진글로콤이었다. 한진글로콤은 오전 9시경 가장 먼저 접수번호를 받아 주차장에 있던 서류를 화물 엘리베이터에 실어 정보통신부 21층 대회의실로 옮겼다.

정보통신부는 이날부터 3일간 PCS와 국제전화, TRS 등 총 7개 분야 27개 신규 통신사업자 선정을 위한 허가신청서류를 접수했다. 정보통신부는 매일 오전 10시부터 오후 4시까지 선착순으로

PCS와 국제전화 등 7개 분야 신규 통신사업자 선정을 위한 허가신청서 접수가 시작된 1996년 4월 15일, 각 컨소시엄들이 정보통신부에 관련 서류를 접수하고 있다.

신청기업들로부터 허가신청서를 받았다.

첫날인 15일에는 국제전화, PCS, TRS, CT-2(발신전용휴대전화) 전국사업, 무선데이터, 전기통신회선설비 임대의 6개 분야 업체들이 신청서를 제출했다.

둘째 날인 16일에는 TRS 및 CT-2 지역사업(수도권, 강원권, 대전·충남권, 충북권), 무선호출 분야에 대한 신청서를 접수했다.

마지막인 17일에는 TRS 및 CT-2 지역사업(대구·경북권, 부산·경남권, 광주·전남권, 전북권, 제주권)에 대한 허가신청서를 받았다.

실무를 담당한 이규태 통신기획과장(정보통신부 감사관, 서울체신청장 역임, 현 한국IT비즈니스진흥협회 부회장)의 말.

"정통부에서 가장 장소가 넓은 곳이 대회의실이었습니다. 그래서 대회의실에서 선청서를 접수했어요. 사업자별 접수 일자는 서류분량을 감안해 조정했습니다."

정보통신부는 혼잡을 피하기 위해 지하 주차장에서 도착 순서대로 사업자에게 방문증을 발급했다. 이어 21층 대회의실로 올려보내 서

류를 접수토록 했다. 정보통신부는 사업자당 출입인원을 4명 이내로 제한했다.

정보통신부는 이날 최재유 사무관(현 방송통신위원회 기획조정실장) 등 15명으로 PCS, TRS, CT-2 전국사업, 국제전화, 무선데이터, 전용회선 임대사업의 6개 분야별 접수창구를 마련했다. 1개 접수대에 3명의 직원을 배치했다.

사업계획서는 '허가신청법인에 관한 사항', '영업계획서', '기술계획서', '기술개발·연구개발 및 인력양성 계획서', '중소기업 육성과 소프트웨어 산업 지원계획서 및 자금조달방식, 도덕성 관련 자료', '요약문'으로 모두 6권이었다.

정보통신부는 첫날 LG텔레콤과 한국통신을 비롯한 총 19개 업체로부터 신청서를 접수했다. 오전에 11개 업체가, 오후에 무선데이터 통신 분야의 지오텔레콤(진로) 등 8개 업체가 서류를 냈다. 사업자들은 4단 파일박스에 서류를 담아 간이손수레를 이용해 접수창구로 서류를 옮겼다.

재벌 간 '통신대전'이라 불린 PCS 분야의 통신장비 제조업군에서는 LG텔레콤이 가장 먼저 서류를 제출했다. LG정보통신의 장형만, 이우성 부장이 허가신청서를 접수시켰다.

LG그룹의 PCS사업책임자인 정장호 LG정보통신 사장(LG텔레콤 사장·부회장, 한국정보통신산업협회장 역임, 현 마루홀딩스 회장)의 증언.

"서류를 접수하기 전 사무실에서 직접 점검을 했습니다. 혹시 때라도 묻을까 봐 흰 장갑을 끼고 서류를 한 장씩 넘기면서 이상유무를 확인했어요. '사업자로 선정되게 해 달라'고 간절한 마음으로 기도를 했습니다."

통신장비 비제조업군인 한솔·데이콤 연합컨소시엄인 한솔PCS와 효성·금호 연합컨소시엄인 글로텔이 그 뒤를 이었다.

PCS와 CT-2(발신전용휴대전화) 전국사업자로 사실상 확정된 한국통신은 오후 2시 40분께 느긋한 표정으로 1만 5,000쪽 분량의 허가신청서류를 제출했다. TRS 전국사업 참여업체인 기아도 3시 10분께 허가신청서류 접수를 마쳤다.

삼성·현대의 연합컨소시엄인 에버넷과 중소기업협동조합중앙회(현 중소기업중앙회)의 컨소시엄인 그린텔 등도 신청서를 제출했다.

박재하 금호텔레콤 사장(청와대 국방비서관, 모토로라코리아 사장·부회장 역임, 현 모토로라코리아 고문, 세종연구소 연구위원)의 기억.

"글로텔은 비상사태에 대비해 소화기까지 차량에 준비했습니다. 사업계획서를 정통부로 옮기는 과정에 혹시 불이라도 날까 해서였지요. 차량이 지나는 도로에 자체 교통요원까지 배치했어요. 전날 서울 충무로 인쇄골목에서 밤새 사업계획서를 인쇄했습니다. 오·탈자를 막고 보안유지를 위해 최선을 다했습니다. 정통부 접수현장에도 나갔습니다."

정보통신부는 본문 분량을 350쪽(전국사업자)으로 제한했다. 지역사업자는 250쪽 이내이며, 요약문은 20쪽이었다. 이는 1992년 제2이동통신사업자 선정 때 사업계획서 분량을 사전에 제한하지 않은 바람에 제출서류를 대형트럭으로 실어오는 일이 발생했기 때문이었다.

이 과장의 기억.

"1개 사업자에게 서류를 10부씩 복사토록 했습니다. 서류분량이 엄청났어요. 그런데다 취재열기가 대단했어요. 취재와 카메라 기자들이 뒤엉켜 접수현장은 난장판이었습니다."

서영길 정보통신부 공보관(SK텔레콤 부사장, TU미디어 사장 역임, 현 IGM세계경영연구원장)의 말.

"정통부 출입기자는 30명 미만이었습니다. 그런데 정통부가 신규 통신사업자 선정방침을 발표한 이후 언론의 취재열기가 후끈 달아올랐습니다. 그 무렵 출입기자는 80여 명으로 늘었습니다."

정보통신부 직원들은 업체당 평균 1만 3,000쪽에 달하는 서류를 일일이 확인해 이상이 없으면 허가신청서류 점검표에 서명을 했다. 1개 사업자당 40여 분이 걸렸다.

서류량이 가장 많은 사업자는 중소기업협동조합중앙회 그린텔이었다. 서류는 3만 5,332쪽에 달했다. 다음이 한솔PCS로 2만 6,000여 쪽이었다. 에버넷은 2만 1,000여 쪽에 달했다. 글로텔은 2만 600여 쪽, LG텔레콤은 2만 여쪽이었다.

그린텔은 사업계획서 제출에 앞서 사업권 획득의지를 강조하기 위해 이날 오전 서울 여의도 중소기업회관에서 박상희 중소기업협동조합중앙회장(16대 국회의원 역임), 성기중 PCS사업단장(한국소프트델니시스 사장·부회장 역임) 등 기협중앙회 임직원 30여 명이 참석한 가운데 사업계획서 제출 출정식을 가졌다.

박 회장은 출정식에서 "전 중소기업들이 일치단결하여 그린텔이 기필코 PCS사업권을 획득하도록 노력하자."고 당부했다.

성기중 단장의 회고.

"사업권 획득에 대한 개미군단의 확고한 의지를 다지는 자리였습니다. 컨소시엄 참여업체가 1만 4,000여 개에 달하다 보니 서류가 다른 사업자보다 2배 가량 많았어요. 출정식이 끝나자 곧장 트럭에 서류를 실어 정통부로 떠났습니다. 정통부에 가서 접수현황을 지켜봤어요."

정보통신부가 3일간 신청서를 접수한 결과, 7개 분야에 27개 사업자를 놓고 모두 52개의 참여 희망 컨소시엄들이(한국통신 복수신청 제외) 허가신청서를 제출했다.

국제전화 분야에서는 롯데·일진·해태·한라·고합·동아·대륭정밀·아세아시멘트의 8개사와 한국전력의 연합컨소시엄인 한국글로벌텔레콤이 경합업체 없이 단독으로 신청했다.

TRS 전국사업 분야에서는 아남텔레콤, 기아텔레콤, 동부텔레콤, 한진글로콤의 4개 컨소시엄이 신청서를 접수시켰다.

무선데이터통신 분야에서는 대한펄프가 대주주인 대한무선통신, 한국컴퓨터가 대주주인 한컴텔레콤, 고려아연이 대주주인 에어미디어, 한보그룹 컨소시엄인 한국무선데이타통신, 진로그룹의 지오텔레콤, 인테크산업이 대주주인 인테크무선통신의 6개 업체가 참여했다.

전기통신회선설비 임대 분야에는 대한송유관공사가 대주주인 지앤지텔레콤, 삼보컴퓨터와 한전의 연합컨소시엄인 윈네트의 2개 컨소시엄이 신청서를 냈다.

이 과장의 회고.

"신청서를 접수해 놓고 보니 대회의실이 꽉 찼어요. 온통 서류더미였습니다."

가장 치열한 경합을 보이고 있는 분야는 수도권 무선호출사업으로 6 대 1의 경쟁률이었다. 그 다음이 5 대 1의 경쟁률을 보인 수도권 TRS사업자였다.

정보통신부는 신청서 접수를 마친 후 각 업체들이 제출한 '허가신청법인에 관한 사항', '영업계획서', '기술계획서' 등 사업계획서 6권과 '정보통신발전기술개발지원계획서(출연금)'에 대해 약 1~2개월간의 심사기간을 거쳐 6월에 사업자를 선정한다고 밝혔다.

허가심사는 1차 자격심사와 2차 출연금심사 등 2단계로 실시하며, 2차 심사 시 출연금이 같을 때는 1차 심사 점수순으로 최종 사업자를 선정키로 했다.

1차 심사기준은 전기통신역무 제공계획의 타당성, 기술개발실적 및 개발계획의 우수성, 기술계획 및 기술적 능력의 우수성, 허가신청법인의 적정성, 허가신청법인의 재정적 능력, 전기통신설비 규모의 적정성의 6개 사항에 대해 21개 항목이었다.

새로 선정할 사업자는 PCS 분야 2개, 무선데이터통신 분야 3개, 국제전화 분야는 1개, TRS와 CT-2는 전국사업자 각각 1개와 지역사업자 9개(TRS)와 10개(CT-2)다. 무선호출 신규 사업자는 수도권에 한해 1개, 전용회선사업은 희망지역별로 사업자 수에 관계없이 적격업체를 선정키로 했다.

통신사업자들의 사업계획서 제출은 시작에 불과했다. '사업권 획득'이라는 승전고를 울리기 위해 통신사업자들은 2라운드 경쟁을 벌여야 했다. 그 결과는 예측불가였다. 사업자 선정을 놓고 통신사업자들의 긴장은 최고조를 향해 치닫고 있었다.

사업자 선정 1차 심사는 자격심사

▌ '1차 탈락이냐, 통과냐?'

중간지대는 없었다. 화살은 이미 당락(當落)이라는 과녁을 향해 활시위를 떠난 뒤였다. 이번 신규 통신사업자 당락의 열쇠를 쥔 주심은 정보통신부였다.

정보통신부는 신규 통신사업자 신청서류 접수가 끝나자 극도의 긴장감에 휩싸였다. 서류를 제출한 사업자를 대상으로 한 점의 의혹 없이 가장 객관적이고 공정하게 심사하는 것이 관건이었다.

만에 하나 사업자 선정과정에서 물의가 생기면 정보통신부는 여론의 도마에 올라 집중포화를 맞을 게 불을 보듯 환했다. 자칫 미래부서로 힘차게 출범한 정보통신부가 오명을 뒤집어쓸 수 있었다. 그것은 최악의 상황이었다.

무결점의 심사를 하는 것이 기본책무지만, 바늘귀만큼이라도 오류가 발생하면 그것은 곧 정보통신부에 엄청난 재앙이나 다를 바 없었다.

1996년 4월 15일, 정보통신부에서 PCS와 국제전화 등 7개 분야 신규통신사업자 선정을 위한 허가신청서를 접수받고 있다.

1992년 제2이동통신의 전철을 밟지 않기 위해 정보통신부는 공정성에 역점을 두었다. 하늘을 우러러 부끄럼이 없는 심사, 감정의 앙금이 남지 않도록 하는 게 상지상책(上之上策)이었다.

정보통신부는 극도로 언행을 조심했다. 통신사업자 선정 실무를 담당한 정보통신부 통신기획과의 당시 일상(日常)을 살펴보자. 기획과 직원은 15명이었다.

이규태 과장(정보통신부 감사관, 서울체신청장 역임, 현 한국IT비즈니스진흥협회 부회장)은 혹시 직원들이 비리나 구설에 연류될까 봐 각별히 몸을 사렸다. 그는 아예 단체로 퇴근을 하기로 했다. 직원 중 일이 늦는 사람이 있으면 그 일이 끝날 때까지 전 직원이 새벽 1시건 2시건 기다렸다가 같이 퇴근했다.

이 과장의 말.

"여직원까지 같이 행동했습니다. 지금 생각해도 직원들이 그렇게 고마울 수가 없었습니다. 사업자 선정작업이 끝날 때까지 그렇게 단체 행동을 했습니다. 잡음의 소지를 처음부터 없앴습니다. 덕분에 뒤탈이 없었어요."

정보통신부는 PCS와 TRS 등 7개 분야 신규 통신사업 허가신청법인에 대해 3단계로 나눠 심사를 진행했다.

1단계는 4월 26일부터 5월 21일까지 허가신청서류 자격심사를 했다. 2단계는 5월 23일부터 6월 1일까지 10일간 사업계획서 계량 · 비계량 평가를 했다. 이때는 심사위원들을 외부와 격리시켜 합숙을 하며 심사를 진행했다. 철저한 보안을 유지했다. 3단계는 6월 3일부터 2일간 청문평가를 실시했다.

심사기준이라는 저울대 위에 올라선 신규 통신사업자들도 애간장이 타기는 마찬가지였다.

이들은 정보통신부 움직임에 촉각을 곤두세우며 사태 흐름을 예의주시했다.

1996년 4월 19일.

이날 오후 정보통신부 청사 22층 중회의실에서 19차 통신위원회가 열렸다. 윤승영 위원장(현 변호사)은 지난 3월 6일 발표한 신규 통신사업자 허가신청 수정공고안의 일부 내용을 수정한 세부 심사기준을 심의, 확정했다. 이날 확정한 세부 심사기준에 따르면 허가신청법인에 대한 평가는 자격심사, 사업계획서 평가, 청문 등의 절차를 통해 진행키로 했다.

사업계획서 평가는 7개 서비스 분야별로 마련된 세부 심사항목에 따라 단순히 수치로 평가할 수 있는 부채비율 등 재무구조 분야에 대한 계량평가와 주관적인 판단이 요구되는 부문에 대한 비계량 평가로 나누기로 했다.

또 중소기업 육성 · 지원계획의 실천방안 등 비계량 평가방식을 보완하고, 관련 심사항목 간의 일관성을 확인하기 위해 청문이 필요한 항목에 대해 허가신청법인의 임원을 대상으로 청문회를 실시키로 했다.

아울러 6개 심사사항별 관련 심사항목 간 모순점이나 미비점이 발견될 경우, 심사사항별로 정해진 배점의 10% 범위 안에서 감점할 수 있게 했다. 사업계획서상의 비계량 평가와 청문의 경우, 최고점과 최저점을 제외한 심사위원들 간의 평균 점수를 산출, 평가하기로 했다.

청문회에는 허가신청법인의 대표와 보조자 1명이 참석하도록 했다. 이와 관련해 일부에서 회의록 조작설이 나돌았으나 이는 사실이 아니었다.

이 과장의 설명.

"그건 사실이 아니었습니다. 그런 일에 조작이란 것이 가능하겠습니까? 어림도 없어요. 회의록에 관인을 찍는데 하나가 누락돼 그것을 가서 찍어 온 것입니다."

이성해 정보통신부 정보통신지원국장(정보통신부 기획관리실장, KT 인포텍 사장 역임, 현 큐앤에드 회장)은 17일 언론을 통해 이런 내용을 밝혔다.

이 국장은 "청문회는 심사위원들이 필요하다고 판단할 경우, 같은 조건에서 각 업체에 대해 사전에 청문사항을 만들어 청문회를 열 수 있다."고 말했다. 그는 또 "청문회는 심사위원장이 발의하며 잘못 작성한 사업계획서에 대해 감점할 수 있고, 추가자료를 요청할 수 있다."고 설명했다.

정보통신부는 이 같은 심사기준에 따라 4월 26일부터 '허가신청법인의 지분제한 위반 등 현행 전기통신사업법상의 결격사항', '중복신청 여부' 등 허가신청 제한사항 등을 조사하기 위한 자격심사에 착수했다.

정보통신부는 자격심사에 들어가기 전 광화문 청사 21층 대회의실에 보관 중이던 허가신청서류를 원본과 사본으로 분류해 25일 오후 7시께 심사장소인 서울 성동구 자양동 정보통신부 전산관리소로 옮겼다.

이 과장의 기억.

"서류 분량이 너무 많아 대형 트럭으로 몇 대분이었습니다. 접수한 서류를 잘못 다뤄 심사에 차질이 있을까 극도로 조심하면서 신청서류를 옮겼습니다."

정보통신부는 직원 24명으로 8개 자격심사반을 구성했다. 반장은 석호익 부이사관(정보통신부 정책홍보관리실장, 정보통신정책연구원장, KT 부회장 역임, 현 한국지능통신기업협회장)이 맡았다. 석 반장은 1992년 제2 이동통신사업추진전담반장으로 사업자 선정작업을 담당한 경험이 있었다. 그는 그 후 청와대 경제수석실 행정관을 거쳐 승진해 정보통신부로 복귀했으나, 인사 동결로 정보통신연구관리단에 파견 중이었다.

석 반장의 기억.

"당시 파견 중이었으나 정통부에서 각종 현안업무를 담당하고 있었습니다. 자격심사반장을 맡아 부적격 업체를 가려내기 위한 심사작업을 했습니다. 불필요한 잡음이 나오지 않도록 업무처리에 만전을 기했어요. 보안을 유지하면서 관련 자료를 세심하게 검토했어요."

심사반 24명은 사무관 등 정보통신부 공무원들로 자격심사반과 계량평가반, 비계량평가반 등 8개 반으로 구성했다.

이들은 52개 법인들이 제출한 서류에 대해 허가신청법인의 지분제한 위반 등 현행 전기통신사업법상의 결격사항과 중복신청 여부 등의 자격심사를 했다.

심사반의 업무를 돕기 위해 변호사, 공인회계사 등 외부 전문가들로 지원조를 구성했다. 회계사는 5~6명이 참여했다. 변호사는 2명이 전기통신사업법과 관련해 자문을 했다. 심사반은 합숙을 하지 않고 출퇴근을 했다.

석 반장의 회고.

"심사반은 서류심사를 통해 부적격 사업계획서를 가려냈지만 특별히 문제 있는 컨소시엄은 나오지 않은 것으로 기억합니다. 신규 통신사업자들이 제안서 작성에 만전을 기한 결과였다고 생각합니다."

심사반은 6개 사항 21개 항목을 심사했다. 이 중 가장 배점이 높은 것은 기술개발실적 및 기술개발계획의 우수성으로 30점이었다. 다음은 각각 20점인 허가신청법인의 적정성, 기술계획 및 기술능력의 우수성이었다.

석 반장은 단 하나의 오류라도 발생하지 않도록 심사결과를 서로 바꿔가며 3번씩 점검을 했다고 말했다.

"교차점검을 해야 미처 잡지 못한 잘못을 찾아낼 수 있잖아요. 점수합계는 하지 않았습니다. 그것은 혹시 합계를 한 점수가 외부로 새나갈 수 있을까 염려해서 였습니다. 아무도 항목별 전체 점수를 알지 못했습니다."

장내(場內)에서 심사가 진행되는 가운데 장외(場外)에서는 신규 통신사업과 관련해 컨소시엄 간에 상대적 우위를 놓고 공방이 갈수록 격화됐다. 정보통신부 심사에서 유리한 고지를 차지하기 위한 언론 홍보전과 상대방에 대한 비방전이 격렬하게 전개됐던 것이다.

정보통신부는 이를 그대로 두고 볼 수가 없었다. 특히 PCS 분야에서 대기업 간 상호 비방전이 위험수위를 넘고 있었다. 대기업들은 기술과 도덕성 등에서 자신이 우위에 있다고 언론을 통해 홍보했다. 그것은 불필요한 소모전이었다.

정보통신부는 5월 6일 삼성·현대컨소시엄과 LG컨소시엄 등 대그룹이 참여하는 업체 대표들을 불러 최근의 과열경쟁을 자제해 달라고 당부했다.

정보통신부 관계자 A씨의 기억.

"정통부에서 대기업 참여업체 관계자들을 불러 그런 의사를 전했습니다. 당시 언론을 보면 대기업 간 장외 공방이 치열했습니다. 그대로 놔둘 수가 없었어요. 심사기준이 있는데 그런 장외 공방전이 무슨 도움이 되겠습니까? 다분히 심사에 영향을 끼치려는 의도가 있다고 본 것입니다."

이 같은 대기업 간 장외 공방은 정보통신부가 추가한 심사기준이 발단이었다. 이석채 장관은 3월 6일 기존 공고안을 수정하면서 "경제력 집중과 도덕성 등을 심사항목에 추가하겠다."고 발표했다.

이 발표 이후 공교롭게도 3월 13일 한솔제지 K대표가 공정거래위원회 독점국장에게 뇌물을 준 혐의로 구속됐다. LG그룹 계열사가 몰려 있는 여천공단의 환경오염 문제가 언론에 크게 보도됐다.

가뜩이나 팽팽한 경쟁구도에서 상대 기업의 악재(惡材)는 더 없는 공격의 호재(好材)였다. 상대 약점은 반대로 자신의 강점이었다. 무슨 수를 써서라도 원하는 이권을 쟁취하려는 기업들의 다툼은 멈추지 않았다.

사업계획서 심사를 위한
2차 합숙심사

▌1차 자격심사가 끝나자 정보통신부는 2차 사업계획서 심사에 착수했다.

1996년 5월 23일.

온천지역으로 유명한 충남 아산 한국통신 도고수련원(현 KT 도고수련관)에는 하얀 미소를 함박 머금은 아카시아꽃 달콤한 향기가 주변을 휘젓고 다녔다.

이른 아침, 상큼한 공기를 가르며 검은 승용차 한 대가 도고수련원 현관으로 들어왔다. 승용차에서 내린 사람은 이석채 정보통신부 장관(현 KT회장)이었다. 이 장관은 도고수련원에서 합숙을 하며 신규 통신사업자 향방을 가릴 사업계획서를 심사할 심사위원들과 조찬을 위해 이곳을 찾은 것이었다.

정보통신부는 이날부터 PCS와 TRS 등 7개 분야에 대한 사업계획서 심사를 6월 1일까지 10일간 도고수련원에서 진행키로 했다. 이 장관은 수련원 식당에서 심사위원들과 조찬을 한 후 "객관적으로 공정

개인휴대통신(PCS)등 7개 분야 신규 통신사업권 허가를 위한 사업계획서 심사위원단 42명이 1996년 5월 23일 한국통신 도고수련원에서 합숙심사에 들어갔다. 이석채 정보통신부 장관(왼쪽 첫 번째)이 심사 첫날인 23일 한국통신 도고수련원에서 심사위원단과 조찬을 함께 한 뒤 심사장으로 향하고 있다.

하게 심사해 달라"고 당부했다.

그것은 장관으로서 당연한 부탁이었다. 아무리 심사가 공명정대하게 이뤄져도 그 결과가 특정업체에 유리하다면 상대 업체에서 가만히 있을 리 없었다. 당연히 문제를 제기할 것은 물어보지 않아도 분명한 일이었다. 기업 간 이해가 걸린 심사에서 공정성이 최선의 방어책이었다.

사업계획서 심사는 도고수련원 4층과 5층에서 실시됐다. 심사위원들은 1인 1실을 배정받아 짐을 풀었다. 도고수련원에는 외부 접근이 철저히 통제됐다. 육지 속의 외로운 섬처럼 외부 세상과 단절시켜 철통 보안을 유지했다.

이 장관은 이날 조찬을 마친 후 서울로 돌아와 정보통신부 기자들과 간담회를 가졌다. 이 장관은 "6월 1일까지 사업계획서 심사를 끝낸 후 청문평가 등을 거쳐 사업자를 발표하겠다. 그러나 경쟁상대가 없는 분야나 지역사업자에 대해서는 청문 절차를 생략할 수 있다."고 밝혔다.

이 장관은 거듭 "심사작업은 최대한 공정하게 처리하겠다. 심사위원은 기준에 맞는 사람을 골라내는 것도 힘들었지만, 학기 중에 대학교수를 열흘씩 빼내 오는 것이 쉽지 않았다."고 말했다.

이 장관은 심사위원 선정기준과 관련해 "심사위원 선정기준은 해당 분야 전문가로 실력이 있으면서 평판이 좋은 사람 가운데 (통신사업 신청기업과) 연관이 없는 사람 위주로 선임했다."면서 "전공 분야도 경영 쪽은 법률, 회계, 경제학 등으로 고루 안배했다."고 설명했다.

이 장관은 "심사위원 구성은 대학과 연구기관 등에서 고루 뽑았고 교수는 서울과 지방, 국립과 사립 등 골고루 선정했다. 심사는 기술과 경영 분야로 나눴다"고 밝혔다.

이 장관의 말처럼 심사위원은 전자통신연구소, 한국통신개발연구원, 대학 등에서 분야별 전문가 42명으로 구성했다. 해당 분야 박사급 전문인력이었다. 기술부문은 한국전자통신연구소 이력이 주류를 이뤘다, 사업·영업부문 등의 평가인력은 통신개발연구원, 한국개발연구원 인력이 다수를 차지했다.

심사위원 선정 실무를 담당한 이규태 통신기획과장(정보통신부 감사관, 서울체신청장 역임, 현 한국IT비즈니스진흥협회 부회장)의 말.

"사전에 각 분야별 저명한 전문가들로 리스트를 만들어 장관까지 결재를 받았습니다. 사업계획서 제출기업과 조금이라도 관련이 있는 사람은 모두 배제했어요. 그런 사람을 심사위원으로 넣었다간 특혜 시비에 휘말릴 수 있었습니다. 심사위원 선정과 통보하는 일이 무척 힘들었습니다. 다른 일정이 잡혀 있거나, 아니면 심사위원 참여를 고사하는 이들도 있었습니다. 그럴 때는 예비위원에게 통보를 했습니다. 심사위원 최종 통보는 심사일 하루 전에 한 것으로 기억합니다."

심사위원으로 선정돼 기술반장으로 일했던 박항구 한국전자통신연구소 이동통신기술연구단장(현 소암시스템 회장)의 증언.

"심사위원 위촉과 관련해 정통부에서 사전에 일정 등을 물어 봤어요. 나중에 심사위원 선정 통보를 받고 합숙할 준비를 해 도고수련원으로 들어갔지요. 10일간 지내려면 옷가지 등 준비할 게 많잖아요. 일단 들어가서는 외부와 일체 연락을 하거나 외출할 수 없었습니다. 그야말로 '창살 없는 감옥'이나 다름없었습니다."

심사위원들은 1반, 2반, 3반으로 업무를 나눴다. 제1반은 PCS와 무선데이터 부문을 담당했다. 제2반은 TRS 전국사업 및 단독신청을 제외한 지역사업, 수도권 무선호출 부문을 맡았다. 그리고 제3반은 국제전화, 전용회선임대, CT-2, TRS지역사업(비경합지역)을 담당했다.

심사는 각 반별로 기술반과 경영반으로 7명씩을 배정해 자기가 맡은 분야 사업계획서만 심사했다. 42명의 심사위원 중 절반이 경영이고, 나머지 절반은 기술 부문이었다.

6개 반의 반장은 심사위원들이 호선(互選)했다. 그 결과 이천표 서울대 교수(통신개발연구원장, 현 서울대 명예교수)와 김재균 KAIST 교수(한국통신학회장 역임, 현 KAIST 명예교수), 박항구 한국전자통신연구소 이동통신기술연구단장, 남상우 KDI 박사(현 KDI국제정책대학원장), 이태경 산업연구원 연구원, 구경헌 인천대 전자공학과 교수 등이 반장으로 뽑혔다.

평가는 기술과 영업 부문별로 구분해 사업계획서상의 세부 심사항목을 각각 100점 만점으로 채점한 뒤 최고점과 최저점을 제외한 5명의 점수를 평균해 세부 항목별 점수를 산출했다.

정보통신부가 심사위원 선정을 위해 숨 가쁘게 움직이고 있을 때, 신규 통신사업 신청법인들도 심사위원 구성을 예의주시했다. 신청기업들은 정보통신부와 대학, 연구소 등을 대상으로 정보안테나를 총 동원했다. 이들은 심사위원들이 심사기준에 따라 객관적이고 엄정하게 평가할 것으로 기대하면서도 '같은 값이며 다홍치마'라는 말처럼 자신들에게 비교적 우호적인 인물이 심사위원에 포함되기를 내심 기대했다. 심사위원의 점수가 사업자 선정의 당락(當落)을 결정하는 것이어서 기업들로서는 촉각을 곤두세울 수밖에 없었다.

A기업 홍보실에 근무했던 B씨의 말.

"기업들이라고 가만히 있지 않았어요. 사전에 심사위원들의 예상 명단을 작성했어요. 그리고 이들을 대상으로 혹시 휴강을 하거나 아니면 장기 출장을 갈 계획이 있는지를 조심스럽게 파악했습니다. PCS군에 속한 대기업들은 다 그런 식으로 심사위원 선정에 관심을 가졌습니다. 장기 출장이나 휴강을 한 교수들이 우선관찰 대상이었어요."

하지만 기업들의 이런 노력은 별 성과를 거두지 못했다. 기업들의 예상과는 달리 의외의 인물들이 심사위원으로 많이 참여했기 때문이다.

심사위원 선정을 앞두고 정보통신부 주변에서는 통신정책을 주로 다룬 통신개발연구원(현 정보통신정책연구원)에서 대거 참여할 것이란 소문이 꽤 설득력 있게 나돌았다.

하지만 막상 심사위원 뚜껑을 열고 보니 거론됐던 인물들이 다수 빠졌다. 그 대신 한국전자통신연구소(현 한국전자통신연구원)의 인력이 많이 들어갔다. 대학교수, 변호사 등도 포함됐다.

정보통신부는 심사과정에서 혹시 점수가 공개될 것에 대비해 주도

면밀한 채점시스템을 준비했다. 먼저 심사위원들에게 신청업체 명칭을 공개하지 않았다. 명칭을 공개할 경우 혹시 심사위원의 개인적인 감정이 개입할 수 있다고 판단했던 것이다.

정보통신부는 법인명 대신 코드번호로 신청법인을 표기해 평가하도록 했다. 심사위원들이 어느 업체인지 알 수 없게 한 것이다. 그리고 채점한 점수를 다른 사람이 알 수 없게 했다. 모든 심사위원들이 자신의 점수 외는 전혀 알 수없는 채점시스템이었다.

박 기술반장의 기억.

"각자 자기 심사항목만 평가를 했습니다. 심사위원들이 소신에 따라 객관적으로 공정한 평가를 하도록 한 것입니다. 다른 위원은 그 분야의 점수가 어떻게 되는지를 몰랐습니다. 평가항목에 따라 점수를 매긴 후 곧장 평가위원에게 자료를 넘겼습니다."

평가위원으로 PCS업무를 지원했던 통신개발연구원 이명호 박사(현 정보통신정책연구원 연구책임자)의 말.

"저는 심사는 하지 않고 지원업무를 맡았습니다. 심사하는 데 필요한 모든 것을 행정적으로 다 뒷받침해 주었어요. 1992년 제2이동통신사업자 선정에도 참여한 경험이 있었거든요. 힘들었지만 보람 있는 작업이었습니다. 남의 일에 신경쓰지 않고 오직 자기 역할에만 충실했습니다."

정보통신부에서는 이성해 정보통신지원국장(정보통신부 기획관리실장, KT인포텍 사장 역임, 현 큐앤에드 회장)과 이규태 과장 등이 심사위원들과 같이 심사기간 동안 숙식을 같이했다. 그 무렵 도고수련원은 한 번 들어가면 족쇄가 풀리기 전에는 절대 나올 수 없는 절해고도(絶海

孤島)나 다름없었다.

이 과장의 말.

"심사위원들을 비롯해 이곳에 온 사람들의 전화기를 모두 회수했습니다. 내부 전화도 일체 사용하지 못하게 통제를 했습니다. 외출이나 외박은 당연히 허용이 안됐지요. 정통부 직원들이 24시간 심사위원들의 일상을 감독하고 통제했습니다. 심사위원들은 다 훌륭한 분들이었어요. 전문지식을 바탕으로 객관적으로 공정하게 심사를 했습니다. 모두 자신의 직분에 충실했습니다."

하루 이틀 시간이 흘렀다. 6월 1일 서류심사 작업이 끝났다. 창살 없는 감옥의 대문이 활짝 열린 것이다. 심사위원들은 10일간의 족쇄를 풀고 수련원 정문을 열고 바깥 세상으로 나왔다. 초여름의 시원한 바람이 가슴 속의 체증(滯症)을 파란 하늘로 날려 보냈다.

심사시원들은 서로 악수를 나누며 '그동안 수고했다'고 격려했다. 그리고 아침에 같이 운동을 하며 쌓인 피로를 풀었다. 그러나 심사위원들의 홀가분한 기분과는 달리 정보통신부 직원들은 3차 청문심사 준비를 위해 피곤함을 뒤로 한 채 긴장의 고삐를 바짝 당겼다.

마지막 관문,
3차 청문심사

▎신규 통신사업자 선정을 위한 마지막 관문(關門)은 3차 청문심사였다. 이 관문을 무사히 통과해야 사업자 선정이란 승리의 월계관을 차지할 수 있었다.

1996년 6월 3일.

청문심사장인 경기도 과천시 통신개발연구원(현 정보통신정책연구원)은 아침부터 팽팽한 긴장감이 흐르기 시작했다. 정보통신부는 외부인의 연구원 출입을 엄격하게 통제했다.

청문심사장에 들어가는 신규 통신사업신청법인의 '얼굴'인 컨소시엄 대표조차 일일이 신분을 확인한 후 안으로 들어

이석채 정보통신부 장관이 신규 통신사업 심사위원단에게 심사에 앞서 공정한 평가를 당부하고 있다.

보냈다.

첫날 청문심사는 오후 2시 30분부터 시작했다. 청문대상인 TRS분야 컨소시엄 대표와 보조자들은 오후 2시 전에 청문회장에 들어와 자리를 지켰다.

최종 심사를 앞둔 이들의 표정에는 비장감마저 감돌았다. 사업자 선정의 당락(當落)을 결정할 마지막 면접심사여서 이들의 얼굴은 납덩어리처럼 굳어 있었다.

청문심사장은 연구원 2층 중회의실에 마련했다. 정보통신부는 청문위원들과 업체 대표단과 보조자들이 서로 마주보는 형태로 좌석을 배치했다. 정보통신부 이성해 정보통신지원국장(정보통신부 기획관리실장, KT인포텍 사장 역임, 현 큐앤에드 회장)과 이규태 통신기획과장(정보통신부 감사관, 서울체신청장 역임, 현 한국IT비즈니스진흥협회 부회장)을 비롯한 정보통신부 지원팀과 속기사, 촬영팀 등이 양쪽으로 자리를 잡았다.

이날 오후 2시 30분.

"지금부터 신규 통신사업자 선정을 위한 청문심사를 시작하겠습니다." 팽팽한 긴장감을 깨고 위원장인 이석채 정보통신부 장관(현 KT 회장)을 대신한 이계철 정보통신부 차관(현 방송통신위원장)이 청문심사 시작을 선언했다.

청문심사는 사업계획서 심사 때와 마찬가지로 비공개로 진행했다. 심사장 출입도 외부인은 금지했다.

심사위원은 청문항목 분야 전문가 5명과 사업계획서 심사위원 중 경영과 기술 분야 각 1명씩 모두 7명으로 구성했다. 심사위원 구성은

5+2형식이었다. 심사위원장은 정보통신부 장관이 맡되 평가는 하지 않기로 했다.

정보통신부는 극비리에 청문심사위원을 선정해 6월 2일 늦게 이석채 장관 등이 이들에게 직접 통보했다고 한다.

박한규 연세대 교수(한국통신학회장 역임, 현 연세대 명예교수)의 말.

"2일 밤 11시가 지난 늦은 시간에 이계철 차관한테 직접 연락을 받았습니다. 3일 아침에 이 장관과 조찬간담회가 있으니 참석해 달라고 하더군요. 이튿날 조찬에 약속시간보다 다소 늦게 참석했어요. 청문심사에서는 주로 기술 분야를 질문했습니다."

정보통신부는 6월 3일부터 5일까지 3일간 청문심사를 할 계획이었다. 하지만 하루를 단축해 심사일정을 이틀로 조정했다.

청문심사 대상은 PCS와 TRS 전국사업자 등 2개 분야 3개군이었다. 첫날인 3일에는 TRS 전국사업자를 대상으로 청문심사를 진행했다. 4일에는 오전과 오후에 걸쳐 PCS 통신장비 제조업군과 비제조업군의 신청기업들에 대한 청문심사를 실시했다. 신청기업들의 답변시간은 항목당 5분으로 제한했다.

심사위원들은 통신사업 참여 타당성과 중소기업 육성 및 지원계획, 기술개발계획, 통신망 구성계획, 인력육성계획, 소프트웨어 등 관련사업 육성 등 사전에 준비한 5개 항목에 대해 질문했다. 주 면접관이 질문을 하고 이에 대해 답을 하면 전체 위원들이 토론해서 점수를 매기는 방식으로 진행했다.

첫날 오후에 청문회를 연 것은 그날이 9회 정보문화의 달 기념식 및 제8회 정보문화상 시상식이 오전 11시 세종문화회관 소강당에서 열렸기 때문이다. 기념식에는 이수성 국무총리(현 통일을 위한 복지기금 재단 이사장), 이석채 정보통신부 장관 등 정보통신 학계 및 업계 인사 등 200여 명이 참석했다.

TRS 전국사업사 청문심사에는 기아텔레콤과 동부텔레콤, 아남텔레콤, 한진글로콤의 4개 컨소시엄 대표와 보조자 1명씩 모두 8명이 참석했다.

심사위원은 양승택 한국전자통신연구소 소장(정보통신부 장관, 동명대 총장 역임, 현 IST컨소시엄 대표), 방석현 통신개발연구원장(현 서울대 행정대학원 교수), 박한규 교수, 김용 공정거래위원회 상임위원(현 법무법인 화우 고문), 김광식 중소기업청 산업1국장, 전영섭 서울대 교수(경제학), 박항구 전자통신연구소 이동통신개발단장(현 소암시스템 회장) 등 7명이었다.

기아텔레콤에서는 남기재 대표(기아정보시스템 대표 역임, 현 태흥아이에스 부회장)와 이성신 이사, 동부텔레콤에서는 윤대근 대표(현 동부건설 부회장)와 윤석중 상무, 아남텔레콤은 김주채 대표(현 아남인스트루먼트 회장)와 이문규 이사, 한진글로콤은 고충삼 대표(대한항공 고문 역임)와 정요성 상무가 참석했다. 이들은 각자 기술력과 영업계획서를 바탕으로 자사의 우수성을 강조했다.

동부텔레콤 윤대근 대표는 기자들에게 "기술제휴선인 에릭슨이 컨소시엄에 지분 참여를 하지 않아 기술종속 우려가 없다"고 말했다.

첫날 청문심사는 시작 3시간여만인 오후 5시가 조금 지나 끝났다.

이튿날 6월 4일.

정보통신부는 이날 오전 10시부터 가장 경쟁이 치열한 PCS 분야

신청법인인 에버넷과 LG텔레콤에 대한 청문을 진행했다. 빅3 간 자존심을 건 마지막 승부처였다. 재계 1, 2위 간 컨소시엄인 에버넷과 LG텔레콤 간의 경쟁은 그 자체만으로도 큰 뉴스거리였다.

심사위원은 양승택 소장, 방석현 원장, 박한규 교수, 김광식 중기청 산업1국장, 김용 공정거래위원회 상임위원, 이천표 서울대 교수(통신개발연구원장 역임, 현 서울대 명예교수, 산은 사외이사), 김재균 KAIST 교수(현 KAIST 명예교수) 등 7명이 담당했다.

남궁석 에버넷 대표(정보통신부 장관, 16대 국회의원, 국회사무총장 역임, 작고)와 정장호 LG텔레콤 대표(LG텔레콤 사장·부회장, 한국정보통신산업협회장 역임, 현 마루홀딩스 회장)는 같은 대학동문에다 친구 사이였다.

정 대표는 9시 15분경 통신개발연구원에 도착했고, 남궁 대표는 9시 20분경 그 뒤를 이어 청문회장으로 올라갔다. 남궁 대표는 현대 측 홍성원 박사(청와대 과학기술비서관, KAIST 서울분원장, 시스코시스템즈 코리아 회장 역임)와 같이 청문심사에 참석했다. 정 대표는 안병욱 LG정보통신 이사(LG텔레콤 부사장, 데이콤 부사장 역임)와 동행했다.

오후 2시부터는 비제조업체군에 대한 청문심사가 시작됐다. 한솔PCS의 정용문 대표(삼성전자 정보통신부문 대표, 한솔PCS 사장 역임), 박재하 글로텔 대표(청와대 국방비서관, 모토로라코리아 사장·부회장 역임, 현 고문, 세종연구소 연구위원), 성기중 그린텔 대표(한국소프트텔니스 사장·부회장 역임) 등이 1시를 조금 지나 차례로 도착해 청문심사장으로 들어갔다. 정 대표는 민경수 한솔정보통신사업단 이사를, 박 대표는 오효원 효성텔레콤 부사장을, 성 대표는 최종호 한국정보통신 이사(그린텔 이사)를 보조자로 대동했다.

박재하 글로텔 대표의 기억.

"청문심사 시간이 오래 걸리지 않았어요. 20여 분만에 끝났어요. 프레젠테이션(PT)까지 만반의 준비를 다해 갔는데 별로 질문을 하지 않아 아쉽더군요. 내색은 못했지만 예감이 좋지 않았습니다."

성기중 그린텔 대표의 증언.

"오래 전 일이라 정확한 기억은 나지 않아요. 청문시간은 30여 분 걸렸어요. 주로 기술력에 대한 질문을 많이 받았어요."

공정거래위는 청문심사위원들에게 도덕성 평가와 관련해 각 기업의 위반자료를 제공했다. A4용지 기준으로 삼성이 4장이었고, 현대는 2장, LG는 1장이었다고 한다.

뒷날 PCS사업 선정과 관련해 의혹이 제기된 이른바 '전무(全無)배점 방식'이 등장한 것은 청문심사 첫날인 6월 3일 아침이었다. 심사위원들은 3일 아침 광화문우체국 직원식당에서 열리는 장관과의 조찬간담회에 참석했다.

이 자리에서 이석채 장관은 "한국의 정보통신산업 미래에 중요한 영향을 끼칠 수도 있는 사안이니만큼 공정한 심사를 해달라"고 당부했다. 그는 이어 "서류심사 결과 점수 차이가 미미해 변별력에 문제가 있다거나, 비등한 점수차로 당락이 갈려 시비가 일지 않도록 '전무(All or Nothing)방식'을 채택하는 것도 하나의 방법일 수 있다."고 말했다.

'전무배점방식'이란 평가항목마다 해당 신청업체의 득점을 '0점 아니면 백점'식으로 평가하는 것이다. 각 항목의 가중치를 곱한 뒤 이를 합산하는 방식이다.

심사위원인 A씨의 증언.

"사전에 전혀 그런 내용을 몰랐어요. 그 자리에서 처음 이 장관한 테 그런 말을 들었습니다. 다소 당황하기 했지만 심사위원들의 이의 제기는 없었습니다."

그러나 이 장관은 이전부터 나름대로 이 방식을 숙고했다.

정보통신부 고위관계자 B씨의 증언.

"어느 날 이 장관이 느닷없이 사무실로 내려왔어요. 그리고는 '신규 통신사업자를 재벌 1, 2위에게 주는 게 경제력 집중이나 중소기업 육성 차원에서 타당한지 의견을 듣고 싶다'고 말했어요. 그래서 내 의견 은 '바람직하지 않다'고 말했지요. 그 후 '전무배점방식'이란 것을 이 장관이 말했더군요."

이 방식은 훗날 사업자 선정이후 특정업체를 봐주기 위한 이른바 특혜의혹 시비의 도화선이 됐다. 김대중 정부가 들어서면서 PCS사업 선정과정은 정권 차원의 비리로 등장해 정보통신부를 발칵 뒤흔들어 놓았다. 에버넷과 LG 간의 팽팽한 접전에서 LG가 미미한 열세를 뒤 엎고 역전승을 거둔 것이 '전무배점방식'을 적용했기 때문이라는 것 이었다.

하지만 그 무렵 정보통신부의 그 누구도 나중에 '전무배점방식'이 화근이 될 줄은 꿈에도 생각하지 못했다.

마침내
신규 통신사업자 발표

▌ 1996년 6월 10일,

이석채 정보통신부 장관(현 KT 회장)은 이날 오후 2시 정보통신부 22층 중회의실에서 지난 1년여 진행해 온 신규 통신사업자 선정의 '마침표'를 찍는 최종 심사결과를 발표했다. 국내 기업들 간 1년여 '통신 대혈투'가 막을 내리는 운명의 순간이었다.

심사결과는 신규 통신사업 신청자들에게 천당과 지옥이란 극(極)과 극을 오가게 만들었다. 승자는 환호했지만 패자는 좌절했다. 희비(喜悲)쌍곡선이 극명하게 엇갈렸다. '환호와 탄식', '희망과 절망', '기쁨과 슬픔'이란 상반된 두 기류가 흑백처럼 교차했다. 발표는 한순간이었지만 그 여진(餘震)은 정권을 건너뛰어 진저리칠 정도로 오래갔다.

이 장관의 발표를 앞두고 중회의실은 몰려든 취재진과 업체 관계자들로 입추(立錐)의 여지가 없었다. 신문과 방송의 취재진만 해도 100명 이상이 몰려 그야말로 북새통이었다.

정보통신부는 발표에 앞서 통신위원회(위원장 윤승영 변호사)의 심의를 거쳤다. 청와대에도 이런 결과를 보고했다.

이 장관이 발표자료를 손에 들고 연단 위에 올라서자 중회의실의 모든 눈과 귀는 이 장관의 입으로 쏠렸다.

"신규 통신사업자 선정결과를 발표하겠습니다. 정보통신부는 PCS를 포함해 7개 신규 통신사업 분야에 모두 27개 컨소시엄을 최종 사업자로 선정했습니다. 가장 경쟁이 치열했던 PCS의 경우 LG그룹의 LG텔레콤과 한솔그룹의 한솔PCS, 한국통신자회사의 3개 업체를 선정했습니다."

국가기간통신사업자인 한국통신은 자회사를 설립해 PCS사업을 운영토록 정부가 사업권을 미리 주기로 한 상태였다.

"TRS 전국사업자로 아남텔레콤을, 무선데이터통신 전국사업자에는 에어미디어, 인텍크무선통신, 한컴텔레콤의 3개 업체를 각각 선정했습니다. 정통부는 선정된 법인이 법인설립 등기와 임시 출연금 납입, 기타 허가시행에 필요한 사항을 이행하는 대로 허가서를 교부할 예정입니다. 모든 신청법인에게 사업권을 드리지 못한 점을 안타깝게 생각합니다. 그동안 공정한 심사에 협조해 준 것에 대해서도 감사를 드립니다."

이날 발표로 PCS 장비 제조업체군에서는 삼성·현대의 컨소시엄인 에버넷이 LG텔레콤에 밀려 탈락했다. 비장비 제조업군에서는 한솔PCS(한솔·데이콤)를 제외한 금호·효성의 글로텔, 중소기업협동중앙회의 그린텔이 떨어졌다.

국제전화에는 일진, 한라 등 8개 업체가 연합한 한국글로벌텔레콤이, 전기통신 회선설비 임대에는 삼보컴퓨터와 한전 등이 주요주주로 컨소시엄을 이룬 윈네트와 대한송유관공사가 주요주주로 참여한 지앤지텔레콤이 각각 선정됐다.

5개 컨소시엄이 허가신청서를 제출한 TRS 수도권사업자에는 ㈜서울TRS가, 4개 컨소시엄이 신청한 부산·경남권에는 글로벌텔레콤, 3개 컨소시엄이 경합을 벌인 대구·경북권에는 대구TRS, 2개 컨소시엄이 경쟁한 광주·전남권에는 광주텔레콤이 뽑혔다.

단독 신청한 제주권에서는 제주티알에스가 선정됐으나, 대전·충남권에 사업허가를 신청한 대전주파수공용통신은 적격심사에서 탈락했다. 한국통신에 사업권이 내정된 CT-2 전국사업을 제외하고 3개 업체가 경합을 벌인 CT-2 수도권사업에서는 나래이동통신과 서울이동통신의 2개 업체가 선정됐다.

부산·경남 등 8개 지역사업자에는 단독 신청했던 컨소시엄들이 모두 적격심사를 통과, 선정됐다.

이 장관은 사업자 선정 결과 발표 후 기자들과 일문일답을 가졌다.

"이번 사업자 선정은 기업경쟁력과 국내 유관산업 육성, 다수 기업 참여로 국내기업의 세계화 등 3개 심사원칙을 적용했다. 심사는 공정하고 객관적으로 진행했습니다."

기자와 이석채 장관 간 일문일답이 이어졌다.

기자 : 일부 업체에 대해 사전내락설이 나돌았다. 그런 업체가 대부분 선정됐다.

이 장관 : 그것은 사실과 다르다. 심사위원 선정부터 심사과정이 모두 공정하게 이뤄졌다. 42명의 심사위원들도 객관적으로 심사했다.

1996년 6월 10일, 이석채 정보통신부장관이 개인휴대통신(PCS)사업자로 LG텔레콤 등 3개 업체를 선정하는 등 7개 신규 통신사업자를 발표하고 있다.

기자 : 심사에서 가장 역점을 둔 점은 무엇인가?

이 장관 : 기술과 재정, 그리고 영업 등에서 가장 능력이 있다고 판단한 업체들이 가장 높은 점수를 받았다. 중소기업 육성 의지도 고려했다. 과도한 대기업의 경제력 집중에 대한 경계도 비교적 높은 심사기준이었다.

기자 : 계량평가에 대한 비중이 높다는 지적이 있다.

이 장관 : 그런 점은 인정한다. 그래서 이를 보완하기 위해 청문평가를 추가 한 것이다.

기자 : 청문심사를 PCS와 TRS 전국사업자로 제한한 이유는?

이 장관 : 청문평가의 목표는 중소기업 육성 의지와 실천 방안 등 사업 계획서에 의한 비계량평가를 보완하고, 정부의 경제정책과의 부합성 및 관련 심사항목 간의 일관성과 연관성 등을 확인하기

위한 것이었다. 따라서 30대 규모기업 집단에 속한 대기업이 주주로 참여한 PCS와 TRS 전국사업자들을 대상으로 한 것이다.

기자 : 채점표를 공개하지 않았는데.

이 장관 : 신청업체의 영업이나 기술력, 재무상태, 기업의 도덕성 등을 비교평가해 점수를 산출했다. 그런 내용을 공개하면 기업비밀 보호 차원에서 바람직하지 않다고 생각했다. 만약 심사평가의 공정성 및 투명성을 입증하기 위해 필요할 경우 나중에 공개토록 하겠다.

사업자 선정결과 발표와 관련해 이날 정보통신부 공보관실에서는 한바탕 소동이 벌어졌다.

정보통신부는 보도자료를 40부 가량 만들었다. 정보통신부 출입기자가 30여 명이어서 10부 정도는 여유 있게 만든 것이었다. 하지만 이날 발표장에 몰린 기자들이 100명이 넘었다. 보도자료를 못받은 기자들이 "왜 보도자료를 일부에게만 주느냐"고 아우성을 쳤다. 공보관실은 추가로 보도자료를 인쇄해 기자들에게 나눠 주느라 진땀을 흘렸다.

사업자로 선정된 기업들은 축제 분위기였다. 선정 소식을 듣고 환호성을 터트리며 서로 축하 악수를 나누었다. 반면 탈락한 업체들은 침울한 분위기였다. 일부는 선정기준에 강한 불만을 나타냈다.

격전 끝에 PCS사업권을 딴 LG그룹은 정부의 발표 직후 정장호 LG정보통신 사장(LG텔레콤 사장·부회장, 한국정보통신산업협회 회장 역임, 현 마루홀딩스 회장)이 기자회견을 열었다. 여의도 쌍둥이빌딩 17층 임원회의실에서 가진 기자회견에서 정 사장은 "통신산업 경쟁력 향상에 최선을 다하겠다."고 다짐했다.

LG그룹은 오후 6시부터 서울 여의도 쌍둥이빌딩 지하1층에서 사원들이 참석한 가운데 '생맥주 파티'를 열어 자축했다. 생맥주 파티에는 구본무 그룹회장과 정장호 사장 등 그룹 사장단이 대거 참석해 두 시간 동안 무제한으로 생맥주를 사원들에게 제공했다.

LG그룹 홍보실 임원 A씨의 말.

"사업권 선정 발표 후 대규모 자축행사를 별도로 갖자는 의견도 있었어요. 하지만 사내 행사로 조용하게 치르자는 의견이 많아 업무가 끝난 후 두 시간 동안 그간 수고한 사원들의 노고를 격려하기 위한 간소한 모임을 마련했는데 정말 감격스러웠어요."

그룹 회장실 심재혁 전무(LG텔레콤 부사장, 인터컨티넨탈호텔 대표 역임, 현 레드캡투어 대표)는 "외부에 나가 있던 구 회장은 연락을 받고 크게 기뻐했다."고 전했다.

이에 비해 삼성과 현대 컨소시엄인 에버넷은 실망감이 컸다. 발표 날 오전까지도 "에버넷이 기술점수에서 컨소시엄보다 2점 가량 앞선 것으로 알고 있다."며 자신감에 넘쳤던 에버넷은 막상 탈락하자 불만스런 표정이 역력했다.

하지만 삼성은 이날 오후 공식적으로 "정부의 정책결정에 승복하며 그동안 경쟁해 온 LG에 축하를 보낸다."는 입장을 발표했지만 속까지 편한 것은 아니었다.

삼성 비서실 B이사의 증언.

"속으로는 불만이 많았어요. 정부의 심사과정에서 선정기준이 오락가락하고 명쾌하지 않았다고 생각했어요. 그렇다고 드러낼 수는

◆ 신규 통신사업자 선정 일지

1995년 7월 4일 : 7개 분야 30개 신규 기간통신사업자 1995년 내 선정계획발표

1995년 8월 31일 : 선정요령 공고 무기한 연기

1995년 9월 7일 : 사업자 선정 1996년 상반기로 연기

1995년 12월 14일 : 추첨으로 사업자 최종 선정하기로 한 선정요령 공고

1996년 1월 : 이석채 장관, 추첨방식 완전 배제 발언

1996년 3월 6일 : 추첨방식 배제, 개인휴대통신사업권을 장비 제조업체군과 비제조업체군으로 분리허가, 경제력 집중 및 도덕성 등을 심사항목에 담은 수정 신청요령 공고

1996년 4월 15일 ~ 4월 17일 : 7개 분야 53개 컨소시엄, 사업계획서 접수

1996년 4월 25일 ~ 5월 8일 : 동일인 지분제한 등 전기통신사업법 관련 규정 위반 및 중복신청 여부를 확인하기 위한 1차 자격심사

1996년 5월 23일 ~ 6월 1일 : 사업계획서에 대한 2차 비계량평가 실시

1996년 6월 3일 ~ 6월 4일 : 개인휴대통신 장비 제조업체군과 비제조업체군 및 전국 TRS 신청 컨소시엄에 대한 3차 청문회

1996년 6월 5일 ~ 6월 8일 : 계량평가 및 합산

1996년 6월 10일 : 신규 기간통신사업자 발표

없었지요."

TRS 전국사업자로 선정된 아남텔레콤의 김주채 대표(현 아남인스트루먼트 회장)는 통신사업자를 발표한 후 서울역 앞 벽산빌딩에 개설한 디지털TRS시험국을 방문, 관계자들의 노고를 치하했다.

반면 컨소시엄 참여업체의 대규모 집회 등을 통해 PCS사업에 강한 집착을 보였던 중소기업협동조합중앙회는 정부 발표에 대해 가장 크게 반발했다. 중앙회는 컨소시엄 조합원 이름으로 '신규 통신사업자 선정 결과에 따른 입장'이란 성명서를 통해 "이번 심사 결과에 승복할 수 없으며, 어떠한 대응책도 모두 구사하겠다."는 초강경 대응방침을 발표했다.

하지만 업체 간 명암(明暗)이 교차한 신규 통신사업자 선정은 한국이 통신강국으로 도약하는 데 중요한 이정표(里程表)가 됐다.

정치권 등 사업자 선정
의혹 제기

▎ 바람이 불면 나무가 흔들리는 법이다. 정보통신부가 신규 통신사업자 선정 결과를 발표한 다음날인 1996년 6월 11일, 신규통신사업자 선정 결과에 야 3당이 일제히 정경유착의 의혹(疑惑)을 제기하고 나섰다. 야 3당을 중심으로 이른바 '정치권발(發)' 신규 통신사업자 선정 의혹설이 고개를 들기 시작한 것이다.

야 3당은 "선정과정에 의혹이 있다."며 이를 밝히라고 요구했다. 야 3당은 사업자 심사점수를 공개하지 않은 점, 이석채 장관 취임 후 추첨제를 채점방식으로 바꾼 점, 정부가 경제력 집중을 완화한다면서 중소기업 컨소시엄을 탈락시킨 점, 정부가 심사항목에 도덕성을 포함시켰으면서도 뇌물사건과 관련이 있는 한솔PCS가 사업권을 획득한 점 등의 의혹을 제기했다.

국민회의와 자민련, 민주당의 야 3당은 11일 기다렸다는 듯 일제히 PCS사업자 선정 결과에 대한 논평을 발표했다. 그 내용을 들어보자.

정동영 국민회의 대변인(국회의원, 통일부 장관, 열린우리당 의장 역임,

현 민주통합당 상임고문)은 논평에서 "사전내정설이 나돌던 특정업체를 그대로 선정한 것은 정부가 이미 결정해 놓고 나머지 업체를 들러리로 세웠다는 의혹을 짙게 하고 있다."고 주장했다.

정 대변인은 "PCS사업자 선정 의혹은 노태우 정권 때의 이동통신업체 선정파동과 궤를 같이 하는 김영삼 정권 최대 의혹사건으로 현정권이 끝난 이후에 반드시 의혹이 규명돼야 할 것"이라고 말했다.

말이 씨가 된다고 했든가. 이 말은 정권교체 이후 악몽 같은 현실이 되고 말았다.

김창영 자민련 부대변인(국무총리 공보실장 역임)은 "황금알을 낳는 거위나 다름없는 통신 신규사업자를 국회가 열리지 않는 틈을 타 비공개 심사를 통해 부랴부랴 선정한 것은 정경유착의 의혹이 짙다."고 비난했다.

김홍신 민주당 대변인(15 · 16대 국회의원 역임, 현 건국대학교 언론홍보대학원 초빙교수)은 "심사가 졸속하고 특정재벌 봐주기로 사업자가 결정되었다는 의혹이 있다."며 "정부는 사업자 선정 과정과 절차를 즉각 공개하여 국민적 의혹에 대해 해명하라"고 주장했다.

탈락업체 중에서는 중소기업협동조합중앙회가 정부에 대해 가장 강경한 입장을 취했다. 중앙회는 11일 긴급 이사회를 열고 한솔 등 PCS 장비 비제조군 3개 컨소시엄이 제출한 사업계획서 일체와 사업권 심사기준, 가중치 관련 서류 등 정보통신부의 사업권 심사와 관련된 서류 일체에 대해 증거보전가처분신청을 내기로 했다.

중앙회는 중소기업 정책기조에 역행하고, 중소기업 전체를 모독하는 발언을 한 이석채 장관의 사임을 강력히 요구했다. 중앙회는 "정통부가 중기컨소시엄을 와해시키기 위해 한국통신 자회사와 PCS사업자로 선정된 기업의 주식소유비율을 변경해 탈락한 중소기업을 참여시키겠다고 밝히고 있으나, 이를 단호히 거부하고 모든 행정적·법적 대응조치를 취하겠다."고 결의했다.

중앙회는 "심사 과정의 투명성과 공정성을 보장하기 위해 심사기준과 가중치 심사에 대한 상세한 결과는 물론, 가중치를 언제 결정했으며 그 후 수정사항이 있었는지 여부를 정통부가 밝혀야 한다."고 말했다.

국민회의는 12일에도 논평을 발표했다. 정동영 대변인은 "정부는 이석채 정보통신부 장관을 국민 앞에 사과시키고 응분의 책임을 물어야 한다."고 주장했다.

신문과 방송 등은 정보통신부의 신규 통신사업자 선정 발표 결과를 크게 보도했다. 신문은 11일 검은 글씨 컷으로 'PCS사업자 LG, 한솔 선정', 'PCS사업자 선정, LG텔레콤, 한솔PCS' 등의 제목을 달았다. 신문들은 별도 지면에 그간의 과정과 앞으로 통신시장의 변화 등을 소상하게 보도했다. 이날 신문들은 온통 신규 통신사업자 기사로

당시 주요 신문의 기사와 제목. 사설에서 나타나듯 사업자 선정 결과를 놓고 언론사들은 사익에 따라 제각각의 목소리를 냈다.

도배를 하다시피 했다.

정보통신부 공보관실은 신문과 방송의 논조를 예의주시했다. 여론의 반응은 통신대전의 대미(大尾)라고 할 수 있었다.

이날 신문 가운데 유독 조선일보와 중앙일보는 같은 사안인데도 논조(論調)가 극명하게 대비됐다. 조선일보는 이번 사업자 선정에 의미를 부여했다. '통신업계 독점에서 경쟁시대로'라며 '사업능력 평가서 우열 판가름'이란 제목을 돋보이게 편집했다.

중앙일보는 3면 전면을 신규 통신사업 특집으로 꾸몄다. 하지만 중앙일보는 '심사기준 오락가락 신뢰성 흠집', '내정설 · 안배설 꼬리문의혹'이라는 제목을 붙였다.

회사의 주장을 반영하는 사설의 표제와 내용도 비교될 만큼 두 언론사의 논조는 판이하게 달랐다. 조선일보는 '정보통신의 경쟁시대'라는 사설 제목을 달았다. 중앙일보는 '소문대로 된 통신사업자 선정'이라는 사설 제목을 붙였다.

사설도 달랐다. 조선일보는 "신규 사업자 선정이 정보사회의 지평을 열어갈 것"이며 기대감을 나타냈다.

"새 통신사업자 확정은 국내 통신사상 중요한 획을 긋는 전기가 될 것이다. 27개 신규 통신사업자의 최종 선정은 그 과정의 공공성이나 결과의 합리성 여부와는 별개로 국내 통신산업의 발전 과정에서 중요한 이정표를 하나 더 세우는 것이었다. 국내 통신산업은 오랜 기간의 독점적 공영화에도 불구하고 쉴 새 없는 연구개발 투자를 포함한 대형 설비투자를 지속함으로써 비교적 짧은 시일 안에 통신 분야의 기반을 든든히 다져놓았다. 그러나 오늘의 급전하는 정보혁명 시대에는 이 같은 기간통신 중심만으로는 역부족일 뿐만 아니라, 외혈 정보통신사업으로의 개혁과 변신을 저해하는 장애가 되기도 한다. 다행히 정보통신 시대의 새로운 전개를 너무 늦지 않게 간파한 정부와 통신업계가 이제 본격적인 정보화사회 건설에 앞장서고 있어 이 분야의 새로운 지평을 열 것으로 기대되고 있다."

이에 비해 중앙일보는 사설에서 "선정 방법과 기준 등에 대해 문제가 있다."며 "선정의 의미도 엄밀하게 재평가할 필요가 있다."고 주장했다.

"무엇보다 문제가 되는 부분이 왜 정부가 사업자 선정에 직접 개입해야 하는가에 대한 의문이다. 이번 선정 방법은 정부가 아무리 그럴듯한 기준을 제시해도 당초부터 문제의 소지를 안고 있었다. 몇 가지 지표에 객관적인 점수를 매기는 것 자체가 한계가 있을 뿐만 아니라 주관성이 개입되는 기준은 모호할 수밖에 없다. 더구나 기준이 몇 차례 바뀌고 처음부터 특정업체로 내정해 놓고 '짜고 치는 고스톱'이란 소문이 무성했다. 특히 장비 제조업체 부문인 LG텔레콤은 데이콤에 대한 경영지배 구조의 의혹이 없어지지 않은 상태에서 신청됐다는 점에서 두고두고 말썽의 소지를 안고 있다. 이 부문은 정부가 주장하는 경제력 집중이나 기업의 도덕성 같은 기준이 얼마나 내용 없는 개념인가를 보여 주는 대목이다."

야 3당과 언론의 신규 통신사업자 선정 과정에 대한 의혹 제기는 정보통신부를 향해 비리(非理)의 그물을 던진 것이나 다름이 없었다. 하지만 사업자 선정작업 실무진들은 언론 반응에 별 관심을 기울이지 않았다.

실무자인 이규태 과장(정보통신부 감사관, 서울체신청장 역임, 현 한국IT비즈니스진흥협회 부회장)의 말.

"언론의 이런 논조에 별로 관심을 갖지 않았어요. 장·차관 등 윗분들이야 언론 반응을 주목했겠지요. 하지만 실무자들은 심사기준에 따라 공정하게 작업을 해서 별 신경을 쓰지 않았습니다. 후속작업을 하느라 신경 쓸 겨를이 없었어요."

정보통신부 고위관계자 A씨의 말.

"정말 아이러니했어요. 1995년 12월 조선일보 사설로 인해 정통부가 큰 곤혹을 치뤘습니다. 장관이 경질되는 원인을 조선일보 사설이 제공했고, 이를 본 김영삼 대통령이 '통신사업자를 또뽑기로 결정한다는 게 말이 되는 기가'라며 대노했어요. 당시 중앙일보는 별 반응을 보이지 않았어요."

정보통신부가 1995년 12월 15일 신규 통신사업자 허가신청요령을 발표하자, 조선일보는 12월 18일 사설을 추첨제에 대해 문제를 제기했다. 사설 제목도 '통신사업자 또뽑기'로 자극적이었다.

월요일 아침, 상큼한 기분으로 출근한 한이헌 경제수석(15대 국회의원, 기술신용보금기금 이사장 역임, 현 한국디지털미디어고 교장)은 김 대통령의 호출을 받고 불려가 야단을 맞았다.

그 여파로 경상현 정보통신부 장관이 12월 20일 단행한 개각에서 경질됐다. 각계의 의견을 수렴해 고심 끝에 결정한 1차 서류심사, 2차 출연금 비교, 3차 추첨방식은 이 장관 취임 후 채점제로 바뀌었다.

한 경제수석의 증언.

"경제수석을 거치지 않고 결정된 경제 문제에 관해 김 대통령에게

'문제가 있다'고 말할 사람은 당시 현철 씨밖에 없었어요."

조선일보는 사설로 문제를 제기해 정부의 추첨제를 채점제로 변경시켰다. 사업자 선정이 끝나자 이번에는 중앙일보가 채점제에 대한 문제를 제기한 것이다.

두 신문이 취한 정반대의 사설 논조에 대한 손석춘 새사연 원장(한겨레 논설위원 역임)의 분석.

"사설의 배경에는 신문사의 사익(私益)이 가로놓여 있다. 신문사의 기업적 이해관계가 걸려 있을 때 사설은 심각하게 왜곡된다. LG텔레콤에는 조선일보가 컨소시엄을 구성해 참여했다. 에버넷은 삼성과 현대의 컨소시엄이다. 삼성은 중앙일보를 지배하고 있었다. 중앙일보가 에버넷 탈락에 분통을 터뜨리고, 조선일보가 LG텔레콤 선정을 환영한 이유를 독자들은 충분히 짐작할 수 있지 않을까 싶다.('신문읽기'의 혁명 중에서)"

기간통신사업자 B씨의 증언.

"PCS 통신 제조업군에서 LG텔레콤과 경쟁하던 에버넷이 탈락한 것에 중앙일보가 채점방식을 이유로 문제를 제기한 것입니다."

정치권과 일부 언론, 탈락업체가 제기한 선정 의혹의 그림자는 바람을 타고 불길처럼 7월 국회로 번져 나갔다. 불길한 조짐이었다.

국회에서
평가점수 공개

▎ 본격적인 여름휴가가 시작된 1996년 7월 22일 월요일.

서울 여의도 국회의사당은 15대 국회 첫 상임위원회 개회를 앞두고 각 부처에서 나온 공무원들로 붐볐다.

이날 오후 2시, 국회 통신과학기술위원회 회의실.

이석채 정보통신부 장관(현 KT 회장)과 이계철 차관(현 방송통신위원장), 박성득 기획관리실장(정보통신부 차관 역임, 현 한국해킹보안협회장), 정홍식 정보통신정책실장(정보통신부 차관 역임), 안병엽 정보화기획실장(정보통신부 장관, 17대 국회의원 역임, 현 KAIST 석좌교수) 등 정보통신부 국장급 간부와 산하기관장들이 회의 시작을 기다리고 있었다. 모두 긴장한 표정들이었다.

15대 통신과학기술위원회 구성은 과거와 사뭇 달랐다. 우선 여 · 야 동수로 위원회를 구성했고, 위원장은 야당인 자민련의 강창희 위원장(과학기술부 장관 역임, 현 국회의장)이 맡았다. 그는 육사를 졸업한 후 중령으로 예편해 국무총리 비서실장을 거친 당시 4선 의원이었다.

위원회에는 과학기술처 장관과 국가과학기술자문회의 위원장을 지낸 이상의 의원(한나라당 정책위위장, 국회 과학기술정보통신위원장, 대한변리사장, 국립과천과학관장 역임)과 경북대 전자공학과 교수 출신인 정호선 의원(현 세계학생UN본부장), 체신고 출신인 조영장 의원(국무총리 비서실장 역임, 현 밀레니엄인천 회장), 정보통신 전문가로 불린 김형오 의원(한나라당 원내대표, 국회의장 역임) 등 전문가들이 포진해 있었다.

이날 상임위는 예상대로 사업자 선정 특혜의혹 문제가 초점이 됐다. 상임위 시작 전부터 야당 측 의원들은 신규 통신사업자 선정 과정 의혹을 제기하며 심사내역을 공개하라고 정보통신부를 거칠게 몰아세웠다. 이에 대해 정보통신부는 심사내역을 공개하면 기업의 영업비밀을 보호할 수 없다는 이유로 야당 측 요구를 거부했다.

이석채 장관의 회고.

"신청업체의 영업이나 기술력, 재무상태, 기업의 도덕성 등을 비교 평가해 점수를 산출했습니다. 그런 내용을 공개하면 기업비밀보호 차원에서 바람직하지 않습니다. 만약 심사평가의 공정성 및 투명성을 입증하기 위해 필요할 경우 나중에 공개토록 하겠다고 말했습니다."

야당의원들은 정보통신부의 이런 제안은 들은 척도 하지 않았다. 자칫 파행조짐도 보였다.

강창희 위원장이 중재에 나서 정보통신부 업무보고에 이어 별도로 신규 통신사업자 신청 결과를 보고받는 것으로 각 당(黨) 간사들과 합의를 이끌어냈다. 정보통신부는 이날 거부하던 허가신청법인별 평가내역을 공개했다.

오후 2시 21분, 강창희 위원장이 개회선언을 하면서 상임위원회 회의는 시작됐다.

강 위원장 : 의사일정을 합의한 3당 간사(신한국당 유용태, 새정치국민회의 장영달, 자유민주연합 조영장) 합의에 따라 정보통신부 업무현황 보고와 별도로 신규 기간통신사업자 선정에 관한 보고를 받기로 하겠다. 먼저 이석채 장관의 인사말이 있겠다.

이석채 장관이 앞에 나가 인사말을 하고 이어 간부 및 산하기관장을 차례로 소개한 뒤 박성득 기획관리실장이 정보통신부 업무현황을 보고했다. 그러나 야당의원들은 의사진행발언을 통해 "사업자 선정 과정이 석연치 않다." "심사평가의 공정성, 투명성을 입증하기 위해

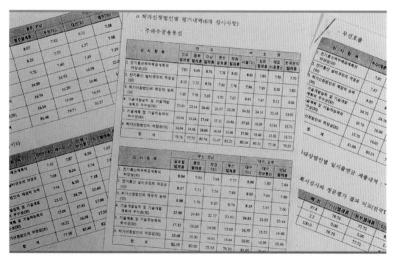

정통부는 국회 통신과학기술위원회의 요구에 따라 신규 통신사업자 허가신청법인별 채점 점수를 공개했다. 사진은 선정 관련 평가표.

모든 점수 관련 자료를 낱낱이 공개해야 한다."며 공세를 퍼부었다.

장영달 의원(의사진행발언 신청) : 상임위를 앞두고 신규 기간통신사업
　　　자 선정에 관한 자료를 요구했다. 국민의 궁금증과 의혹, 불필요
　　　한 오해를 해소하기 위해서다. 아직 자료를 주지 않았다.

남궁진 의원 : 시청조치가 있어야 한다.

정호선 의원 : 자료를 제출할 때 디스크나 CD롬으로 제출해 달라. 키
　　　워드만 치면 자료를 쉽게 찾을 수 있다.

이 장관 : 경위야 어떻게 됐건 자료를 제출하지 못해 죄송하다. 사업자
　　　선정자료는 심사평가의 공정성과 투명성을 입증하기 위해 공개
　　　하는 것이다. 그러나 지금 자료를 공개하면 기업의 영업비밀보
　　　호 사항을 비롯해 민감한 사항이 다 드러난다. 불필요한 오해를
　　　초래할 수 있다.

김형오 의원 : 체신부도 정보통신부로 확대 개편했다. 통신과학기술위
　　　원회 명칭을 정보과학위원회로 바꿔야 한다.

김영환 의원 : 명칭 변경에 동의한다. 그러나 PCS사업자 선정 의혹은
　　　명확히 가려내 국민에게 알려야 한다. 그게 국민의 신뢰를 높이
　　　는 일이다. 자료 제출이 부실하다.

강 위원장 : 자료 제출건 문제는 간사협의에 맡겨 결말을 짓기로 하자.
　　　먼저 정보통신부 업무보고부터 듣자.

강 위원장 중재로 박성득 기획관리실장이 정보통신부 업무현황을
보고했다.

업무보고 중간에 13명의 위원이 정보통신부 업무와 관련해 질의를 했다. 조영장 의원은 정보통신전문대학원 설립과 멀티미디어단지, 도청, 집배원 처우 등을 물었고, 유용태 의원은 정보화기획실에 관해 질의했다.

저녁 6시 11분 강 위원장이 정회를 선포했다.

정회 시간에 3당 간사와 정보통신부는 통신사업자 선정 관련 서류 검증을 실시하기로 합의했다. 아울러 신청법인별 채점 점수도 밝혔다.

강 위원장은 저녁 7시경 회의를 속개했다.

강 위원장 : 3당 간사와 정보통신부가 협의한 사항을 발표하겠다. 신규 통신사업자 선정 관련 서류 제출 문제와 관련해 7월 26일 오전 10시 통신과학기술위원장실에서 서류검증을 하기로 했다. 이어 신규 통신사업자 선정에 관해 보고를 받도록 하겠다.

정보통신부 정홍식 정보통신정책실장이 사업자 선정 추진 경과와 심사기준 변경 이유, 허가신청서 접수 결과, 심사방법, 도덕성 관련 자료, 청문심사, 심사위원 선정 등에 관해 보고했다.

보고가 끝나자 정호선, 김선길, 이부영, 김영환 의원 등의 질의가 잇따랐다.

김영환 의원 : 이 문제가 명쾌하게 해소되지 않을 것 같아 걱정이다. 데이콤지분을 가진 LG의 사업권 선정은 불공정하다. 앞으로 정권이 바뀌어도 문제가 될 수 있다.

남궁진 의원 : 중소기업 컨소시엄을 탈락시킨 이유가 무엇인가? 이 장
　　　관과 심사반장인 이천표 교수는 동창인가? 또 한솔의 김도현 부
　　　사장과는 고교동창인가? 심사현장에 몇 번이나 갔나?

이 장관 : 동창이다. 신문 보도대로 도고수련원에 한 번 가서 조찬을
　　　하며 '공정심사'를 당부했다.

장영달 의원 : 구체적인 자료 공개를 머뭇거리면 밀실행정이란 의혹을
　　　받는다.

이 장관 : 추첨제를 했다면 PCS사업권은 삼성이나 LG, 현대 중에서 2
　　　개를 가지고 갔을 것이다. 자료를 다 공개하면 좋겠지만, 현실적
　　　으로 제약이 있다.

장영달 의원 : LG그룹의 데이콤 주식지분은 문제다.

강 위원장은 오후 8시 17분 회의 정회를 선언하고 저녁식사를 한
후 오후 10시에 속개했다.

김영환 의원 : 도덕성 평가에 한솔의 뇌물사건도 반영했나?

이 장관 : 기준을 정해 심사에 반영했다.

남궁진 의원 : PCS사업자 선정 의혹과 관련, 당위원회에서 조사위원회
　　　를 구성할 것을 제의한다.

강 위원장 : 오는 26일 자료검증을 하고 미진한 점이 있으면 간사 간
　　　합의를 통해 그 문제를 논의하자.

강 위원장은 자정을 7분 앞둔 밤 11시 53분 산회를 선포했다. 정보

통신부에게 이날은 길고도 힘든 하루였다.

이날 상임위에서 정보통신부는 컨소시엄별 평가점수를 공개했다.

PCS 장비 제조업체군에서 LG텔레콤과 삼성·현대 연합컨소시엄인 에버넷은 6개 심사사항 가운데 각각 3개 사항에서 치열한 접전을 벌였으나 100점 만점에서 1.83점 차이로 LG텔레콤이 최종 사업자로 선정됐다. LG텔레콤은 100점 만점에 84.58점을, 에버넷은 82.75점을 각각 받았다. 두 회사는 6개 심사사항 중 3개 사항에서 앞섰으나 LG 텔레콤이 기술개발실적 및 기술개발계획의 우수성 부문에서 에버넷보다 1.25점이 높은 26.09점을 받아 최종 사업자로 뽑혔다.

PCS 비장비 제조업체 분야에서는 한솔그룹과 데이콤이 주축이 된 한솔PCS가 허가 신청법인의 적정성 부문을 제외하고 나머지 5개 부문에서 총점 81.17점을 얻어 1위를 차지했다.

중소기업협동중앙회 컨소시엄인 그린텔은 78.39점을 얻었고, 금호·효성그룹 주축의 글로텔은 76.85점에 그쳤다. 그린텔은 배점이 20점인 허가신청법인의 적정성 부문에서 가장 높은 점수를 받았다.

이미 사업자로 내정된 한국통신의 경우 6개 심사사항 중 허가신청법인의 재정적 능력(10점)과 신청법인의 적정성 대신 공정경쟁계획서와 자회사 설립방안을 평가받아 77.15점을 받았다.

TRS 전국사업자 부문에서는 아남텔레콤이 기술개발실적 및 기술개발계획의 우수성에서 1위를 차지한 것을 비롯해 5개 사항에서 총점 85.76점을 얻어 사업권을 거머쥐었다. 2위는 79.76점을 얻은 기아텔레콤, 3위는 77.72점을 얻은 동부그룹이 차지했고, 한진그룹이 주축이 된 한진글로콤은 72.47점을 기록했다.

3개 사업권을 놓고 6개 컨소시엄이 경합한 무선데이터 분야는 사업권을 따낸 에어미디어, 인텍크무선통신, 한컴텔레콤은 6개 사항별로 각축을 벌여 한컴텔레콤이 83.42점, 에어미디어가 83.40점, 인텍크무선통신이 82.88점을 얻었다.

1개 사업권을 놓고 6개 컨소시엄이 참여했던 수도권 무선호출은 해피텔레콤이 기술개발실적 및 기술개발계획의 우수성 부문을 비롯해 5개 사항에서 수위를 차지하면서 86.30점을 기록, 2위인 두리이동통신을 5.21점 차이로 따돌리고 사업권을 땄다.

정보통신부는 처음에 각 업체에 대한 집계점수를 비롯한 사업자 선정 관련 문서는 2급 비밀로 분류해 보관했다. 그러나 정보통신부는 1998년 2월 9일 이를 대외비와 평문 등으로 다시 분류했다. 세월은 고정불변(固定不變)이란 것을 허용하지 않았다.

이 글은 현재 '이현덕의 정보통신부, 그 시작과 끝'이라는 전자신문 특별기획으로 연재 중입니다. 후속편이 곧 출간 예정입니다.

모든 분들께 감사하며

▎전자신문 특별기획 '정보통신부, 그 시작과 끝'은 미래 여행이 아닌 과거 시간여행이었습니다. 과거로 가는 여정은 결코 쉬운 일이 아니었습니다.

우선 정보화를 주도했던 정보통신부가 간판을 내려 증언 주체가 사라졌기 때문입니다. 정보통신부 공직자들은 4개 부처로 뿔뿔이 흩어졌습니다. 증언자 다수는 이미 현직을 떠났습니다. 역사를 증언해 줄 기록물도 주인이 사라진 탓에 찾기가 어려웠습니다.

이 특별기획 취재를 시작하면서 맨 처음 떠오른 장면이 2008년 1월 16일에 있었던 '정보통신인 신년인사회'였습니다. 바로 그날 이명박 대통령직 인수위원회는 정부조직 개편안을 확정했습니다. 정보통신부는 14년 만에 간판을 내리게 됐습니다.

그날 저녁 서울 남대문로 대한상의에서 500명이 참석한 가운데 열린 신년인사회는 고별식이 됐습니다. 덕담은 사라지고 새 정부에 대한 불만과 서운함을 토로하는 자리로 변했습니다.

유영환 정보통신부 장관은 죄인처럼 내내 고개를 들지 못했습니다.

유 장관은 "세상일은 소처럼 우직해서만은 안되겠다는 생각이 들었다."고 말했지만 이미 버스는 떠난 뒤였습니다.

가장 강도 높은 발언을 한 사람은 윤동윤 전 체신부 장관입니다. 정보통신부 출범의 산파역인 윤 장관은 "인수위 외과의사가 정통부를 네 갈래로 수술했다."고 직설적으로 불만을 터트렸습니다.

특별기획을 취재하면서 국가의 명운은 미래를 보는 눈과 구체적 실행력, 전략, 투철한 국가관을 가진 리더들에게 달려 있다는 점을 거듭 절감했습니다. 단견이나 졸속, 보여주기식 정책은 실패의 지름길이었습니다. 그것은 역사의 냉엄한 교훈입니다.

정보통신부 출범은 논리의 혁신, 창조적 파괴의 시작이었습니다. 역대 체신부·정보통신부 장관들과 공직자들은 혁신과 도전의 아이콘이 되고자 노력했습니다. 많은 분들이 바쁜 시간을 내 정보화 추진 과정의 일을 소상하게 증언하고 관련 자료를 건네 주었습니다. 그분들의 성원과 격려가 큰 힘이 됐습니다.

먼저 역대 장·차관들에 대한 이야기부터 시작하고자 합니다. 정보통신부 출범의 산파역인 윤동윤 체신부 장관과 경상현 초대 정보통신부 장관, 이석채 장관, 강봉균 장관은 긴 시간의 면담을 통해 재임 시절 각종 정책 입안과 추진 과정, 비사 등을 소상히 증언해 주셨습니다. 양승택 정보통신부 장관, 서정욱 과기처 장관과 신윤식 체신부 차관, 박성득·정홍식·김창곤 정보통신부 차관도 마찬가지였습니다.

연재 중 궁금한 점을 수시로 전화로 문의해도 귀찮은 내색 없이 아는 범위 내에서 사실을 확인해 주었고, 비밀의 거튼 뒤에 숨었던 비화를 알려주셨습니다. 정보통신부 전·현직 공직자, 한국전자통신연구원과 정보통신정책연구원, 대학, 관련 업계 관계자들도 예외가 아니었습니다.

정보통신부 출범의 숨은 공로자인 박관용 전 대통령 비서실장의 역할은 윤동윤 장관이 귀띔해 주셨습니다. 박 실장은 극비리에 비서실장 직속의 TF팀을 구성해 정부 조직개편안을 손질했고, 조직개편에 부정적이었던 김영삼 대통령을 설득해 정보통신부를 출범하게 만든 주역이었습니다. 그의 증언은 그동안 이면에 숨어 있던 비사를 지면을 통해 세상 밖으로 얼굴을 내밀게 했습니다. 선경그룹의 제2이동통신 반납에 청와대가 개입한 일도 취재 과정에서 발굴한 성과물이었습니다. 윤동윤 장관이 정치적으로 민감한 제2이통사업자 선정을 전경련에 일임한 묘수도 흥미진진했습니다.

한이헌 청와대 경제수석은 김영삼 대통령의 정보통신 분야 대선공약 입안을 주도했고, 그 후 청와대 실세로 정보통신부를 적극 후원했습니다. 그는 PCS사업자 선정기준의 변경과 관련해 사안이 터진 당시 내밀한 청와대 상황을 증언해 주었습니다.

경상현 장관은 과학자 출신이지만 CDMA 단일화 표준에 대한 그의 소신은 김 대통령도 꺾지 못했습니다. 김 대통령의 요구를 거절한 그는 결국 경질됐습니다.

이석채 장관은 경제관료로 출중한 능력을 인정받아 승승장구했습니다. 그는 특유의 소신과 뛰어난 설득력으로 청와대의 지시를 모두 반전시켰습니다. 김 대통령과 독대해 CDMA 단일화를 결정했습니다. 그는 정보통신부에 정보화기획실을 설치했습니다. 그의 추진력과 대통령의 신임이 없었다면 불가능한 일이었습니다. 박성득 기획관리실장이 이 일의 실무책임자였습니다. 신규 사업자 선정과 관련한 재벌 독점을 막겠다는 그의 의지는 확고했습니다. 그의 증언은 막힘이 없었습니다. 그와 절친인 한이헌 경제수석이 "이석채는 아는 게 너무 많다."고 한 말이 빈말이 아니었습니다.

강봉균 장관은 고난을 딛고 성공한 엘리트 경제관료였습니다. 그는 당대 최고의 기획통이라는 평가를 받아 3, 4, 5, 6차 경제개발 5개년계획을 주도했습니다. 일에 관한 한 그는 똑 소리가 났습니다. 그는 정보통신산업 종합발전대책을 재임 중에 마련했습니다. 실무 총괄은 정홍식 정보통신정책실장이 담당했습니다.

문민정부 시절에는 똑똑하고 잘 나가는 실세장관이 정보통신부 장관으로 부임하면서 정보통신부는 위상이 크게 높아졌습니다. 사무관들이 가장 선호하는 부처로 인기가 높았습니다.

특별기획을 연재하는 동안 주변의 많은 분들의 가르침과 격려가 있었기에 이 시간여행을 멈추지 않고 계속할 수 있었습니다. 국가기록원이나 대통령기록관, 방송통신위원회 자료실에서도 찾지 못한 귀한 소장 자료를 지방에서 서울까지 와 전해 준 고마운 분들도 있었습니다.

특별히 전자신문 발행인을 지낸 박성득 차관과 청와대에서 10년 넘게 IT정책을 다룬 정홍식 차관은 매회 연재물을 정독하고 부족한 부분이나 잘못을 일일이 지적해 주셨습니다. 덕분에 내용의 완성도를 높였고, 실체적 진실에 더 다가설 수 있었습니다.

이외에도 감사를 전할 분들이 많이 있습니다. 미숙한 제 연재물을 읽고 분에 넘치게 격려와 성원을 보내 준 모든 분들께 다시 한 번 고

개 숙여 감사드립니다.

이 여정은 아직 끝나지 않았습니다. 성원해 주신 독자들의 기대에
어긋나지 않게 다시 펜을 들고 치열하게 현장을 뛰겠습니다.